アメリカ学校財政制度の公正化

竺沙知章

東信堂

はしがき

　財政事情が厳しく、また社会保障など公的支出が求められる課題が多い今日の状況において、どのような仕組みで、どのような考え方に基づいて、資源配分の決定を行っていくべきかは、重要な課題と言える。政策の目標は妥当なものなのか、成果を期待できるものなのか、政策決定に当り、エビデンスに基づきながら、その適否を論じることが求められている。

　教育政策に関しても、エビデンスに基づく政策決定の必要性が唱えられ、例えば、教職員定数を改善し、少人数学級を実現する政策の適否を、科学的調査研究の知見に基づいて判断することなどが提起されている。また財政制度審議会においても、毎年、文部科学省の取組に関して、疑問が示されている。例えば、少子化を反映させるべきとして、学校統廃合や教職員定数の削減が求められる。平成27年10月26日の財政制度分科会の配布資料では、「教員の数が増えれば、いじめや不登校は解決できるのか」、「教員の数が増えれば、学力は向上するのか」、「教員の数が増えれば、教員の多忙は解消されるのか」という疑問が示され、「確かなエビデンスに基づく議論を積み重ねていく必要がある」と述べられている。問題となるのは、エビデンスの質であり、その適切さであろう。教育は複雑であり、その要因を特定することがきわめて難しい特質がある。それゆえ、エビデンスを導き出す研究や議論には、緻密さと慎重さが必要となる。

　アメリカでは、経済学などの手法によるエビデンスに基づく議論が活発であり、日本でも紹介されることが多い。また費用対効果の関心だけでなく、教育機会均等の観点から、学校財政制度の公正に関する研究、議論も古くから活発に展開されており、効果があるかどうかという点にとどまらず、多面的に公的支出のあり方が問題にされている。そうした議論は、学校財政制度のあり方を考える上で非常に示唆的である。

本書の関心は、どのような制度が望ましいのか、どのような原理に基づき制度を整備すべきかという学校財政の制度のあり方に加えて、制度の望ましさ、適切さをどのような観点から、どのように検討していけばよいのか、その議論のあり方にも向けている。アメリカでは、学校財政制度をめぐって、子どもの利益の観点から考えるのか、納税者の権利の観点から考えるのか、教育費の格差を問題にするのか、教育費の水準を問題にするのか、どのような方法により判断するのか、多様に検討されてきている。またその検討も、裁判において、議会での制度改革の議論において、研究の場において、さまざまな場において展開されている。それは、アメリカにおける学校財政制度が優れた制度である、また優れた学校教育が実践されているということを必ずしも意味しているわけではない。より重要なことは、アメリカにおける学校財政制度の公正化の試みのプロセスやその論点、そして議論の場や仕組みにあり、公正化の試みを検討することは、教育政策や制度改革のあり方を考える上で、示唆に富むものである。

　財政支出を伴う政策をめぐる議論は、今後、いっそう厳しくなり、重要性を増していくものと思われる。本書は、そうした議論に直接に貢献するものではないが、政策や制度のあり方をめぐる議論を少しでも豊かにし、実りあるものにする上で何らかの示唆を提供できるところがあればと願っている。

アメリカ学校財政制度の公正化／目次

はしがき　　　　　　　　　　　　　　　　　　　　　　　　　　　　　*i*

序章　　　　　　　　　　　　　　　　　　　　　　　　　　　　　　*3*
問題の所在

第1節　研究の課題　　　　　　　　　　　　　　　　　　　　　　　　*3*
第2節　先行研究の検討　　　　　　　　　　　　　　　　　　　　　　*5*
　⑴　アメリカ合衆国における研究　　　　　　　　　　　　　　　　　*5*
　⑵　日本における研究　　　　　　　　　　　　　　　　　　　　　　*8*
第3節　本書の構成　　　　　　　　　　　　　　　　　　　　　　　　*9*

第Ⅰ部
州学校財政制度改革と公正の実現

第1章　　　　　　　　　　　　　　　　　　　　　　　　　　　　　*12*
教育費支出格差是正と財源保障

第1節　地方学区間の教育費格差と州補助金制度の生成　*12*
　⑴　地方中心の学校財政制度の生成　　　　　　　　　　　　　　　　*12*

(2) 州補助金制度に関する初期の理論　　　　　　　　　　　14
　　(3) 初期州補助金制度の概要　　　　　　　　　　　　　　17
　　(4) 初期州補助金制度における補助金配分方式　　　　　　25

第2節　地方学区の教育費格差是正を促進する
　　　　学校財政制度改革　　　　　　　　　　　　　　　　　　29

　第1項　学校財政制度訴訟の展開　　　　　　　　　　　　　29
　第2項　1970年代の学校財政制度改革　　　　　　　　　　　32
　　(1) 不平等の実態と制度改革構想　　　　　　　　　　　　32
　　(2) 1970年代の州学校財政制度改革　　　　　　　　　　　40
　第3項　1990年代の学校財政制度改革　　　　　　　　　　　53
　　(1) 学校財政制度訴訟の第三の波　　　　　　　　　　　　53
　　(2) テキサス州におけるエジウッド判決と学校財政制度改革　55

第3節　教育費格差の是正を導く公正概念と財源保障　　　　　67
　　(1) 学校財政制度訴訟と公正概念　　　　　　　　　　　　67
　　(2) 学校財政制度改革における公正概念　　　　　　　　　70
　　(3) 学校財政制度の測定概念としての公正概念　　　　　　74
　　(4) 教育費支出格差是正のための財源保障の原理　　　　　75

第2章　　　　　　　　　　　　　　　　　　　　　　　　　　84
適切な教育費支出と
学校財政制度改革

第1節　学校財政制度の新たな動向　　　　　　　　　　　　　84
　　(1) 教育改革運動と教育目標の設定　　　　　　　　　　　84
　　(2) 学校改善と学校財政制度との結びつき　　　　　　　　88
第2節　教育改革と学校財政制度改革との結びつき　　　　　　90
　　(1) 学校財政制度訴訟の第三の波と「適切性」概念　　　　90
　　(2) 「適切性」概念に基づく学校財政制度改革　　　　　　94

第3節　「適切性」概念導入による公正概念の発展　　116
　(1)　学校財政制度における「適切性」概念　　116
　(2)　1990年代における学校財政制度改革の展開と公正概念、「適切性」概念
　　　　　　　　　　　　　　　　　　　　　117
第4節　費用算定研究（costing-out study）と学校財政制度　　123
　(1)　「適切性」の費用の算定　　123
　(2)　「適切性」の費用算定をめぐる議論　　129

第3章　138
教育成果向上の促進と学校財政制度改革

第1節　教育費支出と教育成果との関連　　139
　(1)　学校におけるインプットとアウトプット　　139
　(2)　教育費支出と教育成果との関連をめぐる議論　　142
第2節　教育成果向上の促進策と学校財政制度との関連　　148
　第1項　アカウンタビリティ制度の整備　　150
　　(1)　アカウンタビリティの要求運動の展開　　150
　　(2)　教育サミットの展開とアカウンタビリティ制度の整備の動向　　151
　　(3)　教育改革時代のアカウンタビリティ制度の概要　　158
　　(4)　各州のアカウンタビリティ制度　　165
　第2項　学校を基礎にした財政運営　　181
第3節　教育成果向上と学校財政制度の公正　　188

第Ⅱ部
連邦教育補助金制度の役割

第1章 …… 199
連邦教育補助金制度の生成と発展

第1節 初期の連邦教育援助 …… 199
 (1) 州学校制度確立のための連邦政策 …… 199
 (2) 特定目的のための連邦援助 …… 200
第2節 連邦の一般教育補助金の提唱 …… 202
 (1) 連邦の一般教育補助金の提唱 …… 202
 (2) 連邦の一般教育補助金に関する法案の展開 …… 205
 (3) 連邦の一般教育補助金に関する論点 …… 208
第3節 連邦教育補助金制度の発展 …… 212
 (1) 国家防衛教育法 …… 212
 (2) 初等中等教育法 …… 215
 (3) 初等中等教育法以後の連邦教育補助金 …… 219

第2章 …… 224
初等中等教育法第1編の展開と学校財政制度における公正

第1節 貧困家庭集中地域に対する援助の徹底
  ——補助金運用の体制の整備（1965年から1980年まで） …… 224

	(1) 制定当初の実施の混乱状況	224
	(2) 規制強化	227
第2節	州と地方学区の裁量権の拡大（1981年から1987年まで）	229
第3節	教育成果向上の促進とアカウンタビリティ制度の整備（1988年から2001年まで）	233
	(1) アメリカ学校改善法の制定	234
	(2) アメリカ学校改善法による制度改革	243
第4節	アカウンタビリティ制度の強化（2002年NCLB法の制定以降）	247
	(1) 目的	248
	(2) アカウンタビリティ制度	249
	(3) 連邦、州、地方学区の関係	255
	(4) NCLB法の実施状況	256

第3章　学校財政制度における公正と連邦教育補助金制度　　268

終章　学校財政制度における公正概念とその制度化の課題　　274

第1節	学校財政制度における公正概念	275
	(1) 教育機会の平等論	275
	(2) 教育費支出の水準の「適切性」	278
	(3) 教育費と教育成果との関連	278

第 2 節　公正実現のために必要な学校財政の　　　　　　　*280*
　　　　　制度的条件
　　(1)　中央と地方との関係　　　　　　　　　　　　　　*280*
　　(2)　補助金方式　　　　　　　　　　　　　　　　　　*283*
　　(3)　財源保障すべき費用の算定方法　　　　　　　　　*286*
　　(4)　教育成果の向上策　　　　　　　　　　　　　　　*287*
第 3 節　まとめと今後の研究課題　　　　　　　　　　　　*288*
　　(1)　まとめ　　　　　　　　　　　　　　　　　　　　*288*
　　(2)　今後の研究課題　　　　　　　　　　　　　　　　*289*

　　参考文献　　　　　　　　　　　　　　　　　　　　　　*292*

　　あとがき　　　　　　　　　　　　　　　　　　　　　　*305*

　　事項索引　　　　　　　　　　　　　　　　　　　　　　*309*
　　人名索引　　　　　　　　　　　　　　　　　　　　　　*313*

アメリカ学校財政制度の公正化

序　章
問題の所在

第 1 節
研究の課題

　学校を組織し、経営していくためには、その財源が必要となる。学校に財源を提供し、その組織経営を支える学校財政制度をいかに整備していくかは、今日の重要な課題となっている。経済の低成長、少子高齢化などにより、潤沢な税収を期待できない状況の中で、納税者意識も高まり、公的資金の配分、運用のあり方が、厳しく問われるようになっている。

　日本において、地方教育行政の組織及び運営に関する法律（以下、地教行法）により、教育委員会が組織され、教育行政が一般行政から独立して制度が整備されている。しかしながら、教育財政制度については、地教行法において教育委員会の予算権限を認めていないこともあり、独立性はなく、一般の財政制度の1つの領域に止まり、固有の原理に基づく制度は整備されていない。

　教育財政に関する国の法律は、義務教育費国庫負担金、義務教育諸学校等の施設費の国庫負担等に関する法律といった国庫負担金に関するものや理科

教育振興法などでの国の補助に関する規定に限られており、教育財政制度に関する法律は定められていない。しかし、地方分権、学校の自主性の確立を進めていくためには、教育財政のあり方、とりわけ学校財政に関わる制度確立のための基本的な法規を整備していく必要がある。

　教育財政制度を構築していくためには、その制度が基づくべき原理について、複眼的に捉えることが必要である。教育行政は、地方自治、教育の自主性、専門性の尊重、住民参加を基本原理として展開してきたが、教育財政についてはそのような原理が確立している状況にはない。教育財政制度は、どのような原理に基づき整備され、運営されるべきか、その探求が本書の課題である。

　アメリカ合衆国では、合衆国憲法修正第10条の規定により、教育に関しては州の権限となる。したがって、州ごとに公教育の制度化が図られ、教育行財政制度の整備がなされている。その中で、教育行政のみならず、教育財政についても独立して制度が整備されており、教育財政のあり方をめぐる論争が展開されてきている。その論争とそれに基づく制度のあり方を検討することは、教育財政制度、とりわけ学校財政制度の基本原理を探るうえで重要なことである。本書は、アメリカ合衆国の学校財政制度を対象とし、第一に、州の学校財政制度のあり方をめぐる議論とそれに基づく制度改革に関して、第二に、連邦の教育補助金の展開に関して、分析を行い、学校財政制度の基本原理を探求する。

　学校財政制度の基本原理を検討するときに、次のような論点を取り上げることが必要となる。第一に、公正の問題である。財政においては、資源の配分が公正であることが求められる。どのような資源配分のあり方が、公正と捉えることができるのか、すなわちどのような理念に基づくべきなのか、目指すべき理念を問うことが必要である。教育財政における資源配分のあり方は、教育の機会均等の問題として捉えることが必要となる。教育の機会均等は、その理解においてきわめて論争的な問題である。子どものさまざまな条件やニーズを考慮するのかどうか、考慮するとすれば、どの範囲まで、どの程度考慮すべきなのか、といったことが論点となる。またインプットに焦点を当てるのか、アウトプットに焦点を当てるのか、つまり教育成果に関心を向けるの

かどうか、向けるとすればどのように位置づけて考えるのか、という点も問題となる。

　第二に、公正を実現するための制度のあり方である。公正を実現するために、どのような制度であるべきか、その基本原理を探究することが必要である。それにはまず、中央と地方との関係の問題がある。財源の負担の関係、その運用に関する意思決定の権限の関係、そして補助金のあり方が問題となる。特に補助金は、何を目的とし、どのような原理に基づくべきなのか、公正を実現する上で最も重要な論点となる。次に、教育成果の向上を促進する制度のあり方である。それには、まずアカウンタビリティ制度がある。資金運用の適正さ、資金運用の結果としての教育目標の到達に対する責任を問う制度のあり方である。さらに学校を基礎にした財政運営の制度がある。学校への権限委譲による成果向上を目指す制度のあり方である。

　なお本書は、2002年に連邦において制定された「どの子どもも置き去りにしない法（No Child Left Behind Act、以下 NCLB）」の初期の実施状況、すなわち制定後5年程度までの時期を対象とする。この法律によって、連邦、州、地方学区との関係が密接となり、全米で1つのまとまりを持った学校財政制度が形成されたと捉えることができるからである。その後も展開が見られ、変化し続けているが、NCLB 制定直後の状況をアメリカ合衆国全体における学校財政制度の成立時期として捉えることができる。

第2節
先行研究の検討

(1)　アメリカ合衆国における研究

　アメリカ合衆国における学校財政に関する研究は、多くの蓄積がある。本研究が対象としている学校財政制度改革に限定して整理するならば、第一に、学校財政制度訴訟のための法理に関する研究が挙げられる。それは、古

くは、ワイズ（Arthur E. Wise）による教育の機会均等の法的研究、裁判での訴訟の法理として平等保護と教育機会の平等との関係を議論した研究がある[1]。クーンズ（John E. Coons）、クルーン（William H. Clune）、シュガーマン（Stephen D. Sugarman）による、「財政中立性（fiscal neutrality）の原則」を確立し、学校財政制度訴訟での違憲判決を導き出す法理を提起した研究がある[2]。同研究は、学区財政力均等化補助金方式という州による補助金方式についても提案したものである。これらを基礎としながら、1990年代以降には、第三の波といわれる学校財政制度訴訟の動向を検討した研究が多く見られる。これらの研究は、州憲法の規定に基づく学校財政制度のあり方を議論するものである。本研究は、これらの研究に示唆を得ながら、学校財政制度の基本理念の解明に取り組んでいる。

第二に、学校財政制度改革に関する研究、学校財政制度の公正の測定に関する研究がある。1970年代は、州における学校財政制度改革の時代であったが、その改革がどのような影響を与えたのか、学校財政制度をどのように改革したのかに関して、多くの州の改革が取り上げられ、その意義について論じた論文が多く発表されていた。これらにより、学校財政制度改革がどのような影響をもたらしたのか、各州の学校財政制度が、裁判において合憲を勝ち取ることができるのかどうか、判断することが可能となるような測定を行う研究が進展していった。学校財政制度の公正を測定する研究を総合化したのが、ベルン（Robert Berne）とシュティーフェル（Leanna Stiefel）の著作（1984）である[3]。オッデン（Allan R. Odden）とパイカス（Lawrence O. Picus）は、ベルンとシュティーフェルの測定に関する研究を発展させ、コンピューターを駆使したシミュレーションを行うツールを開発している[4]。これらの研究に依拠しながら、本研究では、学校財政制度の実態、その影響について検討している。

第三に、上記2つの研究の系譜を総合するような研究が、1990年代以降に発展している。すなわち「適切性（adequacy）」に関する研究である。これは、教育改革との関係で学校財政のあり方を探究しようとするものであり、1989年に始まる学校財政制度訴訟の第三の波の動向にも促されて、進められたものである。それにより、適切性と公正との関連がテーマとなり、さらに適切

性を達成するための方策や制度化に関する研究が進められる。1990年代半ばに、連邦議会の求めに応じて、全米研究協議会（National Research Council）が、教育財政に関する委員会（Committee on Education Finance）を立ち上げ、1999年に教育財政における公正と適切性に関する研究[5]、適切性を達成する教育財政制度のあり方、その戦略に関する研究[6]が公表された。これらの研究において、訴訟の法理の研究、学校財政制度の公正に関する研究に、財政制度と教育成果との関係、教育成果向上を促す財政制度のあり方の探究、そしてアカウンタビリティ制度の探究がなされ、学校財政制度に関する研究の広がりを見ることができる。本書においても、教育成果を視野に入れた学校財政制度のあり方を検討していくが、1990年代以降のアメリカ合衆国における研究は、その点において多くの示唆を得ることができる。

　最後に、連邦に関する研究にふれておきたい。教育における連邦の役割、教育に関する補助金のあり方に関して多くの研究の蓄積がある。古くから学校財政制度や教育の経済に関する文献において、連邦の教育に対する援助について触れられてきたが、まとまった研究が見られるようになったのは、国家防衛教育法制定以降である。とりわけ、初等中等教育法については、その制定過程についての研究が公表されるとともに、その効果、実施過程の研究が多く見られるようになった。特に、連邦教育補助金の実施研究が、1つの重要な研究テーマとなってきており、最新の法律であるNCLB法についても盛んに行われている。また1983年の「危機に立つ国家」公表以降の教育改革の時代が始まると、教育成果向上を求めるアカウンタビリティ制度について、州の制度との関係もふくみながら、その実施状況、成果に関する研究が行われている。

　アメリカ合衆国における研究は、公正に関する研究、その程度を実証的に測定しようとする研究が蓄積されるとともに、制度に関しては、州ごとの研究、特に制度改革に関する研究が多いものの、連邦をも含めて、アメリカ合衆国全体の学校財政制度に関する研究は、ほとんど見られないと言える。学校財政制度を国全体としてどのように整備していけばよいのか、断片的研究を踏まえて、総合的に理論的に究明することが必要である。

(2) 日本における研究

　日本における研究では、白石裕の研究が重要な先行研究となる。『教育機会の平等と財政保障―アメリカ学校財政制度訴訟の動向と法理―』(多賀出版、1996年)は、学校財政制度訴訟の生成から展開を取り上げ、その法理を解明したものである。その中で教育機会の平等概念を検討し、相対的剥奪論としての平等保護論と絶対的剥奪論としての最小限保障論とに大別されることを明らかにし、その統一的把握を提言している。さらにその財源保障論として、全額州負担制度と州補助金制度についても検討し、そのあり方を論じている。さらに、『教育の質の平等を求めて―アメリカ・アディクアシー学校財政制度訴訟の動向と法理―』(協同出版、2014年)は、1989年以降2010年までの新たな学校財政制度訴訟の展開を対象として、それを「アディクアシー学校財政制度訴訟」と捉えて、それまでの学校財政制度訴訟からの転換に焦点をあてて、その法理の特徴と意義について論じたものである。

　本書は、白石の研究を引き継ぐものである。すなわち、白石が主たる対象としたのは学校財政制度訴訟であり、その法理を究明しようとしたものであり、本書もその法理に関する考察を行っている。しかし本書がより関心を寄せるのは、その法理を実現する制度のあり方である。学校財政制度訴訟の影響を受けながら、各州では学校財政制度の整備と改革が展開してきているが、それらがどのような原理に基づき、どのように制度化が図られたのか、訴訟の展開により学校財政制度はどのように変遷を遂げてきているのか、その制度化の原理を探究しようとするものである。本書では、財源保障の方法としての補助金制度を中核とする州の学校財政制度をより広く捉え、特に1990年代以降についてはアカウンタビリティ制度との関係も検討している。さらに、連邦教育補助金制度も取り上げ、連邦政府を含むアメリカ合衆国全体の制度を検討の対象としている。白石の研究が、訴訟の法理中心の研究であったのに対し、本書は、アメリカ合衆国全体の学校財政制度の制度原理を探究するものである。

なお連邦に関する研究として、上原貞雄の研究がある（『アメリカ教育行政の研究―その中央集権化の傾向―』東海大学出版会、1971年）。連邦の教育援助と連邦の教育判例に関する研究とからなり、本書が対象とする補助金について、建国当初から国家防衛教育法までの動向を詳細に扱っている。今日の状況から見るならば、本格的な連邦教育補助金制度の開始は、1965年の初等中等教育法であり、それ以前は、その補助対象は限定的であり、本格的な歴史の前史というべき時期であったと言える。そうした実態に対して、中央集権化の傾向と断じるのは、時期尚早というべきであり、連邦の役割を過大評価していると言わざるを得ない。本書では、1965年の初等中等教育法制定以前の時期については、主として連邦の一般補助金をめぐる議論を中心に取り上げるとともに、連邦の教育補助金については、初等中等教育法第1編の展開に焦点を当て、補助金のあり方、州、地方学区との関係について検討する。

第3節
本書の構成

　本書は、第Ⅰ部において州学校財政制度について、第Ⅱ部で連邦教育補助金制度について検討している。第Ⅰ部　州学校財政制度改革と公正の実現では、第1章において1970年代における州学校財政制度改革を対象とし、教育費格差是正による公正の実現のあり方について検討している。第2章においては、1990年代以降の州学校財政制度改革を対象とし、適切な教育費水準の確保による公正の実現のあり方について検討している。第3章においては、教育成果向上を促進する方策としてアカウンタビリティ制度と学校を基礎にした財政運営（school-based financing あるいは school-based budgeting）を対象とし、教育成果の観点からの公正の実現のあり方について検討している。
　第Ⅱ部　連邦教育補助金制度の役割と公正の実現では、第1章において連邦教育補助金制度の生成と展開を取り上げ、初期の連邦教育補助金がなぜ、どのようにして交付されるようになったのかを整理するとともに、連邦教育補

助金をめぐる論争と主な連邦教育補助金の概要についてまとめて、その特徴を明らかにしている。第2章においては、連邦教育補助金制度の中核となる初等中等教育法第1編の展開を整理し、連邦教育補助金制度がどのように実施され、どのような成果を上げてきたのかを検討している。第3章において、学校財政制度の公正の観点から、連邦教育補助金制度の役割について考察している。

最後に終章において、州学校財政制度と連邦教育補助金制度とを総合して、アメリカにおける学校財政制度の基本原理としての公正とその実現のための制度のあり方について論じて、今後の課題を提起している。

註

1 Arthur E. Wise, *Rich Schools, Poor Schools: The Promise of Equal Educational Opportunity*, Chicago: University of Chicago Press, 1967.
2 John E. Coons, William H. Clune III, Stephen D. Sugarman, *Private Wealth and Public Education*, Cambridge, Massachusetts: The Belknap Press of Harvard University Press, 1970.
3 Robert Berne and Leanna Stiefel, *The Measurement of Equity in School Finance: Conceptual, Methodological, and Empirical Dimensions*, Baltimore, MD: Johns Hopkins University Press, 1984.
4 Allan R. Odden, Lawrence O. Picus, *School Finance: A Policy Perspective*, New York: McGraw-Hill Inc., 1992.
5 Heln F. Ladd, Rosemary Chalk, and Janet S. Hansen, eds., *Equity and Adequacy in Education Finance: Issues and Perspectives*, Washington D.C.: National Academy Press, 1999,
6 Heln F. Ladd, Rosemary Chalk, and Janet S. Hansen, eds., *Making Money Matter: Financing America's Schools*, Washington D.C.: National Academy Press, 1999.

第Ⅰ部

州学校財政制度改革と公正の実現

第1章

教育費支出格差是正と財源保障

第1節
地方学区間の教育費格差と州補助金制度の生成

(1) 地方中心の学校財政制度の生成

　アメリカ合衆国では、合衆国憲法において教育に関する規定がないことから、教育は州の責任事項となる。したがって、州ごとでその様相が大きく異なる多様な学校制度が形成されてきた。しかし建国当初は、公立学校の考え方は弱く、植民地時代以来、もっぱら学校は、教会によって設立され、私的なものとして運営されていた。やがてすべての子どもに開かれた、税によってサポートされる無償の公立学校の必要性が認識されるようになり、19世紀の間に、多くの州で、税によって支援される公立学校に関する規定が憲法や法律において設けられるようになる[1]。その法規定の中で、地方によって管理される学校制度が定められており、州は地方政府に対して財産税の収入によって学校の資金を獲得する権限を与えたのである[2]。
　カバリー（Ellwood P. Cubberley）は、19世紀前半の時代を教会がコントロール

する学校から州によって支援される学校に移行する時代と捉え、州の無償の学校のための戦いの時代と呼んだ[3]。無償の公立学校の設立のために、この時期の連邦による土地付与の援助や州の補助金は、学校の設立と支援のための地方の税を刺激することを目的としていた。学校のための州の資金提供の目的は、地方学区に対してより多くの資金を教育のために支出することを促すことであり、地方税の一定の収入額を充当することを条件に地方学区に資金を配分するというやり方がなされていた[4]。

地方学区の主な財源は財産税である。不動産は、消滅したり、移動したりすることがないために、小さな地方でも、州や大都市と同じように確実に課税することができる。また財産評価の変動は非常にゆっくりであるために、財産税は安定した税であると言われていた[5]。財産税は、地方の税として古くから定着してきた税である。

このような地方の財産税の収入に基づく学校財政制度が成立したのは、農業中心の経済で富が比較的均等に分散していた時代であり、学校教育費支出額も小さかった時代であった。こうした地方による学校サポートの形態は、需要の高まりとともに、十分な資金を提供することができなくなったと言われている[6]。また地方学区の境界線の設定が、結局は、地方学区における生徒1人当たりの財産の多様性につながり、学校をサポートする財政力の大きな相違を生むことになったと言われる[7]。カバリーは、19世紀後半の50年の間に状況が劇的に変化したことを指摘していた。すなわち、人々の生活様式の大きな変化、産業構造の大きな変化、鉄道など交通手段の発達、そして人口と富の不均等な集中の度合いが増したこと、一方で、学校制度に関しては、学校数の増大、学校施設の改善、教科、教材の多様化、授業日数の増大などその需要の高まりがあったこと、したがって州の直面していた主要な問題の1つに、地方の税負担を著しく増大させることなく、とりわけ貧しい地域に対して重大な損害を与えることなく、より多くの、よりよい教育に対する需要をいかに増大させ続けることができるかということがあった、ということを指摘していた[8]。こうした指摘から明らかなように、19世紀の後半以降、地方学区における財政力の不足とその不平等が顕著に現れるようになり、その克服が学校

財政制度の主要な課題とされ、その解決が州に求められていたと言える。

(2) 州補助金制度に関する初期の理論[9]

1) カバリー

アメリカ合衆国における公立学校財政の創設期は、カバリーの 1905 年の学位論文、「学校資金とその配分（School Funds and Their Apportionment）」によって始まったといわれている[10]。カバリーは、州の子どもたちすべてが等しく重要であり、同じ利益を得る資格があると述べ、すべての子どもに可能な限り高い水準のよい教育を最低限保障することが州の義務であると指摘していた[11]。そして、マサチューセッツ州をはじめ、いくつかの州の実態を検討することによって、州内の学校財政制度の不平等の実態を明らかにするとともに、教育の機会均等化の試みは、もっぱら地方の税金だけで成り立つ制度では不可能であるとし、何らかの形での州の一般補助金が必要であると主張したのである[12]。

カバリーは、州補助金の配分方法に関して、税収入、財産、総人口、学齢児の数、在籍者数、平均出席者数、教員数などをそれぞれ基礎とする方法を検討し、その適否を論じていた[13]。その判断の基準は、学校経費の必要性と地方の努力を促すものであることであり、カバリーは、雇用されている教員数と総出席者数との両方に基づいて配分金を決定する方法が望ましいとしていた。とりわけ、税収や財産に基づく方法は、教育の要素を含まず、教育的なインセンティブを提供しないとして望ましくないと述べていた。また、州の配分金が大きな州では、配分金の 5% を州が留保し、州の設定した要件を満たすことができない地方に特別に資金を配分する方法も提案していた。

カバリーの理論は、すべての子どもに可能な限り高い水準の教育を最低限保障することを目指して、そのために必要な資金を地方だけでなく州も提供する必要があること、そして州の配分金を教員数と生徒の出席者数に基づくことを主張するものであった。平等と適切な教育の観点から学校財政制度を問題にしていたことがわかる。

2) 標準教育費補助金方式

　カバリーの研究に続いて、地方学区間の不均等の是正に取り組み、均等化の理論を打ち立てたのが、ストレイヤー（George D. Strayer）とヘイグ（Robert M. Haig）であった。彼らは、ストレイヤー・ヘイグ方式とも言われる標準教育費補助金（foundation program）を提案したことで知られている。標準教育費補助金の方式は、今日最も多くの州によって採用されているものであり、アメリカ合衆国で最も普及してきた考え方である。

　彼らが追求したことは、教育機会の均等化と学校支援の均等化ということであった。つまり前者は教育を受ける子どもにとっての平等、そして後者は、学校を設立し、サポートする地方学区にとっての平等を追求しようとしたものである。そのために、州内のすべての地方学区において、何らかの規定された最低限の水準に到達できる教育機会を子どもに提供できるように、学校を設立し、手はずを整えること、そのためにすべての地方学区において同率の税率となるように、地方学区と州の税によって必要な資金を獲得するようにすること、州によって地方学区の監督やコントロールを適切に行うことの必要性を指摘していた。具体的な方法として、最も裕福な地方学区において満足な最低限の教育を提供するのに必要な資金を獲得する税率を他のすべての地方学区でも適用される。そうすると満足な最低限の教育を提供するのに必要な資金を得ることができるのは最も裕福な地方学区のみであり、他の地方学区では資金が不足することになる。その不足額を州によって保障しようとする方式が提案されていた[14]。

　この標準教育費補助金の理論は、第一に、教育は費用の標準を持つという考え方に基づくものである。教育の資金額は教育の質にほとんど関係がないと考えられていたために、それは革命的であったとも言われていた[15]。最低限保障されるべき教育を費用によって示し、それをすべての子どもに保障することを求めることにより、教育の機会均等を実現しようとするものである。単に費用が平等であることを求めるだけでなく、その費用が標準的なものとして適切であることを求めるものである。その水準が問われることになる。

第二に、最低限保障されるべき教育に必要な費用を州と地方学区とで分担することを方式として定式化したものである。すべての子どもに平等な最低限費用の保障は、州が全額負担することにより実現することができる。しかし標準教育費補助金の理論では、地方学区の自律性を尊重する観点から、地方学区の税収を含んだ方式となっており、地方学区の財政力に対応しながら、州と地方学区とで必要な費用を分担することを求める考え方に基づいている。州は、最も裕福な地方学区と同じ税率による収入だけでは標準教育費を確保できない地方学区に対して援助を行う役割を担うことになる。

　ストレイヤーとヘイグの理論を発展させたとして評価されているのが、モート（Paul R. Mort）である。モートは、教育ニーズ、問題や可能性に関して理解することに貢献したと言われている[16]。教育ニーズの測定方法を工夫し、標準教育費の算定方法を洗練させたと捉えることができる[17]。

3）パーセンテージ均等化補助金方式

　パーセンテージ均等化補助金方式は、地方によって決められた教育費支出の一定割合を州が地方に支払う方法により、州補助金を配分するもので、アップデグラフ（Harlan Updegraff）によって1922年に提案されたものである。これは、地方の税収を均等化しようとする方式である。

　パーセンテージ均等化補助金方式は、標準教育費を設定するのではなく、地方学区の税収の獲得能力を均等にすることをねらいとするものである。アップデグラフは、地方の行動によって州の援助の程度を決定させるという方法により、市民の責任ある効率的な参加が促進されるべきであること、さらには地方の税率の増減に応じて州補助金額を増減させるという方法により学校運営の効率性が促進されるべきであることを提言していた[18]。この考え方は地方の主体性、自律性を重んじるものである。補助金の交付方式において、財産の乏しい地方学区により多くの補助金が提供される均等化だけでなく、課税努力をすればするほどより多くの補助金が交付されるようにしている点に、地方の自律性尊重が表れている。すなわち地方の税率をどの程度にするか、そしてその結果としてどの程度の費用を教育に支出するのかを地方学

区が主体的に決定することができる。標準教育費補助金方式では、標準的な教育費は州によって決定されるのに対して、パーセンテージ均等化補助金は、地方学区の意思決定により教育費支出額が決定されるのであり、その点にパーセンテージ均等化補助金方式の重要な特徴がある。税率を高くすれば、地方学区の負担は重くなるが、それだけ多くの州補助金を得ることができるようになっている。

4）全額州負担制度方式

全額州負担制度方式は、地方学区と州によって費用を分担するのではなく、州が全額費用を負担するものである。これは、1930年にモリソン（Henry C. Morrison）によって提案された方式である。

モリソンは、地方学区間の財産の大きな不平等が教育機会の大きな不平等を生み出していること、地方学区の拡大、州による均等化補助金の提供、特定目的の州補助金の提供などによるこれまでの試みは、失敗であったこと、これらの手段は、今後も教育ニーズを満たすこと、学校支援の平等な税制度を提供することに失敗し続けるということを指摘するとともに、地方学区を廃止し、州が学校の税を徴収し、公立学校の管理運営を行う単位となる新たな制度を提案した[19]。

地方自治が民主主義とほとんど同義に捉えられていた当時の政治的思潮においては、モリソンの考え方は受け入れられなかった[20]。しかし彼が問題にしていた不平等の状況は、その後も長く続くアメリカ合衆国の学校財政制度の根本的問題であったことは間違いない。地方自治よりも州の責任によって平等な制度を構築することを重んじた考え方と言える。

（3）初期州補助金制度の概要

学校財政制度の初期である1900年代前半においても、**表1**から明らかなように、初等中等学校の教育費に占める州の割合は徐々に増えてきており、州の補助金制度の整備とその拡大の傾向を見ることができる。ここでは、1949-

表1　公立初等中等学校歳入に占める連邦、州、地方学区の負担割合の推移（%）

年度	連邦	州	地方	年度	連邦	州	地方
1919 − 20	0.3	16.5	83.2	1980 − 81	9.2	47.4	43.4
1929 − 30	0.4	16.9	82.7	1981 − 82	7.4	47.6	45.0
1939 − 40	1.8	30.3	68.0	1982 − 83	7.1	47.9	45.0
1941 − 42	1.4	31.4	67.1	1983 − 84	6.8	47.8	45.4
1943 − 44	1.4	33.0	65.6	1984 − 85	6.6	48.9	44.4
1945 − 46	1.4	34.7	63.9	1985 − 86	6.7	49.4	43.9
1947 − 48	2.8	38.9	58.3	1986 − 87	6.4	49.7	43.9
1949 − 50	2.9	39.8	57.3	1987 − 88	6.3	49.5	44.1
1951 − 52	3.5	38.6	57.9	1988 − 89	6.2	47.8	46.0
1953 − 54	4.5	37.4	58.1	1989 − 90	6.1	47.1	46.8
1955 − 56	4.6	39.5	55.9	1990 − 91	6.2	47.2	46.7
1957 − 58	4.0	39.4	56.6	1991 − 92	6.6	46.4	47.0
1959 − 60	4.4	39.1	56.5	1992 − 93	7.0	45.8	47.2
1961 − 62	4.3	38.7	56.9	1993 − 94	7.1	45.2	47.8
1963 − 64	4.4	39.3	56.3	1994 − 95	6.8	46.8	46.4
1965 − 66	7.9	39.1	53.0	1995 − 96	6.6	47.5	45.9
1967 − 68	8.8	38.5	52.7	1996 − 97	6.6	48.0	45.4
1969 − 70	8.0	39.9	52.1	1997 − 98	6.8	48.4	44.8
1970 − 71	8.4	39.1	52.5	1998 − 99	7.1	48.7	44.2
1971 − 72	8.9	38.3	52.8	1999 − 2000	7.3	49.5	43.2
1972 − 73	8.7	39.7	51.6	2000 − 01	7.3	49.7	43.0
1973 − 74	8.5	41.4	50.1	2001 − 02	7.9	49.2	42.9
1974 − 75	9.0	42.0	49.0	2002 − 03	8.5	48.7	42.8
1975 − 76	8.9	44.4	46.7	2003 − 04	9.1	47.1	43.9
1976 − 77	8.8	43.2	48.0	2004 − 05	9.2	46.9	44.0
1977 − 78	9.4	43.0	47.6	2005 − 06	9.1	46.5	44.4
1978 − 79	9.8	45.6	44.6	2006 − 07	8.5	47.4	44.1
1979 − 80	9.8	46.8	43.4				

National Center for Education Statistics, Digest of Education Statistics: 2010

表2 州と地方の公立初等中等学校の歳入（連邦補助金を除く）に占める州の負担割合の推移

	1968－69年	1975－76年	1995－94年	2007－08年
90－100%				バーモント
80－89%	アラスカ デラウエア ニューメキシコ	ケンタッキー ニューメキシコ ノースカロライナ		ニューメキシコ
70－79%	アラバマ ノースカロライナ ワシントン	アラバマ アラスカ デラウエア ミネソタ ミシシッピ ユタ	アラバマ アラスカ デラウエア ケンタッキー ノースカロライナ ワシントン ウエストバージニア	アラバマ アラスカ アイダホ ミネソタ ノースカロライナ ワシントン
60－69%	ジョージア ルイジアナ ミシシッピ サウスカロライナ ウエストバージニア	アリゾナ アーカンソー フロリダ モンタナ ノースダコタ サウスカロライナ ウエストバージニア	アーカンソー カリフォルニア アイダホ ルイジアナ ミシシッピ ニューメキシコ オクラホマ	アーカンソー カリフォルニア デラウェア カンザス ケンタッキー ミシガン ミシシッピ オクラホマ ユタ ウエストバージニア
50－59%	アーカンソー ケンタッキー ミシガン	ジョージア アイダホ イリノイ インディアナ ルイジアナ メイン オクラホマ ペンシルバニア テキサス	フロリダ ジョージア インディアナ アイオワ カンザス メイン モンタナ テネシー サウスカロライナ ユタ ワイオミング	アリゾナ ジョージア インディアナ アイオワ ルイジアナ メイン モンタナ オハイオ オレゴン サウスカロライナ テネシー テキサス ウィスコンシン ワイオミング
40－49%	アイダホ メリーランド マサチューセッツ ネバダ ペンシルバニア ワイオミング	カリフォルニア コロラド アイオワ カンザス メリーランド ミシガン ネバダ ニューヨーク オハイオ テネシー ワシントン（連邦補助金含む）	アリゾナ コロラド コネチカット メリーランド ミネソタ ミズーリ ネブラスカ ニュージャージー ニューヨーク ノースダコタ オハイオ オレゴン ペンシルバニア ロードアイランド テキサス ウィスコンシン	コロラド コネチカット フロリダ メリーランド マサチューセッツ ニューハンプシャー ニュージャージー ニューヨーク ノースダコタ ペンシルバニア ロードアイランド サウスダコタ バージニア
30－39%	カリフォルニア コネチカット インディアナ カンザス メイン ミネソタ ミズーリ ノースダコタ オハイオ オレゴン ロードアイランド バーモント バージニア	ミズーリ ニュージャージー ロードアイランド バーモント バージニア ウィスコンシン ワイオミング	イリノイ マサチューセッツ ミシガン ネバダ バーモント バージニア	イリノイ ミズーリ ネブラスカ ネバダ
20－29%	アリゾナ コロラド イリノイ モンタナ ニュージャージー オクラホマ ウィスコンシン	コネチカット マサチューセッツ ネブラスカ オレゴン	サウスダコタ	
10－19%	アイオワ ネブラスカ サウスダコタ	サウスダコタ		
0－9%	ニューハンプシャー	ニューハンプシャー	ニューハンプシャー	

出典 Thomas L. Johns, comp., Public school finance programs, 1968-69, Washington, D.C.：U.S. Department of Health, Education, and Welfare, Office of Education, 1969、Esther O. Tron, ed., *Public school finance programs, 1975-76*, Washington, D.C.：U.S. Department of Health, Education, and Welfare, Office of Education, 1976、Steven D. Gold, David M. Smith, Stephen B. Lawton, ed., *Public school finance programs of the United States and Canada, 1993-94*, Albany, New York: American Education Finance Association and Center for the Study of the States The Nelson A. Rockefeller Institute of Government, 1995、National Center for Education Statistics, *Digest of Education Statistics*, 2010.

表3 州補助金方式 1968－69年

州	均等化補助金			一律補助金
	%	方式	地方学区に対する要件	%
アラバマ	88.6	F	4ミルに課税制限	6.4
アラスカ	53.8	F	3.5ミルの課税必要	
アリゾナ	7.8	P	地方の負担なし	89.8
アーカンソー	87.2	F	18ミルの課税必要	1.5
カリフォルニア	35.2	F	K－8学年　10ミル　9－12学年　8ミル	45.3
コロラド	54.2	F	一定の課税必要	33.9
コネチカット				73.6
デラウェア				82.4
フロリダ	69.1	F	10ミルの課税に制限	0.2
ジョージア	89.0	F	一定の支出が必要	
アイダホ	99.7	F	22ミルの課税が必要	
イリノイ	61.7	F	8.4ミルの課税必要（12学年学区のみ10ミル）	22.9
インディアナ	67.9	F	7.0ミルの課税必要（幼稚園がなければ6.5ミル）	12.7
アイオワ	64.6	P		22.4
カンザス	86.4	F		
ケンタッキー	98.6	F	3.3ミルの課税が必要	
ルイジアナ	82.1	F	5ミルの課税が必要	2.3
メイン	81	F		
メリーランド	56.3	F	州の負担が前年の99.5%以下にならないようにする	
マサチューセッツ	66.6	P		
ミシガン	94.3	F	10ミルの課税が必要	
ミネソタ	76.7	F	19ミルの課税が必要	3.8
ミシシッピ	82.0	F	財政力指標に基づく一定の課税が必要	3.2
ミズーリ	11.2	F	10ミルの課税が必要	
モンタナ	67.4	F	初等学校24ミル　ハイスクール14ミルの課税が必要	27.4
ネブラスカ	78.1	F	16ミルから7ミルの課税が必要	
ネバダ	100	F	7ミルの課税が必要	
ニューハンプシャー	45.7	F	14ミルの課税が必要	10.7
ニュージャージー	30.1	F	10.5ミルの課税あるいは生徒1人当たり400ドルの支出	43.5
ニューメキシコ	0.3	F		85.7
ニューヨーク	92.7	P	11ミルの課税が必要	
ノースカロライナ				92.0
ノースダコタ	86.9	F	21ミルの課税が必要	10.5
オハイオ	94.6	F	17.5ミルの課税が必要	
オクラホマ	59.7	F	15ミルの課税が必要	32.0
オレゴン	13.9	F		55.9
ペンシルバニア	71.3	P		
ロードアイランド	83.2	P	標準課税率の義務づけ	
サウスカロライナ				70.4
サウスダコタ	75.8	F		17.3
テネシー	89.9	F	各地方の財政力に応じた指標	
テキサス	56.8	F	各地方の財政力に応じた指標	40.6
ユタ	82.2	F	16ミルの課税が必要	
バーモント	81.5	F		
バージニア				86.2
ワシントン	82.6	F	統一学区14ミル　初等学区8.4ミル	
ウエストバージニア	46.7	F	1.96ミルから7.84ミルの課税が必要	49.6
ウィスコンシン	76.7	P	12学年学区5ミル　他の学区3ミル	0.6
ワイオミング	82.9	F	学区の種類に応じて9ミル、6ミル、3ミルの課税が必要	17.1

F：標準教育費補助金　　P：パーセンテージ均等化補助金

資料　Thomas L. Johns, comp., *Public school finance programs, 1968-69*, Washington, D.C.：U.S. Department of Health, Education, and Welfare, Office of Education, 1969.

表4 州補助金方式 1975－76年

州	均等化補助金 %	均等化補助金 方式	均等化補助金 地方学区に対する要件	一律補助金 %
アラバマ	86.5	F	カウンティの指標	
アラスカ	74.5	P	財政力指標に基づく一定の課税必要	3.8
アリゾナ				91.0
アーカンソー	78.4	P		0.6
カリフォルニア	46.9	F	K－8学年 22.3ミル 9－12学年 16.4ミル	26.2
コロラド	84.8	G	一定の課税必要	
コネチカット				68.6
デラウェア	3.5	P	生徒20人、25人当たり1,500ドルの地方の分担	61.7
フロリダ	80.1	F	6.2931ミルの課税	
ジョージア	81.8	F	一定の支出が必要	
アイダホ	85.0	F	22ミルの課税が必要	
イリノイ	60.1	F	8.4ミル、生徒100人未満の学区9ミル、統一学区10.8ミルの課税が必要	
インディアナ	85.4	F	30ミルの課税またはノーマル課税の少ない方の課税	8.4
アイオワ	96.5	F	5.4ミルの課税が必要	1.0
カンザス	72.4	G		6.1
ケンタッキー	96.8	F	3.3ミルの課税が必要	
ルイジアナ	87.7	F	5ミルの課税が必要	
メイン	92.5	F	13.25ミルの課税が必要	
メリーランド	47.4	F	標準教育費の45％を地方が負担	
マサチューセッツ	54.1	P		
ミシガン	79.1	G		
ミネソタ	69.9	F	30ミルの課税が必要	7.3
ミシシッピ	80.8	F	財政力に応じた指標	1.7
ミズーリ	78.3	F	12.5ミルの課税が必要	
モンタナ	96.2	F		
ネブラスカ	34.1	F	8ミル、12ミル、5ミル	37.2
ネバダ	100	F	7ミルの課税が必要	
ニューハンプシャー	18.4	F	14ミルの課税が必要	19.5
ニュージャージー	53.8	F		
ニューメキシコ	86.7	F	8.925ミルの統一税率	
ニューヨーク	78.0	P	15ミルの課税が必要	
ノースカロライナ				90.3
ノースダコタ	84.5	F	21ミルの課税が必要	7.2
オハイオ	60.1	G	20ミルの課税が必要	
オクラホマ	27.9	M	15ミルの課税が必要／15ミルから35ミルの課税が必要	
オレゴン	17.6	F		69.4
ペンシルバニア		P		
ロードアイランド	85.7	P		
サウスカロライナ				77.9
サウスダコタ	78.3	F		15.3
テネシー	89.9	F	各地方の財政力に応じた指標	
テキサス	76.7	F	30ミルの課税が必要	21.4
ユタ	72.6	F	28ミルの課税が必要	
バーモント	75.3	P		
バージニア	52.0	F	一定の支出が必要	20.5
ワシントン	72.8	Fu	全面的州資金	
ウエストバージニア	79.4	F	1.96ミルから7.84ミルの課税が必要	14.9
ウィスコンシン	86.7	G	12学年学区5ミル 他の学区3ミル	
ワイオミング	87.6	F	10ミル、6.666ミル、3.334ミル、9ミル	

F：標準教育費補助金　P：パーセンテージ均等化補助金　G：税基盤保障補助金　M：組み合わせ方式
Fu：州全額負担方式
資料　Esther O. Tron, ed., *Public school finance programs, 1975-76*, Washington, D.C.：U.S. Department of Health, Education, and Welfare, Office of Education, 1976.

表5　州補助金方式　1993－94年

州	均等化補助金 %	方式	地方学区に対する要件	一律補助金 %
アラバマ	41.0	F	10ミルの課税が必要	35.4
アラスカ	76.8	F	4ミルの課税か標準教育費の35%	
アリゾナ	97.1	F		
アーカンソー	76.7	F	25ミルの課税が必要	
カリフォルニア	51.0	F	10ミルの課税	
コロラド	93.7	F	インフレと児童生徒の増大率に制限	
コネチカット	62.5	P		
デラウェア				83.1
フロリダ	93.2	F	6.947ミルから6.418ミル	
ジョージア	99.4	F/D	5ミルの課税が必要／5ミルを超える課税	
アイダホ	不明	F		
イリノイ	60.5	F		
インディアナ	73.8	G		
アイオワ	93.9	F	一定の課税が必要	
カンザス	84.6	F		
ケンタッキー	72.6	F	3ミルの課税が必要	
ルイジアナ	不明	F		
メイン	56.1	F	算定式により税率を規定	
メリーランド	58.9	F		
マサチューセッツ	不明	F	9.4ミルの課税が必要	
ミシガン	87.3	F	18ミルの課税が必要	
ミネソタ	76.3	F	最大307ミルの課税が必要	
ミシシッピ	81.3	F		
ミズーリ	55.8	F	12.5ミルの課税が必要、上積みのためには2.75ミル	
モンタナ	85.2	F/G		
ネブラスカ	71.3	F	4.809ミルから12.452ミル	
ネバダ	95.3	F	2.25セントの売上税、2.5ミルの課税が必要	
ニューハンプシャー	52.8	F		
ニュージャージー	51.7	F		
ニューメキシコ	87.6	F	0.5ミルの課税が必要	
ニューヨーク	61.0	P		
ノースカロライナ				95.9
ノースダコタ	78.1	F		9.7
オハイオ	81.6	F	20ミルの課税が必要	
オクラホマ	89.9	F	最大39ミルの課税が必要	
オレゴン	86.3	F		
ペンシルバニア	65.5	P		
ロードアイランド	69.3	P		
サウスカロライナ	59.3	F	財政力の指標により計算	
サウスダコタ	47.1	F		
テネシー	88.0	F	財政力に応じて計算	
テキサス	94.4	F/G	8.6ミルの課税が必要／	
ユタ	100	F	4.275ミルの課税が必要	
バーモント	65.0	F	12.0979ミルの課税が必要	
バージニア	57.6	F	財政力に応じて計算	
ワシントン	78.3	Fu		
ウエストバージニア	100	F	2.295ミル、4.590ミル、9.180ミル	
ウィスコンシン	79.4	G		
ワイオミング	71.3	F	6ミルの課税が必要	

F：標準教育費補助金　P：パーセンテージ均等化補助金　G：税基盤保障補助金　D：学区均等化補助金
Fu：州全額負担方式

資料　Steven D. Gold, David M. Smith, Stephen B. Lawton, ed., *Public school finance programs of the United States and Canada, 1993-94*, Albany, New York: American Education Finance Association and Center for the Study of the States The Nelson A. Rockefeller Institute of Government, 1995

50年度[21]と1968-69年度[22]の概要を整理して、初期の州補助金制度の特徴を見ておこう。

まず、初等中等学校の教育費における州の負担割合を見ると、1949-50年度では全米平均で州の負担割合は39.8%、1969-70年度においても39.9%であり、この20年間においてまったく変化していないことがわかる[23]。これをさらに州ごとに見てみると、1949-50年度においては、州の占める割合が70%以上の州は4州、50%以上70%未満の州は12州、30%以上50%未満の州は15州、30%未満の州は17州となっていた。それが1968-69年度においては、70%以上の州は6州、50%以上70%未満の州は8州、30%以上50%未満の州は18州、30%未満の州は11州となった。30%以上50%未満の州が増え、30%未満の州が減少したと見ることができるが、ただ資料の関係で、1949-50年度の数値は、連邦補助金を含んだ初等中等学校教育費総額の中での州の負担割合であるのに対して、1968-69年度の数値は、連邦補助金を除いた総額の中での州の負担割合であるので、1968-69年度のほうが州の負担割合が若干大きくなっている。そのことを考えると、この20年間の動向としては、ほぼ同様の傾向が続いてきたと見てよいと思われる。

以上のように量的には大きな変化は見られなかったが、質的にはかなりの変化が1950年代、60年代にはあったと見ることができる。州補助金制度は、その目的に関わっては、一般補助金と特定補助金、交付方式に関わっては、一律補助金と均等化補助金に分類することができる。したがって、一律補助金方式の一般補助金、均等化補助金方式の一般補助金、一律補助金方式の特定補助金、均等化補助金方式の特定補助金の4つに分類することができる。前項で見たように、カバリーをはじめとした学校財政研究により、地方学区間の均等化のための研究が進められる中で、それらがいかに具体化されていったかを見ることが必要である。そこで、各州の補助金が、一律補助金方式と均等化補助金方式のいずれの方式となっているか、またどの程度の割合になっているかに注目して、その特徴を整理していくことになる。

まず1949-50年度において、各州の最も中心的な補助金、すなわち州補助金全体の中で50%以上の割合を占める補助金に注目すると、一律補助金方式

中心の州が 22 州、均等化補助金方式中心の州が 18 州、いずれの方式も 50% には満たない併存の州が 8 州であった。また一律補助金が 70% 以上を占めている州は 10 州、均等化補助金方式が 70% 以上を占める州は 11 州となっていた。均等化補助金方式はいずれも、標準教育費補助金方式である。

初等中等学校の教育費の中で州の負担割合が 70% を越える州の補助金方式を見ると、アラバマ州（75.8%）は均等化補助金方式であったが、それ以外のデラウエア州（89.2%）、ニューメキシコ州（84.7%）、ノースカロライナ州（78.1%）では、一律補助金方式を採用していた。これらの州では、初等中等学校の教育費のほとんどを州が負担していたわけであるので、地域間の格差が問題とはならず、一律補助金方式ではあるが、州の全額負担によって均等化が図られていたと見ることができる。しかし全米的には、先に見たように、州の負担割合が 50% 未満のところが 32 州もあり、30% にも満たないところが 18 州と、地方中心の制度が一般的であるのが実態であった。30% 未満の 18 州の中で一律補助金方式中心の州が 6 州もあり、併存している州も 4 州あり、地方学区間の不平等がまだそれほど問題にはなっておらず、均等化が課題とはなっていなかったと捉えることができる。

次に、約 20 年後の 1968-69 年度、学校財政制度改革が活発に展開された 1970 年代直前の制度の概要を見てみよう。この 20 年間の変化として、均等化補助金を採用する州が著しく増大したことが注目される。州補助金全体の中で均等化補助金方式の補助金の割合が 50% を越える均等化補助金方式中心の州は 36 州に倍増した。この中で 70% 以上を均等化補助金が占める州は 25 州に達していた。また 1949-50 年度では、均等化補助金はすべて標準教育費補助金方式であったが、1968-69 年度では、新しい方式であるパーセンテージ均等化補助金を採用していた州が 7 州（アリゾナ州、アイオワ州、マサチューセッツ州、ニューヨーク州、ペンシルバニア州、ロードアイランド州、ウィスコンシン州）現れた点も注目される。これに対して、一律補助金中心の州は 8 州に減少し、一律補助金も均等化補助金もいずれも 50% に満たない両者がほぼ同程度に交付されている州も 3 州に減少した。

1968-69 年度の州負担割合が 70% を越えるような州中心の学校財政制度を

形成していた州を見ると、1949–50 年度から 70% を超えていたアラバマ州、デラウエア州、ニューメキシコ州、ノースカロライナ州に加えて、アラスカ州、ワシントン州が加わることになった。補助金方式を見ると、アラバマ州、アラスカ州、ワシントン州は均等化補助金方式である標準教育費補助金方式、デラウエア州、ニューメキシコ州、ノースカロライナ州は一律補助金方式であった。また州負担割合が 30% に満たない 10 州の補助金方式を見ると、一律補助金中心のアリゾナ州、両者が 50%に満たないニューハンプシャー州、ニュージャージー州を除いて、いずれも均等化補助金方式中心の州であった。

このように見ると、貧しい地方学区にも裕福な地方学区にも一律に交付する一律補助金から、貧しい地方学区により多くの補助金を交付する均等化補助金にかなり移行したと捉えられる。ただし、1968-69 年度において一律補助金方式をまったく採用していなかった州は 17 州しかなく、均等化補助金方式に移行した州が多いものの、全面的に均等化に移行したわけではないことがわかる。では、この時期の補助金の配分方式は、どのようなものであったのか、次に具体的に検討していきたい。

(4) 初期州補助金制度における補助金配分方式

Thomas L. Johns, comp., *Public school finance programs, 1968-69* によりながら、1968–69 年度現在の州補助金の配分方式について概観しておこう。

① 一律補助金方式
　一律補助金方式は、すべての地方学区に対して一律に補助金を交付する方法であるが、その補助金額の計算方法には二通りの方法が見られた。1 つは、教職員の給与を算定し、それに基づく方法であり、もう 1 つは、生徒 1 人当たりの教育費を算定する方法である。つまり教員数に基づく方式と生徒数に基づく方式に分かれていたのである。

　前者についてみると、例えば、デラウエア州では、所有している学位と経験年数に応じて決められる教員給与をはじめとして、学校管理職や事務職

員、養護職員などの職員の給与表が決定され、それに基づいて州の補助金額が算定されていた。そのほか、ノースカロライナ州、サウスカロライナ州においても教職員給与を対象とした一律補助金方式が採用されていた。これに対して、後者の場合には、例えば、コネチカット州についてみると、生徒数が 300 人以下の地方学区で生徒 1 人当たり 175 ドル、600 人を超える地方学区には 97,500 ドルに生徒 1 人当たり 120 ドルを加えた金額というように、生徒数に応じて補助金額が定められていた。またニューメキシコ州では、生徒 1 人当たり 272.50 ドルと設定するとともに、生徒数をカウントする際に、地方学区の総生徒数、学年に応じて、加重カウントする方式となっていた。総生徒数が少なくなるほど、そして学年が高くなるほど、加重割合が重くなるようになっていた。例えば、総生徒数が 1,000 人の場合、第 1 学年から第 6 学年で 1.000、第 7 学年から第 9 学年で 1.259、第 10 学年から第 12 学年で 1.391 に設定され、総生徒数が 20 人の場合、第 1 学年から第 6 学年で 1.670、第 7 学年から第 9 学年で 2.220、第 10 学年から第 12 学年で 2.900 と設定されていた。

すべての地方学区に生徒 1 人当たりの補助金額が一律に設定されるのが基本であるが、生徒数や教職員数によって必要となる教育費の相違に対応する方式がとられていたことがわかる。

② 標準教育費補助金方式

1968-69 年度において、標準教育費補助金方式を採用していた州は、37 州に上った。各州におけるその割合は、さまざまであるものの、標準教育費補助金方式の考え方がかなり浸透していたことがわかる。ただし、同じ標準教育費補助金方式であっても、その実際の配分方法は州によって異なっていた。

まず注目すべき点は、標準教育費が何に基づいて決定されていたかである。これには主なものとして 3 つの方法が見られた。第一に、教職員を単位とする方法である。この方法が最も多く、18 州に上った。一律補助金方式の州においても採用されていた方法と同様に、教職員の給与表を設定していた州が多く、教員を基礎単位として教員 1 人当たりの教育費を設定していた州もあった。また多くの州において教員 1 人当たりの生徒数が示されていた。第

二に、生徒を単位として、生徒1人当たりの教育費として設定する方法である。すべての生徒について一律に1人当たりの教育費を設定していた州もあれば、学年ごとに費用を決めていた州もあった。また一律補助金の州でも見られたように、生徒数をカウントする際に、学年や生徒のニーズによって生徒1人のカウントを重くする調整方法を採用していた州も多く見られた。この方法を採用していたのは、15州であった。第三に、学級を単位として標準教育費を算定する方法である。1学級当りの教育費が設定され、それに学級数をかけることにより算定される方法である。ここでは、1学級当たりの生徒数が示されていた。この方法を採用していたのはわずかに4州であった。以上のほか、ネバダ州では、地方学区が単位とされ、地方学区ごとにその費用が示されるという方法であった。

以上のような相違が見られたが、生徒や学級を単位としていた州においても、その単位費用を算定する際には教員給与を考慮することは当然に行われていたと推測することはできよう。いずれにしても、算定された標準教育費が適切であったかどうかが問われることになる。このことが1970年代以降の学校財政制度改革の主要な論点の1つとなる。

次に注目する必要があるのは、地方学区の費用分担の決定方法である。この点については、どの州もほぼ共通していた。すなわち、標準教育費補助金を受け取る要件として一定の税率で財産税収を獲得することを求めるものであった。その税率は州によりさまざまであったが、すべての地方学区に一律に共通の税率を課していたところがほとんどであった。ただ若干の州において、地方学区の財産評価額やカウンティの財産評価額を踏まえて、それに応じた税率を課していた州も見られた。

③ パーセンテージ均等化補助金方式

1968-69年度において、パーセンテージ均等化補助金方式を採用していたのは、7州であった。この中で、地方学区の教育費に何らかの規定を設けていた州とそのような規定を一切設けていない州とに分けることができる。前者についてみると、例えば、ニューヨーク州では、地方学区の教育費を生徒

1人当たり760ドルとして州によって設定され、その費用を州と地方学区とで分担することとされていた。生徒数のカウントは、半日の幼稚園で0.50、全日の幼稚園と第1学年から第6学年までが1.00、第7学年から第12学年までが1.25と設定されていた。こうしたカウントによって算出される生徒数に760ドルをかけることによって各地方学区の教育費が算定された。そしてその費用の中での州の分担額は、以下のような計算式によって算出される補助率に基づいて決定された。

$$州の補助率 = 1.00 - \frac{地方学区の生徒1人当りの財産}{州の平均生徒1人当り財産} \times 0.51$$

地方学区の教育費に補助率をかけて得られる金額が州補助金額であり、その残りが地方学区の分担額となる。ここには、地方学区の主体性、自律性は認められず、算定式に基づいて双方の分担額を決定する方法となっていた。ニューヨーク州のほか、アリゾナ州、ペンシルバニア州、ロードアイランド州、ウィスコンシン州が同様の方法を採用していた。

これに対して、マサチューセッツ州とアイオワ州では、地方学区の教育費は、生徒1人当りの費用という形では設定されておらず、1年間に市や町によって支出される教育費の総額（reimbursable expenditures）として定められていた。その総額の算定方法は示されていなかった。算定式として定められていたのは、その総額を州と地方学区とで負担する割合を求めるものであり、それは、州の財産額と各地方学区の財産額との割合を基に算出されるものであった。例えば、アイオワ州では、以下のように定められていた。

$$1.00 - 0.25 \times \left\{ \frac{\dfrac{(地方学区の市場価値による財産額 \times 0.7) + (地方学区の総所得 \times 0.3)}{地方学区の生徒 /2}}{\dfrac{(州の市場価値による財産額 \times 0.7) + (州の総所得 \times 0.3)}{州の生徒数 /2}} \right\}$$

上記の式によって得られた値に地方学区の総教育費支出額（基礎的部分を差し引いた額となる）をかけた額が州の補助金額となる。このように負担割合を決める係数を計算する式がパーセンテージ均等化補助金方式の特徴である。

④ 全額州負担制度方式

全額州負担制度方式は、教育費の全額を州が負担するものであるから、それは州補助金制度とは言えない。しかしこの方式は、地方学区間の不平等を問題とし、均等化補助金の限界を克服するために提案されたものであることから、州補助金制度の1つのタイプとして捉えて、その性格を論ずることはできよう。

モリソンが提案したように、地方学区を廃止し、全額州が負担する制度を採用したのは、ハワイ州であった。ハワイ州は、地方学区は1つであり、州全体が地方学区となる制度を創設した。これは、人口上も、面積上も小さい州であったからこそ実現できたと捉えられている[24]。

第2節
地方学区の教育費格差是正を促進する学校財政制度改革

第1項　学校財政制度訴訟の展開

地方学区間の生徒1人当たりの教育費格差が学校財政制度における問題として早くから認識され、1930年代の頃までには、今日見られるような補助金交付方式の基本的考え方が提唱されていた。そうした学校財政制度研究の影響を受けながら、前節で見たように、多くの州において地方学区間の格差是正のための均等化補助金が設けられていたのである。

しかしながら、そうした取り組みにより事態が十分に改善されたわけではなく、学校財政制度における地方学区間の教育費格差は、その後も問題とし

て継続していくことになる。そして 1960 年代後半以降、全米的に州の学校財政制度訴訟の違憲性を争う訴訟が提起されてくることになる。それは一時的なものではなく、今日まで続く終わりなき論争の様相を呈するような問題となっている。

　学校財政制度訴訟が提起されるようになった背景として、地方学区間の生徒 1 人当たりの教育費の著しい格差が存在していたことに加えて、そうした状況を法律上、制度上の問題とする考え方が形成されてきたことがある。とりわけ、教育の機会均等の概念の深まりが大きな要因であったと見ることができる。教育の機会均等に関しては、さまざまな意味で捉えられてきた。学校財政制度に関わって重要な捉え方は、次の 3 つに整理することができる[25]。第一に、1954 年のブラウン判決が示したように、人種差別による人種別学制度を不平等として捉え、その克服を平等な教育機会と捉える見方である。ブラウン判決は、「分離すれども平等（separate but equal）」という考え方を斥け、人種を理由に学校を分ける人種別学制度を、合衆国憲法修正第 14 条の平等保護条項に反するとして、違憲の判断を下したものである。人種を理由として学校を区別することを、法の下の平等に反する差別として捉えて、その克服を教育の機会均等の実現として捉える見方である。第二に、教育のアウトプットに焦点を当てる見方、すなわち、さまざまな社会的グループの教育の到達度を平等にすることに焦点を当てる見方である。これは、1960 年代の連邦の政策に反映したものと見ることができる。1964 年の経済機会法におけるヘッドスタートプロジェクトや 1965 年の初等中等教育法第 1 編に見られるように、また最近では、2002 年の NCLB に見られるように、貧困家庭の子どもなど教育を受ける上で不利な立場にある子どもたちに焦点を当て、そのハンディを克服し、教育の成果を等しくすることを教育の機会均等と捉える見方である。そして第三は、子どもの教育の財政的なインプットの平等を強調する見方である。つまり、教育に費やされる財政的インプットが不平等であることが、子どもの教育を受ける機会や学習の能力に影響を与えると捉え、そのことが不平等であるとして、財政的インプットを平等にすることを教育の機会均等を実現するものと捉える見方である。財政的インプットは、教員給

与、教員 - 生徒の割合、学習資源、教科書、学校で提供される課程を意味する。これらを平等にすることを教育の機会均等として捉えるものである。

　ワイズは、州内での平等な教育機会が欠如していることは、州による法の平等保護の否定となるのか、言い換えれば、合衆国憲法修正第14条の平等保護の条項が、州内での教育機会の実質的な均等化を要求すると考えられるのかどうか、という問いをたて、教育における人種差別を禁ずる裁判、刑事手続きにおける貧困者に対する差別を禁ずる判決、地理に基づく議員定数の差別及び選挙権における貧困者に対する差別を禁ずる判決からの類推によりながら、それを論証している[26]。ワイズは、生徒1人当たりの教育費の地方学区間の格差を生じさせている学校財政制度を法の平等保護に違反する問題として裁判で争うための論理を示したと評価されている[27]。

　このワイズの論理をさらに推し進め、学校財政制度における不平等の問題に対して、裁判所が対処するための法理を確立したのが、クーンズらによる「財政中立性（fiscal neutrality）」の原則であった。「財政中立性」の原則とは、「公教育の質は、州全体の資産以外の資産の関数であってはならない。」[28]ということを求めるものであった。クーンズらの研究のモチーフは、平等（equality）とともに、機会（opportunity）を強調するものである。機会の平等は、アメリカ社会の基本的価値であり、その実現に公立学校は責任を負っていること、それ故に公教育の質を資産に従って配分することを不合理なものにするという価値判断に基づいて打ち出された理論であった[29]。この理論は、「あってはならない」という否定形で述べることにより、裁判所が現在の制度に特定の選択を提案することなく、違憲判決を下すことができるようにしたと評価されており[30]、学校財政制度における不平等の実態に関して、合憲か違憲かを基準に基づいて判断することを可能にしたのである[31]。

　以上のようなワイズやクーンズらの理論に依拠して、多くの州において州の学校財政制度の違憲性を訴える訴訟が提起される動きが活発となる。そしてそうした理論を採用して、違憲判断を下す判決も見られるようになる。今日にまで至る学校財政制度訴訟の展開は、基準とされる法的根拠によって、次の3つに時期区分されて、整理されている。すなわち、第一の波は、1960

年代後半から 1973 年までの時期で、合衆国憲法修正第 14 条に基づき、平等保護に反するとしてその違憲性を争うものであった。第二の波は、1973 年から 1989 年までの時期で、州憲法に基づき、その違憲性を争うものであった。そこでは、平等保護条項に加えて、教育条項に基づいて、違憲性が判断された。そして第三の波は、1989 年以降の時期であり、州憲法の教育条項に基づきながら、「適切性 (adequacy)」の概念をもとにしてその違憲性を争うものである[32]。

白石裕は、第一の波と第二の波の学校財政制度訴訟の法理を検討し、次のように整理している。まず、法理の構造を、教育機会の平等概念、財政保障論、裁判所の判断基準論に区分している。さらに、教育機会の平等概念については、相対的剥奪論（財政的中立論、教育費と教育の質の相関関係論）と絶対的剥奪論（最小限の教育論、教育のローカルコントロール論）、財政保障論については、全額州負担論と州補助金論、そして裁判所の判断基準論については、教育の基本的権利論、差別の疑いのある分類論、教育のローカルコントロール論、審査基準論（厳重審査論、合理性テスト論、中間テスト論）に、それぞれ区分している[33]。この整理は、1989 年以降の第三の波の学校財政制度訴訟においても妥当するものである。こうした法理に基づく学校財政制度訴訟によって促された学校財政制度改革が、どのような原理に基づき展開されたかが問題となる。つまり、どのような教育機会の平等概念に基づき、どのように財政保障のあり方が改革されたかを問うことが必要である。

1970 年代と 1990 年代の学校財政制度改革について検討していくことにする。

第2項　1970年代の学校財政制度改革[34]

(1)　不平等の実態と制度改革構想

1)　不平等の実態

学校財政制度訴訟が生成された 1970 年代前半において、実際にどのような不平等の実態があったのであろうか。訴訟が提起されたカリフォルニア州と

テキサス州についてみておこう[35]。

　まず裁判で争われたカリフォルニア州における不平等の実態（1968-69年度）を見ると、裁判の原告セラノが住んでいた貧しい地域であるボールドウィンパーク学区と富裕な地域であるビバリーヒルズ学区との間には、次のような不平等があった。生徒1人当たりの地方財産税評価額では、ボールドウィンパーク学区で3,706ドルしかなかったのに対して、ビバリーヒルズ学区では、50,885ドル、比率は1対13、税率1％による教育費収入では、ボールドウィンパーク学区で47.91ドル、ビバリーヒルズ学区で870ドル、比率は1対18、実際の課税率はでは、ボールドウィンパーク学区で5.48％、ビバリーヒルズ学区で2.38％、教育費実支出額で、ボールドウィンパーク学区で577.49ドル、ビバリーヒルズ学区で1,231.72ドル、比率は1対2.1となっていた。貧富による差は明らかであり、ボールドウィンパーク学区は、高い税負担で低い収入しか得られず、ビバリーヒルズ学区は、低い税負担で高い収入を得ていたことがわかる。

　テキサス州における不平等の実態（1967-68年度）について見ると、生徒人口の90％がヒスパニック系アメリカ人、6％が黒人であるエッジウッド学区と、生徒人口の80％がアングロ系白人、18％がメキシコ系アメリカ人、1％が黒人であるアラモハイツ学区との間に、著しい格差があったことがわかる。生徒1人あたりの地方財産税評価額では、エッジウッド学区で5,960ドル、アラモハイツ学区で49,000ドル、財産税率では、エッジウッド学区で100ドル当たり1.05ドル、アラモハイツ学区で0.85ドル、生徒1人当り教育費支出額では、エッジウッド学区で356ドル、アラモハイツ学区で594ドルとなっていた。さらに、生徒1人当たりの教育費支出額についてその内訳を見ると、州補助金である標準教育費補助金に関しては、エッジウッド学区とアラモハイツ学区の間であまり格差はなく、エッジウッド学区で222ドル、アラモハイツ学区で225ドルとなっていた。むしろ、裕福な学区であるアラモハイツ学区の方が若干多くなっているほどである。これに対して自己財源からの収入については、エッジウッド学区でわずかに26ドル、アラモハイツ学区で333ドルとなっており、大きな開きがあったことがわかる。また連邦補助金は、エッジ

ウッド学区で108ドル、アラモハイツ学区で36ドルとなっていた。州補助金は均等化の役割を果たさず、連邦補助金や自己財源に訴えて、自ら必要な資金額を調達していたと見ることができる。

2) 制度改革構想

1970年代において、学校財政制度を改革するには、次の3つの方法が考えられていた[36]。

第一の方法は、当時各州が採用していた州均等化補助金プログラムの拡充であった。すなわち、前節で見たように、1960年代末において、多くの州において、均等化補助金が交付されており、その規模を拡大することが、均等化の効果を高めることになることから、そうした方法をとることが改革の1つと捉えられていた。一律補助金であれば補助金額の引き上げ、標準教育費補助金の場合には標準教育費の水準の引き上げ、パーセンテージ補助金であれば適用範囲の拡大、ということになる。これらはいずれも、学校財政制度の基本構造を変えるものではない。学校財政制度の基本構造を継続させながら、補助の水準を引き上げようとする改革の方法であったと言える。

第二の方法は、全額州負担制度への移行であった。この制度は、前節でも見たように、すでに、モリソンによって提案され、ハワイ州で実現していたものであるが、1970年代の学校財政制度訴訟での違憲判決を受け、教育費支出に対する地方の影響を取り除くことがいっそう強く意識され、注目を集めるようになったものである。それは、1970年代前半において、後述するように、全額州負担制度を構想する報告書が相次いで公表されていたことに表れている。

第三の方法は、地方学区の財政能力を均等化する方式への移行であった。これは、クーンズらによって提案された方法であり、同じ税率であれば、同じ税収が得られるように、州が補助金を交付する方式となる。学区財政力均等化方式（district power equalizing）と呼ばれるものがその典型的なものである。

以上のように、第二、第三の方法は、学校財政制度の基本構造を根本から変えようとするものである。それにより、地方学区の資産によって教育費支出が大きく左右される状況を解消することが目指されていたのである。それ

それの構想の提唱者は、いずれも、主要な均等化補助金の標準教育費補助金方式の問題点として、地方学区の課税の権限を認めることにより、裕福な地方学区が標準教育費の水準以上の教育費を得ることを防ぐことができないために、均等化が果たされていないことを指摘していた[37]。そこで全額州負担制度の構想と地方学区の財政力均等化の構想を次に見ておきたい[38]。

① 全額州負担制度構想

前節で見たように、モリソンは、地方学区を廃止して、州が学校の税を徴収し、学校の管理運営を行う制度を提案していたが、全額州負担制度は、それに限定されるものではない。全額州負担制度とは、州が、公立の初等中等学校に財政支出するために必要な、すべての、あるいはほとんどの資金を提供する制度と定義されていた[39]。この制度には、3つのモデルが考えられていた[40]。

第一のモデルは、地方の学校税の課税がまったくない完全な州の教育費負担制度である。つまり、すべて州の税収によって資金が提供される制度である。生徒のさまざまなニーズに対する調整により、地方学区間に教育プログラムの費用に相違は生じるものの、基本的には、地方学区の生徒1人当たりの教育費支出は同額となる。

第二のモデルは、基礎的な州の負担金に加えて、地方学区による選択的な課税を認める制度である。これは、選択的部分をどの程度認めるかによるが、地方学区の教育費支出が、かなり限定的とはいえ、その資産に左右される制度になる。

第三のモデルは、第二のモデルと同様に、基礎的な州の負担金に加えて、地方学区による選択的な課税を認める制度であるが、このモデルは、地方学区の選択的な課税に対して、課税力の格差を是正する州の補助金を交付するものである。つまり、選択的な地方学区の課税において、税率が同じであれば、税収も同じとなるように、州補助金を交付するものである。これは、後述する、学区財政力均等化補助金の方式を組み込んだ全額州負担制度ということができる。

これらの3つのモデルの違いは、地方の課税、地方の裁量を認めるかどうか、認めるとすれば、どの程度、どのようにして認めるか、という点にある。いずれにしても、基本は、州中心の制度を構築し、それによって教育の機会均等を実現しようとする構想である。州内の生徒1人当たりの教育費支出を、生徒のニーズ要因を除いて、平等にすることを意図するものであった。

　では、実際にどのような制度が構想されていたのか。ここでは、ニューヨーク州における「初等中等教育の質、費用、財政に関するニューヨーク州委員会（New York State Commission on the Quality, Cost, and Financing of Elementary and Secondary Education)」が、ニューヨーク州の初等中等教育の質、費用、財政に関する改善策を提言する報告書（Fleischman Report)、そして連邦政府において設置された「学校財政に関する大統領委員会（President's Commission on School Finance)」による報告書を取り上げる。

　ニューヨーク州委員会は、1973年にニューヨーク州の初等中等教育の質、費用、財政に関する改善策を提言する報告書（Fleischman Report）を公表した。その中で、教育における財政的不平等に対する解決策として、全額州負担制度が提案されていた[41]。委員会は、州による資金配分の方式について、次の2つの点を考慮することを提言した。すなわち、第一は、全額州負担制度は、生徒の教育的必要条件や物価水準など地理的条件とは無関係の教育費支出の不均等を取り除くこと、第二には、資金は生徒の教育ニーズに従って配分されなければならない、ということであった。

　第一に関しては、委員会は、すべての地方学区の教育費支出を、州での基礎支出のランクで65%に位置する地方学区の教育費支出にまで引き上げることを提言した。そして65%に位置する地方学区の教育費支出を上回る費用を得ている地方学区に関しては、水準を引き下げることはせず、その水準をそのまま継続させることを認めていた。第二に関しては、委員会は、学習上の大きな問題を抱えている生徒を確認し、その生徒に対してその問題を克服できるように追加的資金を提供するようにしなければならないと考え、読解力と数学の成績が低い生徒を1.5人とカウントすることにより、そうした生徒を多く抱える地方学区に対して、単位費用に生徒数をかけることによって得られ

る基礎教育費がより多く配分される方式を提案していた。

　また委員会は、収入に関しては、地方学区単位での財産税を州全体の財産税に移行させることを提案していた。すなわち統一した税率の州の財産税の創設を提案していた。したがって委員会は、先に見た3つのモデルの中では、第一のモデルの制度を提案していたのである。フライシュマン報告は、地方学区間の不平等を解消するとともに、生徒の教育的ニーズに十分に応えうる教育費の保障を目指した制度を構想していたといえる。

　大統領委員会は、1972年に「学校、国民、そして資金：教育改革の必要性（Schools, People, & Money: The Need for Educational Reform）」を公表した[42]。大統領委員会は、州が何年にもわたって努力してきたにもかかわらず、教育資源の配分における大きな不平等が存在している状況を改めるためには、地方学区の財政に依存している制度を大きく変え、州が公立初等中等教育の費用をすべて負担する全額州負担制度を提言した。大統領委員会の提言した制度は、地方学区の課税による収入を認めるものであり、州の配分金の10％を超えない範囲で地方学区が収入を得ることを認めていた[43]。これは、先の3つのモデルの中で第二のモデルに当るものである。地方学区の裁量を全面的に否定するものではなかったが、地方学区間の不平等が地方学区の財政支出にあるという認識から、きわめて限定的な形で地方学区の収入を認めたものである。

　また大統領委員会は、地方学区間の不平等を縮減することに加えて、州が負担する教育費支出が生徒のさまざまなニーズを認識し、それに応じたものであるべきことを提言していた。さまざまなニーズのカテゴリーを確認すること、これらのニーズを満たすために必要な教育費を決定することが必要としていた。ニーズのカテゴリーとしては、職業教育、就学前教育、障害児教育、補償教育などが指摘されていた[44]。

② 全額州負担制度の利点と問題点

　全額州負担制度については、次のようなプラス面とマイナス面が指摘されていた[45]。

　プラス面については、次の5点が指摘されていた。第一は、教育機会の均

等化である。全額州負担制度は、教育費支出が最も高い地方学区と最も低い地方学区との間の格差を縮小させるであろう。第二は、税負担の均等化である。全額州負担制度により、州全体の財産税創設に移行し、州内での税負担の均等化が図られるであろう。第三は、地方学区間の競争の減少である。財政力のある豊かな地方学区が、比較的低い税率で大きな収入を得ることにより、例えば有能な教員をより多く採用するというような不公平な有利さを享受することは、全額州負担制度の下ではなくなることになる。第四は、地方学区組織の効率化である。十分な教育プログラムを提供できない地方学区が存続することが難しくなると考えられた。州が費用を負担することから、力のない地方学区を支援する可能性が薄いこと、また保護者から地方学区の再編、統合の圧力が高まることが考えられる。第五は、地方学区の優先課題の変化である。州によって収入が保障されることから、収入を得ることを考える必要がなくなることから、資金をいかに用いるかを検討することに専念することができる。

　マイナス面についても、次の5点が指摘されていた。第一は、水準の低下の恐れである。均等化が達成されるかもしれないが、低い水準での均等化に陥ることが考えられる。教育費支出の高い水準で均等化を図るのではなく、低い水準で均等化を図る、つまり、レベルアップではなく、レベルダウンによる均等化に陥る危険性がある。第二は、ローカルコントロールの弱体化である。州がすべての費用を負担することにより、伝統的に行使されてきた地方学区による教育に対するコントロールが失われるのではないかという恐れである。第三は、教育の革新や実験の後退である。教育費支出の高い地方学区が革新的な教育を実験的に行うことにより、教育の革新が行われることができたが、それが後退するのではないかという恐れである。第四は、官僚的な規制の増大である。中央集権化されることにより、州が地方学区に融通のきかない規制を課すことになるのではないかという恐れである。第五は、収入獲得をめぐる他の領域との競争の激化である。州レベルで初等中等教育のための収入を獲得する競争にさらされることになると、初等中等教育は不利な立場におかれ、十分な収入を得ることが難しくなるのではないかという恐

③ 学区財政力均等化補助金方式構想

　クーンズらが構想したのが、学区財政力均等化補助金方式であった。これは、パーセンテージ均等化補助金を引き継いで構想されたものである。パーセンテージ均等化補助金方式は、地方学区が決定した予算の中で、地方学区の資産に反比例して定められる率に基づき州が補助するという方式である。教育費支出の水準を州が決定するのではなく、地方学区が決定するという点を重視したものである。そこにクーンズらの基本的考え方が表れている。クーンズらは、地方学区に予算額の決定を認めない全額州負担制度が教育に関する地方の意思決定を奪い、インセンティブを壊してしまい、要因として資産以上のものを取り除くとして、集権的制度を批判していた[46]。また標準教育費補助金方式についても、サブシディアリティ（subsidiarity）と平等との間の選択のジレンマ、すなわち地方学区の自由を保障する地方分権的制度をとるのか、平等の保障をとるのかという選択のジレンマに陥るとして批判していた[47]。そして、そのジレンマを克服するのが、学区財政力均等化補助金方式であると主張していた。

　学区財政力均等化補助金方式は、パーセンテージ均等化補助金方式と同じ考え方に基づく。州補助金の配分方式は、第1節で見たようなパーセンテージ均等化補助金と同様のものとして表すことができる[48]。その基本的特徴は次の3点に整理される[49]。

① 生徒の教育の質が地方学区の財政力の関数とならないように、地方学区間の財政力の違いが中立化される。
② 地方学区は、州によって十分に均等化された課税収入のレベルを自ら決定することが認められる。
③ 強制徴収措置（recapture）規定は、州全体で財政的な均等化のために求められる州補助金額を州がコントロールすることを可能とする。

この中で、学区財政力均等化補助金方式とパーセンテージ均等化補助金方式との違いを示すのが、3点目の強制徴収措置である。パーセンテージ均等化補助金方式にはない規定である。これは、財政中立性をより徹底して実現することになる。

　強制徴収措置が必ずしも採用されたわけではないが、地方学区の税率1%によって得られる収入を同額になるように州が補助金を交付するという考え方は、1970年代の学校財政制度改革において実際にいくつかの州で採用されたものである。このようなクーンズらが提唱した学区財政力均等化補助金方式は、今日では税基盤保障補助金（Guaranteed tax based programs）と呼ばれることが多い。税基盤保障補助金方式は、強制徴収措置を必ずしも含むものではなく、そして次のような算定式によって表わされている[50]。

州補助金額＝地方学区の税率×(州保障財産評価額－地方学区の財産評価額)

　地方学区が自らの意思で税率を決定することが認められており、したがって予算額を決定することも認められることになる。地方学区の自由、裁量権を重んじた補助金方式といえる。

(2) 1970年代の州学校財政制度改革

　これまで見てきたように、1970年代において多くの州で学校財政制度訴訟が提起され、それに促されるかたちで学校財政制度改革が活発に展開された。表1から明らかなように、1970年代には、公立初等中等学校歳入に占める州の割合が徐々に増大し、1970年代末には40％台半ばまで達していた。表2に表れているように、30％台、20％台の州が減少し、40％台、50％台の州が増えていることがわかる。また補助金方式についてみると、表3から表4への変化は、補助金方式の多様化として捉えることができる。これらの数値から、州レベルでの改革が進んだことを見ることができる。

　では、実際にどのような改革が実施されたのか、いくつかの州を取り上げ、

改革の内容について詳しく見ておきたい。まず1970年代の重要な学校財政制度訴訟の判決が出されたカリフォルニア州とテキサス州における改革を取り上げる。両州とも既存の補助金方式の修正、すなわち標準教育費補助金方式の改革が行われた。次に、新たな制度構想が採用されたイリノイ州とワシントン州を取り上げる。イリノイ州では学区財政力均等化方式が、ワシントン州では全額州負担制度が導入された。以上から、1970年代に典型的な学校財政制度改革、すなわち標準教育費補助金方式の改革と新たな制度構想である学区財政力均等化方式と全額州負担制度の導入という学校財政制度改革の特徴を整理しておきたい。

1） カリフォルニア州

① セラノ判決（1971年）と上院法90（1972年）による改革

すでに述べたように、カリフォルニア州では1971年に、州最高裁判所によって初めての違憲判決となったセラノ判決が下された。セラノ判決は、地方学区の生徒1人当たりの教育費支出に相当な格差があること、そのことが教育機会の質と範囲の不平等を固定化していると原告が主張し、訴えたものであった。判決では、学校財政制度が子どもの教育の質を親や近隣の人々の財産の関数にしてはならないという財政中立性の原則に基づき、貧しい子どもたちを不公平に差別していると判断し、合衆国憲法やカリフォルニア州憲法の平等保護条項に違反しているとして、違憲判決を下したものであった[51]。

このセラノ判決の翌年、1972年に上院法90（Senate Bill 90）が制定され、学校財政制度が改革された。この制度改革の過程において、さまざまな案が提案されていた。前項で見たような制度構想の理論がそのまま制度に直結することは、政治的に困難であることが次第に明らかになっていった。裁判の中では、議会が採用できる改革案の例として、州レベルでの財産税の課税、学区均等化補助金、教育バウチャー、全額州負担制度などが提案されていたが、これらはいずれも政治的に実行が困難とされ、議会では、より現実的な対応策が模索されていった[52]。地方学区間の均等化を図る場合に、裕福で教育費支出のレベルの高い地方学区のレベルを下げることは、その地方学区の損失と

なり政治的には実行が難しく、また教育費支出のレベルの低い貧しい地方学区の教育費支出のレベルを引き上げることは、州全体の財政負担を重くすることになり、いずれの場合も議会での支持を得ることが難しい課題であった[53]。

以上のような状況の中で、均等化の手段として浮かび上がってきたのが、収入制限（revenue limit）であった。収入制限とは、地方学区の収入の増大に制限を加えるものである。この方法によって、教育費支出の高い地方学区のプログラムに不必要な損失を与えることなく、公正を実現することが期待された。また収入制限は、州の教育費支出を抑えることにもなり、政治的ハードルを乗り越える方策になりえた[54]。上院法90では、収入制限に関して、地方学区の財産評価価値が収入制限を上回る場合には、地方学区は税率を引き下げなければならないこと、収入の増大は、標準教育費に満たない地方学区は1年当たり15%まで、標準教育費の地方学区は6%、標準教育費を上回る地方学区は6%未満に、それぞれ制限されることが規定された[55]。そのほか、上院法90において規定されたのは、標準教育費補助金方式の保障レベルの引き上げであった。このことにより、支出の低い貧しい地方学区の支出レベルを引き上げ、財産税率を引き下げることにつながり、学校財政制度の均等化に役立つと考えられた。

② セラノ第二判決（1976年）と下院法65（1977年）

上院法90の制定による学校財政制度改革は、均等化を意図したものであったものの、一律補助金が存続していたこともあり、インフレーションの影響もあって、その効果は十分なものではなかった[56]。州最高裁判所は、再度審理を行い、1976年に再び違憲判決を下した。これがセラノ第二判決である。セラノ第二判決は、後述するロドリゲス判決の影響もあり、州憲法の平等保護条項にのみ基づいていた。セラノ第二判決の特徴は、セラノ第一判決と異なり、具体的な救済措置を示した点にあった。すなわち、地方裁判所が判決の時点（1974年）から6年間に地方学区間の生徒1人当たり教育費支出の差を100ドル以内にとどめるように州当局に命じ、最高裁判所もこの命令を支持した。このように州に対して制度改革の具体的な到達点が判決の中に示されて

いたのである[57]。

このセラノ第二判決を受けて制定されたのが、下院法65（Assembly Bill 65）であった。以下、その内容を見ておこう[58]。

下院法65は、4つのパートから成り立っていた。第一は、財政支援の基礎部分すなわち標準教育費補助金方式と収入制限、第二は、学校改善を刺激する財政支援、第三は、特別なニーズを持つ生徒に対する補助金、第四は、特別なニーズを抱える地方学区に対する補助金、という4つのパートであった。第二から第四のパートは、いずれもそれぞれの目的に使途が限定された特定補助金を規定する内容であった。したがって、ここでは一般補助金を対象としていることから、第一のパートについて検討していく。

下院法65では、上院法90と同様に、標準教育費の引き上げが行われるとともに、収入制限に関する規定において、標準教育費を上回る収入を得る裕福な地方学区に対する収入制限がより厳しく設定されることになった。そのほか、標準教育費を下回る収入しか得られない貧しい地方学区に対して、その収入制限以上の収入の増大を援助する追加的補助金の交付、すべての地方学区に適用される最低税率の設定、そしてそれまでそれ以下の税率であった裕福な地方学区において最低税率によって生み出される収入制限以上の余剰収入を貧しい地方学区に移管することなどが規定された。つまり、とりわけ裕福な地方学区に対しては増税が規定されたことになる。裕福な地方学区から貧しい地方学区への収入の移管が規定されるなど、上院法90よりも徹底した均等化を狙った規定内容となっていたと捉えられる。

以上のような内容をもつ下院法65は、しかしながら、制定の翌年には、実施が不可能な状況に追い込まれることになった。それは1978年に可決された提案13（proposition 13）などによって、地方学区が財産税によって収入を得ることが極端に制限されるようになったためである。次にその内容を見ておこう。

③ 税と支出の制限——提案13（1978年）と提案4（1979年）——

1978年に住民投票である提案13が可決され、州憲法が修正された。その主な規定内容は以下の通りである[59]。

・財産税の課税は、1975-76年の市場評価価値の1%に制限される。
・財産税評価額の増大は、年2%以下に制限される。
・財産が売却されたり、所有者が代わったり、新しく建てられたときには、現行の市場評価価値で評価されることが許される。
・州あるいは地方政府は、新たに財産税を設けることが禁止される。
・特別の税を課すには、3分の2の有権者の賛成が必要。
・州税の変更には、3分の2の州議員の賛成が必要。

　このような厳しい制限を課す提案13の成立の背景として、カリフォルニア州の経済の好調さが個人所得の伸びを上回る財産価値の上昇をもたらし、財産税負担がきわめて重くなったにもかかわらず、州議会が有効な財産税負担の軽減を行えなかったことが指摘されている[60]。またこのことは税負担の問題だけでなく、税のより効率的な運用やアカウンタビリティを強く求める動きとしても捉えられている[61]。提案13の規定により財産税を財源とする地方学区の収入は著しく減少し、そのための教育費の確保が重要な課題となり、またその点での州の役割が高まることになる。

　この提案13に対する緊急避難策として、上院法154（Senate Bill 154）が同年1978年に制定され、それによって下院法65のもとで獲得していた資金レベルの85%から91%が、各地方学区に保障された。そして長期的な対応策として、下院法8（Assembly Bill 8）が1979年に制定された。下院法8では、州の補助金は収入制限と地方学区が財産税によって得る税収との差額となった。また財産税はカウンティによって集められ、提案13制定以前に獲得していた収入額の割合に応じて配分されることになった[62]。

　さらに提案13可決の翌年、1979年に、州の支出に制限を設けた提案4が成立した。これは、州の支出の増大を人口増とインフレ上昇率を調整した前年の支出レベルに制限すること、そしてその制限レベルを超える収入が得られる場合には、その上回った収入を納税者に返還すること、を規定したものであった（州憲法第13条B）。

第1章　教育費支出格差是正と財源保障　45

　提案13とその後の法律により、カリフォルニア州の学校財政制度は、州レベルへの集権化が進み、地方学区の税収や支出に対する制限が強まることになった。そのため地方学区においては、どの程度の資金を学校教育に用いるのか、学校財政運営における最も重要な意思決定の権限が失われることになった。提案13と上院法154や下院法8に対しては、そのような捉え方がなされている。そして提案4の州支出増の制限により、他の政府サービスとの競合が激しくなり、ますます教育費の確保が困難な状況におかれることになった[63]。

2）テキサス州
① ロドリゲス判決以前の学校財政制度

　テキサス州は、先述したロドリゲス判決が出された州である。まずロドリゲス判決以前のテキサス州の学校財政制度についてみておきたい。テキサス州においても、地方の財産税による地方学区レベルでの財政制度を基本としていたが、1949年にギルマー・エイキン（Gilmer-Aikin）法が制定され、最低基準標準教育費プログラム（Minimum Foundation Program）による州の補助金制度が創設された。1940年代後半には、第二次世界大戦後の生徒数の増大と物価上昇により、当時の財政構造では拡大する教育要求に充分に応えられないという危機感が広がっていた。この最低基準標準教育費プログラムは、そうした必要性から創設されたものであり、地方の税収と地方の税収の格差を是正する州の補助金により、生徒1人1人に等しい最低限の教育機会を提供しようとするものであった。このプログラムは、教職員の給与費や学校運営費に充てられた。そしてその費用の20%が地方の資金に割り当てられ、残りの80%を州が負担する仕組みになっていた。また地方学区は、州が保障する最低限の水準を超えて自由にプログラムを充実させることができた[64]。

　この最低基準標準教育費プログラムは、州の補助金を増額させ、多くの地方学区を財政的混乱から救ったと評価されたものの、必ずしも州の補助金額は十分ではなく、問題の解決につながったわけではなかった[65]。また地方学区が自由にその税収により最低基準を上回ることができたこともあり、地方学区間の教育費格差は著しい状況であった[66]。

② ロドリゲス判決の概要

ロドリゲス判決は、サンアントニオ市に住むロドリゲスをはじめとする原告らが、州の学校財政制度が過度に地方の資産に依存し、そのために貧しい学区に居住している生徒を差別し、合衆国憲法修正第14条によって保障されている法の下での平等保護に違反しているとして、連邦裁判所に訴えたものである。

ロドリゲス判決では、地方学区間の著しい教育費格差が問題となったのである。連邦地方裁判所は、1971年に、カリフォルニア州のセラノ判決と同様に原告の主張を認め、テキサス州の学校財政制度に対して違憲という判決を下した。しかし州当局による上訴を受けて審理を行った連邦最高裁は、1973年に下級審の判決を逆転させ、合憲判決を下した。

原告は、学区の財産の差に基づく教育費格差が差別の疑わしい分類になること、教育は基本的権利であること、裁判所の審査基準は厳重審査によるべきであることを主張し、その違憲性を訴えた。連邦地方裁判所は原告の主張を全面的に認めたが、連邦最高裁は、原告の主張をことごとく退けて、州の学校財政制度が、テキサス州教育法に規定されている適切で最低基準の基礎教育を提供していること、教育のローカルコントロールの重要性に応えていることを根拠として合憲判決を下したのである[67]。

③ ロドリゲス判決後の学校財政制度改革

連邦最高裁は、違憲判決を下したものの、州の学校財政制度に司法の承認を全面的に与えたわけではなく、州議会に対して、より平等な財政支援の方法を作ることを強く促していた。ロドリゲス判決は、テキサス州議会が学校財政の改革に乗り出すのに必要なインパクトを与えていたのである[68]。

ロドリゲス判決後に開かれた州議会では、学校財政問題は、議会が直面している主要問題リストのトップに位置づけられたほど、緊急の重要課題として認識されていた[69]。そしてその審議が下院法1126として結実した。下院法1126により、最低基準標準教育費プログラムから標準教育費プログラム

（Foundation School Program）にプログラムの名称が改められ、内容面でも、その補助金の対象を拡大することになった。改革点はまず第一に、地方の財政力や財産の尺度としてそれまでのカウンティの経済指標を用いることをやめて、その代わりに地方学区の財産の実際の市場価値を尺度として用いることになったこと。それは財産の市場評価価値の100ドル当たり30セントに設定された。第二に、基礎的な標準教育費プログラムの金額を増大させたこと。それは、学士号を持った教員の初任給を21%、生徒の通学輸送費を62.5%、学校の維持運営費を約3倍に増額することにより、すべての学区の支出額の最低レベルを引き上げた。これにより9億5000万ドルの新たな資金が投入されることになった。第三に、財産の市場価値100ドル当たり30セントを課税するよう要求することにより、地方への資金割当額が約2倍になったこと、つまり地方学区の負担額が増額したこと。第四に、生徒1人当たりの財産価値が州全体の財産価値の125%に満たない学区に対して、つまり相対的に財産価値が低い学区に対して、州均等化補助金（state equalization aid）として5000万ドルが提供されたこと、という4点である[70]。

この下院法1126による改革は、1976-77年には州の補助金を31%も増大させ、しかも財産価値が低い学区ほどより大きな補助金を受け取っており、増大率も高くなっていた[71]。しかしながら、州均等化補助金の5000万ドルという額は非常に少なく、また地方学区の62.5%が均等化補助金を受け取っていたこと、また憲法の規定により財産にかかわりなくすべての学区に一律に補助金が提供されていたことにより、均等化の効果は小さいものにとどまっていたと評価された[72]。

3）イリノイ州

イリノイ州では、1927年より標準教育費補助金方式による補助金が交付されていた。そこでの基本的考え方は公正を実現することであったが、その公正は、最低限の教育の保障を求めるものであった。したがって、州はすべての地方学区において教育サービスが最低限の水準を下回らないようにする責任を持つと捉えられてきた。これは、州が保障する標準教育費の水準を超え

て地方学区が独自に収入を得ることができるという考え方を伴うものであり、標準教育費を超える部分での地方学区間の教育費支出の格差を問題にするものではなかった。それは、標準教育費を超える部分については、地方学区が自由に決定できるという考え方によるものである。イリノイ州は、教育費支出に対するローカルコントロールを重視する州であったと言われている[73]。

しかしイリノイ州においても、地方学区間の教育費支出の不平等の実態が問題にされるようになり、セラノ判決やロドリゲス判決よりも早く、1969年に学校財政制度の違憲性が争われたマクニス判決が下されることになった。それは、1970年代初めの学校財政制度訴訟の第一の波のさきがけとなった判決であった。マクニス判決は、4つの地方学区に居住する初等中等学校の複数の生徒が原告となり、州知事、州教育長、州財務長官などを被告として、地方学区間の教育費支出の大幅な格差を許している州学校財政制度が、合衆国憲法修正第14条の平等保護条項などに違反するとして訴えたものである。判決では、地方学区間の教育費支出格差の実態を認め、そのことが生徒の受ける教育の質に格差をもたらすという認識を示しながらも、州が最低限の教育費を保障していること、そしてその最低限の水準を越える部分については、地方学区の決定事項に属する事柄であるとして、それゆえイリノイ州の学校財政制度は合理的なものと推定されるという理由などにより、合衆国憲法に反しないという判断が示された[74]。

合憲判決が出されたものの、その後カリフォルニア州のセラノ判決によって学校財政制度の違憲判決が出されたことが、イリノイ州の州政府関係者に標準教育費補助金方式の欠点に対する理解を深めさせることになり、学校財政制度の改革論議の気運が高まることになった。財政制度を改善し、公正の程度を高め、そして最低限のプログラムを取りやめるような改革運動が起こり、1973年に全会一致で改革の法案が可決されるに至った[75]。その内容の特徴は、学区財政力均等化補助金方式を採用した点にあった。つまり、それまでの方式とは異なるまったく新しいタイプの補助金方式を実現させたのである。

1973年の改革によって、イリノイ州の学校財政制度は、新しいタイプの学区財政力均等化補助金方式が加わり、3つのタイプの補助金方式を用いるも

のとなった。すなわち、一律補助金方式と標準教育費補助金方式とを併用していた従来の補助金方式に、学区財政力均等化補助金方式を付け加えた補助金制度を採用することになったわけである。これにより、最低限の教育費の保障ではなく、地方学区の財政力の均等化を実現することにより、公正を実現しようとしたと捉えられる。

一律補助金方式と標準教育費補助金方式とを併用したものは、「最低限標準教育費プログラム（Minimum Foundation Program）」と言われるものであり、最低限の教育費をすべての地方学区に保障することをねらいとするものであった。ここでは、裕福な地方学区に対しても一律に交付される補助金も含まれていた。これに対して、学区財政力均等化補助金方式のものは、「資源均等化補助金プログラム（Resource Equalizer Aid Program）」と言われるもので、地方学区の財政力を均等化する方式、すなわち税率が同じであれば、獲得する税収を同額になるように補助金が交付される方式である。1973年の改革により、このどちらかの補助金方式を地方学区が選択することができるようになったわけである。1976-77年においては、地方学区の84%が資源均等化補助金プログラムを選択し、残りの16%の地方学区が最低限標準教育費プログラムを選択していた。補助金額の割合で見ると、一般補助金総額の中で資源均等化補助金プログラムは99%、最低限標準教育費プログラムはわずかに1%であった。ほとんどの地方学区が資源均等化補助金プログラムを選択しており、州の一般補助金もほとんどが学区財政力均等化方式によって交付されていたことがわかる[76]。以下、資源均等化補助金プログラムの内容についてみていこう。

州補助金は、州保障の収入額から地方の収入額を差し引いたものとなる。州保障の収入額は、次のように計算される。州保障の税基盤すなわち州が保障する地方学区の財産評価額に、地方学区の財産税率をかけたものとなる。地方の収入額は、実際の地方学区の財産評価額に当該地方学区の財産税率をかけたものとなることから、州が保障する財産評価額と地方学区の財産評価額との差が大きいほど州の補助金額が大きいものとなる。こうした方式は、地方学区の財産評価額が大きく異なることが、教育費支出の格差を生み出していることから、財産評価額が低い地方学区であっても、州が一定の財産評

価額を保障することを意図したものである。1976-77年度における州保障の財産評価額は、初等学区で生徒1人当たり66,300ドル、ハイスクール学区で生徒1人当たり122,000ドル、統一学区で生徒1人当たり43,500ドルとなっていた。財産税率は、地方学区が自由に設定することができる。

ただし、州補助金には上限が設定されていた。それは、すべての地方学区に対して、州が保障する収入額の最大額を生徒1人当たり1,260ドルにするものであった。そのために、地方学区の財産税率の上限もそれに応じて設定された。すなわち初等学区については1.9%、ハイスクール学区については1.05%、統一学区については2.9%を上限としていた。これらの財産税率の上限は、州補助金額を算定するためのものであり、それ以上の税率を課すことを禁ずるものではなく、地方学区の意思で上限を上回る税率を課すことは許されていた。例えば、統一学区で生徒1人当たり30,000ドルを持つ地方学区が、税率の上限が2.9%のところを3.9%の税率を課す場合には、実際に地方学区が獲得する収入額は、州保障収入額の上限1,260ドルに、上限の税率を1%上回っているので、税率1%によって得られる地方学区の収入300ドル（30,000ドル×0.01）を加えた額、すなわち1,560ドルとなる[77]。

以上のような方式により、税負担の平等を実現することがかなり促進されることになる。財産評価額に関わらず、税率1%あたりの収入を同額にすること、別の言い方をすれば、財産評価額の均等化を図ることをねらいとするものと理解することができる。これにより、生徒1人当たりの教育費支出の格差がなくなるわけではないが、その格差をもたらすのが、地方学区の財産評価額ではなく、地方学区の住民の意思によるものとなる。つまり財政中立性の原則に基づく補助金方式と捉えられる。

4） ワシントン州
① 学校財政制度訴訟

ワシントン州では、1978年に州最高裁によって学校財政制度に対する違憲判決が出された州である。つまり、学校財政制度訴訟の展開においては第二の波の時期にあたるものである。したがって、それは、憲法の平等保護条項

に依拠するものではなく、憲法の教育条項に依拠した判決であった。

　ワシントン州では、学校教育の主な財源である財産税は、1970年代に入って、州レベルで徴収されることになっていた。それに加えて、地方学区において、住民投票における認可を必要としたが、特別課税による収入を得ることが許されていた。こうした制度において、州によって徴収される財産税だけでは財源不足となり、特別課税に依存せざるを得ない状況にあった。例えば、1974-75年度においては、特別課税に依存する割合は、全体で25.6％、訴訟を提起したシアトル第一学区では37.7％に達していたといわれる[78]。財源が不安定で、特別課税に依存せざるを得ない制度のあり方が、州憲法に違反するとして訴訟が提起されたのである。

　ワシントン州憲法の第9条第1項は、「人種、肌の色、社会的地位、性別にかかわらず、州内に居住するすべての子どもたちの教育のために十分な資源を提供することが州の最高の義務である」と規定している。この州憲法の教育条項の「十分な資源の提供（ample provision）」を行う義務を州が果たしているかどうかが争われた。つまり、第一の波において中心的争点であった地方学区間の教育費支出の格差、財政中立性ではなく、州が十分な資金を提供しているかどうかに争点があったと言える。

　1977年に州地方裁判所は、基礎教育を提供する上で特別課税に依存していることを理由にワシントン州学校財政制度は違憲であるという判決を下した。さらに地方裁判所は、州議会に対して、教育の基礎プログラムを定義すること、そうしたプログラムに対して特別課税に依存することなく十分に支出できるように安定した財源を提供することを命じた。この判決により、特別課税は地方学区にとって教育の内容を「より豊かにする（enrichment）」資金の財源としてのみ用いられることとなり、また州は基礎教育の保証人（guarantor）」となった。この地方裁判所の判決は、1978年に州最高裁によっても支持されることになった[79]。

② 1977年の学校財政制度改革

　地方裁判所による判決に対して、州議会はすばやく反応した。1977年にワ

シントン州基礎教育法（Washington Basic Education Act of 1977）が制定された。この法律は、基礎教育の定義、教育プログラム、資金の配分について規定したものであった[80]。

基礎教育法の目標は、学習の前提条件と一般に認識されているスキルを獲得する機会を生徒に提供することにあるとされ、獲得を目指されるスキルが次のように規定された。

- 言葉、数、その他の音、色、形、テクスチャーのようなシンボルを識別し、解釈し、活用する能力
- 言葉や他のシンボルを言語や非言語の表現形態に組織し、数を適切な機能に組織する能力
- 問題解決、意思決定、目標設定、選択、計画、予測、命令、評価といった知的機能を遂行する能力
- 身体的、精神的機能を調整するために必要なさまざまな筋肉を用いる能力

また基礎教育法は、基礎技能の全プログラムの時間数に関して、最低限の割合を規定した。すなわち、第1学年から第3学年で90％、第4学年から第6学年で85％、第7学年、第8学年で80％、第9学年から第12学年で55％と規定していた。

州の資金の地方学区への配分方法は、生徒数を基礎にして配分されていた方式から、教職員を単位として算定される方式に改革された。すなわち、生徒20人当たり1人の有資格スタッフ、有資格スタッフ3人に対して1人の無資格スタッフという割合を基にして、スタッフ数を計算し、それに給与費などを基に基礎教育費を算定するという方式であった。各地方学区への資金の配分は、スタッフ数を単位として決定されるようになったわけである。

そのほか、同じく1977年には、州議会は、地方学区が住民の同意を得て課すことができる特別課税を通じて得られる収入を制限する法律、課税抑制法（Levy Lid Act）を制定した。これは、地方学区が独自に課税をして得られる収

入により教育プログラムを充実させるとするならば、翌年には、そのプログラムを含む教育プログラムが基礎教育とみなされ、それに対して財源を保障する州の義務が広がることにつながる。したがって、地方が独自の課税により教育プログラムの改善に取り組もうとすればするほど、州の負担が重くなることになり、それを避けるために、地方学区の特別課税による収入に制限を加えたものであった[81]。このように、州レベルで財産税を徴収するとともに、地方学区独自による税収に対しても州がコントロールする制度が作り上げられたことになる。

ワシントン州では、全額州負担制度方式を採用することにより、州のコントロールがきわめて強い制度となったものの、他の州のように、地方学区間の教育費支出の格差が問題になることはなかったと捉えられる。ただし、州によって保障される教育費の水準が問題になっていた。これは、次章で検討する「適切性」にかかわる問題である。ワシントン州は、1990年代の改革の課題の1つであった「適切性」に対して、1970年代にすでに取り組んでいたと見ることができる。

第3項　1990年代の学校財政制度改革

(1) 学校財政制度訴訟の第三の波

1989年に、ケンタッキー州、モンタナ州、テキサス州において、相次いで学校財政制度訴訟の判決が下され、いずれも違憲という判断が示された。3つの州で同じ年にいずれも違憲判決が下されたのは、それまでの歴史の中でなかったことであり、その意味で1989年は画期的な年となったと捉えられた[82]。そして学校財政制度訴訟の第三の波の開始を告げるものとなったのである。

学校財政制度訴訟の第三の波を特徴づけるのは、それが依拠する概念が「公正（equity）」から「適切性（adequacy）」に転換したことに求める考え方が一般的である[83]。「適切性」は、次章で詳しく検討するように、地方学区間の

教育費支出の格差を是正することよりもむしろ、教育水準の達成のために必要な資源をすべての子どもに保障することを求めるものであり、絶対的な教育水準とそのための資源の保障を意味する概念である。したがって、1990年代における学校財政制度訴訟の第三の波及びそのもとでの学校財政制度改革は、この「適切性」の実現を目指した議論が展開されることになる。

　しかしながら、1990年代の学校財政制度の問題は、それだけに限定されたものではなかった。1970年代においても追求された財政中立性の原則の実現を目指した改革、地方学区間の教育費支出の格差の是正を求めた改革も、「適切性」実現の改革と同様に、活発に展開されていた。それを促す学校財政制度訴訟も提起されたのである。いずれにしても、「適切性」概念に基づく場合であっても、1990年代にまったく新しく出現した考え方ではなく、「適切性」という用語は、すでに1970年代においても用いられており、1970年代の訴訟及びそれによる制度改革を踏まえたものであることには変わりはない。したがって、1990年代の学校財政制度訴訟とそれによる改革において問題となるのは、1970年代において議論されていた考え方を、どのように継続、発展させていったのか、ということである。

　オッデンは、1970年代の学校財政制度に関わる問題点として、政策課題が、税基盤の格差すなわち収入を獲得する財政力の格差なのか、生徒1人当たりの教育費支出の格差なのかが、はっきりとしていなかったことを指摘していた[84]。そうした不明確さは、理念レベルではなく、実際に公正を実現すること、すなわち教育の機会均等を実際に実現することが、現実にはきわめて困難で、複雑な問題であったことを物語っている[85]。そのほかに、公正の実現がローカルコントロールの維持という原則に抵触するという問題、大都市が学校財政制度改革に熱心でありながら、実際の改革においては必ずしも利益を得るわけでない場合には、政治的影響力のある大都市が改革に積極的にならないといった問題もあり、1970年代のスタイルの学校財政制度改革の限界が指摘されていた[86]。

　学校財政制度訴訟の第三の波における判決は、とりわけ違憲判決を下したものは、裁判所の判断基準を明確に示し、その基準をクリアする制度改革を

具体的に指示している点に特徴を見ることができる。それらは、次章で詳細に検討する「適切性」によるもののほかに、1970年代の第一の波、第二の波の判決と同様に、学校財政のインプット、特に生徒1人当たりの教育費支出に焦点を当てたものも少なくなかった。

第三の波の訴訟において、裁判所が州議会に対して求めた学校財政制度改革は、①収入全体の平等、②最低限の収入の平等、③教育費支出への平等なアクセス、という3つであった[87]。①については、1990年のニュージャージー州におけるアボット（Abbott）判決、②については、1989年のケンタッキー州におけるローズ（Rose）判決、モンタナ州におけるヘレナ（Helena）判決など、③については、1989年以降のテキサス州におけるエッジウッド（Edgewood）判決が該当する。①②については、教育費支出の水準を問題にする「適切性」の問題でもある。次章で詳細に検討するように、教育のあり方と関連づけて保障すべき教育費の水準を問題にするものであり、新たな展開を示すものである。③のエジウッド判決は、本章で検討してきた教育費支出格差是正の問題をより徹底して克服しようとしたものである。そこで以下、テキサス州のエジウッド判決についてみていく。

(2) テキサス州におけるエジウッド判決と学校財政制度改革[88]

1) 1984年の学校財政制度改革とエジウッドⅠ判決
① 下院法72の概要

1975年の下院法1126の制定以後も、学校財政制度の改革が州議会の重要な議題であり続けたが、重要な転機となったのは1984年の下院法72の制定であった。当時のテキサス州議会は厳しい財政状況に直面しており、支出を抑える必要があった。そうした財政事情に加えて、それまでの学校財政制度の均等化の努力にもかかわらず、エジウッド独立学区を含む貧しい学区のグループがロドリゲス判決と同様の訴訟を起こしたことが、学校財政制度をめぐる議論に影響を与えることになった[89]。

原告は、地方学区間の支出の格差がテキサス州憲法によって保障されてい

る権利を侵害しているとして、州の学校財政制度が違憲であると主張して訴訟を起こしたものだが、州議会での改革の成果が出るまで行動を控えることに原告が同意したため、訴訟は中断された。1984年の州議会での審議はそうした圧力の中で行われ、学校財政制度を根本的に改革する下院法72が制定されたのである[90]。

下院法72は、従来の標準教育費補助金方式の枠組みを維持しつつ、以下の点を主に改革したものである[91]。

1) 基礎補助金（basic allotment）の創設
  基礎配分金が、1984-85年に平均日々出席生徒数（average daily attendance、ADA）あたり1,290ドル、1985-86年以降、1,350ドルに設定された。
2) 基礎補助金に対する調整（adjustment）
  平均日々出席生徒数が1,600人未満で300平方マイル未満の規模の小さな学区、日々出席生徒数が1,600人未満で300平方マイルを超えるような人口密度の低い学区に対する調整方式が設定された。
3) 余剰均等化補助金（enrichment equalization allotment）の創設
  1975年以来続いていた州均等化補助金に代わって、余剰均等化補助金が設けられた。それは、州全体の財産価値の110%以下の貧しい学区に対して、標準教育費補助金方式の資金レベル以上の資金を得ようとする際に、一定の税収を保証する追加的補助金である。
4) 補償教育、バイリンガル教育、職業教育に対する補助金の拡大
  補償教育については基礎補助金の20%、バイリンガル教育については基礎補助金の10%の金額にその対象となる生徒の数を掛けた金額、職業教育については職業教育を受ける生徒1人を1.45人（1984-85年）としてカウントすることにより補助金額が算定されるようになった。

以上が主な改正点であるが、その他の変更点を見ると、まず地方への資金

割当額については、学区の財産評価価値100ドル当たり11セントに引き下げられた。また州憲法で保障されているすべての学区に対する一律補助金については、1983-83年でADAあたり480ドルであったのが230ドルに減額になった。

② エジウッドⅠ判決(Edgewood Independent School District v. Kirby, 1989年)[92]

下院法72の審議の間、中断していた訴訟は、法の制定によって取り下げられることにはならなかった。原告グループは再び1985年に訴訟を起こすことになった。そして1989年にテキサス州最高裁の判決が下され、州の学校財政制度が違憲であると判断された。

州最高裁は、財産の豊かな学区と貧しい学区との間の教育費の収入の格差を問題とし、この格差のために州の学校財政制度は、「無償の公立学校の効率的制度」を規定するテキサス州憲法に違反しているとした。最高裁は、地方学区が同じ税率で同じ収入を得るという点で平等でなければならないこと、貧しい学区の生徒も豊かな学区の生徒も教育資金の点で平等な機会が提供されなければならないと述べた。そして州議会に対して、すべての学区が教育資金を獲得する上で等しい機会をもつことができるような制度の改革を行うように求めたのである。

2) 1990年の学校財政制度改革とエジウッドⅡ判決
① 上院法1の概要

エジウッドⅠ裁判での違憲判決を受け、最高裁の要求を満たすべく州議会は再び学校財政制度の改革に取り組むことになる。そして1990年に上院法1が制定された。

上院法1の主な内容は以下の通りである[93]。

1) 1995年までに生徒の95%が財産に中立な財政システムの中に在籍できるようにすること。
2) 施設と設備を標準教育費補助金方式の中に加えたこと。

3) 公正の基準を達成するために、定期的にすべての資金の要素を再構成する仕組みを創設したこと。
4) 基礎標準教育費の増額。
5) 標準教育費補助金方式での地方の分担の増額。
6) 第2段階の財政力均等化補助金方式での保証レベルの増額。

以上の改革は、財政中立性をより強化すること、さらに標準教育費の水準を上げて充分な資金を提供すること、経済状況に制度がより適合するように定期的な見直しを制度化していることを特徴とするものであった。地方学区間の均等化をより徹底しようとしたものであったと捉えられる。

② エジウッドII判決（Edgewood Independent School District v. Kirby, 1990年）[94]

1991年に州最高裁は、学校財政制度について州憲法に違反しているという判断を再び下した。最高裁は、上院法1がエジウッドI判決で指摘されたのと同じ欠点を持つ同じ資金システムについて、基本的に改革がなされていないとの判断を下した。具体的には、上院法1が、すべての学区について教育資金へのアクセスを平等にしようとするのではなく、生徒の95％にとっての財政システムの均等化というのは、エジウッドI判決で示された基準を満たすものではないとされた。また上院法1の基本的な欠陥は、特定の規定にあるのではなく、全体としてシステムを再構成することに失敗している点にあるとされた。つまり最高裁は根本的に制度全体を見直すことを求めていたと捉えられる。

3) 1991年の学校財政制度改革とエジウッドIII判決
① 上院法351の概要

違憲判決を受け、上院法351が制定された。上院法351による改革の中心は、カウンティ教育区（County Education Districts、以下CED）の創設であった。CEDとは、カウンティの課税団体で、税を徴収し、それは管轄内の学区に再配分するという役割を持つものである。このようにカウンティ全体で課

税を行うことにより、学区間の財産価値の不均等を是正することが可能となる。上院法 351 では CED を創設することにより、どの学区もその財産価値が生徒 1 人当たり 280,000 ドルを超えないことを基準として規定していた。CED の範囲は、基本的にはカウンティの範囲と同じとされたが、生徒 1 人当たり 280,000 ドル以内の財産価値という基準を満たすためには、複数のカウンティにまたがって CED を設ける必要もあった[95]。

また上院法 351 の制定により、テキサス州の学校財政制度は、第 1 段階としての標準教育費プログラム、第 2 段階として学区の税収の均等化、そして第 3 段階として均等化されない地方の財産税、という 3 段階となった。また財産税は、財産評価価値 100 ドル当たり 1.50 ドルに上限が設定された。まず第 1 の標準教育費プログラムにおいては、標準教育費が生徒 1 人当たり 2,200 ドルに設定され、そして CED の課税が財産評価価値 100 ドル当たり 0.72 ドルに設定された。次に第 2 段階の学区税収の均等化については、財産評価価値 100 ドル当たり 0.45 ドルについて、その税収の均等化が図られることになった。そして第 3 段階においては、財産評価価値 100 ドル当たり 0.33 ドル（上限 1.50 ドルから第 1 段階の 0.72 ドル、第 2 段階の 0.45 ドルを引いた残額）が学区の均等化されない税収として認められることになった。このような各段階における学区の税率は、1994-95 年までに徐々に変更することが予定されており、1994-95 年において、第 2 段階は 0.45 ドルに据え置かれるが、第 1 段階が 1.00 ドルに引き上げられ、第 3 段階は 0.05 ドルに引き下げられることが予定されていた。つまり学区の均等化されない税率を低く設定し、そのかわりに CED が徴収する標準教育費補助金方式における税率を高く設定することが予定されたのである。このことは課税に関する権限を学区から CED に徐々に移行させることを意味していた。学区が標準教育費レベル以上の資金を得るための税率を厳しく制約することになった[96]。

② エジウッド III 判決（Carrollton-Farmers Branch Independent School District v. Edgewood Independent School District,1992年）[97]

上院法 351 も司法の審査を受けることになった。裁判で争われたのは、

CEDの創設とその課税システムについてであった。テキサス州憲法は、州レベルでの従価税を課すことを禁じている（Texas Constitution Article 8 Section 1-a）。上院法が創設したCEDによる課税システムは、直接に州が税を徴収しているわけではないものの、州がその税について規定し、税率とその収入の配分を命令している以上、その税は州の税であるとして、最高裁はCEDによる課税は違憲であると判断した。

州議会は、テキサス州憲法の規定により、すべての学区において州議会が従価税を課す権限を有していること、また学区の境界線を変更した後でも住民投票による認可がなくても税を徴収する権限を有していることを根拠として、CEDを創設した上院法351の合憲性を主張していた。テキサス州憲法第7条第3項は、無償公立学校の維持のために、すべての学区内で追加的に従価税を課すことができると規定しており（Texas Constitution Article 7 Section 3）、また同じく第7条の第3項bでは、学区の境界線の変更によって税金が無効にはならないこと、そして変更後の学区は、無償公立学校の維持のために、住民投票によらなくても徴税することができることを規定している（Texas Constitution Article 7 Section 3-b）。しかしながら最高裁はこうした州議会の主張を退けた。州憲法第7条第3項については、同項は住民投票による認可を要求しているが、上院法351はそうした規定を設けていなかったこと、同第3項bについては、同項は学区全体の境界線の変更の場合を規定したもので、上院法351のように課税のためだけの学区を設ける場合には該当しないという判断を下した。エジウッドIII判決では、上院法351が創設したCEDによる課税基盤の統合そのものを否定したのではなく、CEDが学区の統合とは認められないことから、住民投票による認可が必要とされるという点を問題としたのである。

4）　1993年の学校財政制度改革

エジウッドIII判決後、州憲法の修正の是非などを問う住民投票が提案された。その主な内容は、CEDが合憲となるような憲法条項の修正、さらに州全体での税の再配分制度の創設つまり裕福な学区から貧困な学区への税収の移

転などを問うものであった。税収の移転については、約4億ドルを裕福な学区から貧困な学区へ移転させようとするものであった。投票は1993年5月1日に行われ、圧倒的多数でこの提案は否決された[98]。

したがって、州議会は現行の憲法の規定の範囲内で、裁判所の要求に応える学校財政制度の改革を行うことになった。エジウッドの3度にわたる判決の中で、裁判所が求めてきたことは、地方学区間の財産価値の相違が教育費支出に反映するような制度の是正であり、財政中立性の徹底した実現を指示してきた。その要求に対して、州議会が1993年に制定した上院法7は、裕福な学区の財産価値を抑える措置をとることによって対応しようとした。この1993年の上院法についても訴訟が起こされた。ただし上院法7の場合には、貧しい学区だけでなく、裕福な学区もその規定に反対して起こした訴訟であった。裕福な学区は、その税収が貧困な学区に移転されることへの不満を示したものであった[99]。しかし上院法7は、ようやくテキサス州最高裁によって合憲の判断が下されたのである[100]。現行の制度の基本的な特徴は、この上院法7の規定によるものである。

1993年の上院法7によるテキサス州の学校財政制度の特徴は、以下の通りである。

① 地方学区の財産価値の均等化

テキサス州の学校財政制度において最も特徴的なことは、地方学区の財産価値の均等化を図ろうとしていることである。

まず地方学区が保有することができる生徒1人当たりの財産は、280,000ドルを超えることができないと規定されている（Education Code Chapter 41, Subchapter A, Sec.41.002 (a)）。そしてこの生徒1人当たり280,000ドルの財産を超えてしまう学区は、その均等化レベルを達成するために、次の5つの措置をとることができる（Education Code Chapter 41, Subchapter A, Sec.41.003）。

 1） 別の学区との統合（Education Code Chapter 41, Subchapter B）
  別の学区との統合は、2つ以上の学区を統合することにより、統合

された学区の財産価値が280,000ドルの均等化レベルを超えないようにする措置である。統合は、2つ以上の学区の管理当局が、統合される学区内での意思決定の権限のあり方など管理計画をはじめとした協定を結ぶことにより実現される。

2) 学区内の地域の分離と併合（Education Code Chapter 41, Subchapter C）

　2つの学区の間で、一方の学区の地域をその学区から分離し、別の学区の地域に併合することについて協定が結ばれることにより実現する。この措置は、財産が均等化レベルを超えている学区が地域を切り離すことにより財産価値が均等化レベル以下になり、地域を併合した学区の財産価値が均等化レベルを超えないことが必要となる。

3) 平均日々出席者クレジットの購入（Education Code Chapter 41, Subchapter D）

　平均日々出席者のクレジットとは、購入されたクレジットごとに平均日々出席者数を1人増大させるものである。このクレジットを購入することにより、平均日々出席者数を増大させることになり、それがその学区の生徒1人当たりの財産価値を引き下げることにつながる。ただしこのクレジット購入による平均日々出席者数は、標準教育費補助金方式での算定には用いられないことが規定されている。またこのクレジットによって州に支払われる資金は、標準教育費補助金方式の目的にのみ使われることになっている。これは住民投票による認可を必要とする。

4) 学区に居住していない生徒に対する教育の契約（Education Code Chapter 41, Subchapter E）

　これは、財産価値が均等化レベルを超えている学区が、別の学区に在籍している生徒を教育するという協定を結ぶことにより、その学区の平均日々出席者数を増大させ、生徒1人当たりの財産価値を引き下げようとする措置である。住民投票による認可を必要とする。

5) 別の学区との税基盤の統合（Education Code Chapter 41, Subchapter F）

　これは、2つ以上の学区が、それぞれの学区の維持と運営のために税のための統合された学区の創設について、住民投票を行う協定を

結ぶことを規定したものである。統合された学区の財産価値は均等化レベル以下になることが必要となる。そして投票により住民に認められると、テキサス州憲法第7条第3項によって学区に認められた税に関する権限だけを行使する統合された学区が発足することになる。

　この統合された学区での課税とその収入の配分は、その学区を構成している各学区の生徒数に応じて決定される。

均等化レベルを超える財産をもつ裕福な学区は、以上の5つの措置の中からいくつかの措置を選択して、均等化レベル以下にその財産価値を引き下げなければならない。もし該当する学区が毎年7月15日までに均等化レベル以下に財産価値を引き下げることができなければ、州教育長が Education Code Chapter 41, Subchapter G の規定に従ってその学区の財産を分離し、貧困な学区に併合させることを命令し、もしその措置によっても均等化レベル以下に引き下げることができない場合には、Education Code Chapter 41, Subchapter H の規定に従って、別の学区との統合を命令することが規定されている（Education Code Chapter 41, Subchapter A Sec.41.004(b)）。

強制的に学区の財産価値を均等にする仕組みが制度化されているのである。

② 標準教育費補助金方式

標準教育費補助金方式の目的は、各地方学区が、生徒の教育ニーズに適応した基礎的な教育プログラムと施設を生徒1人1人に提供できるような資源と、特定のサービスのために基礎的な費用を超える資金の獲得を均等化するプログラムとを受け取ることができることを保証することである（Education Code Chapter 42 Subchapter A Sec.42.002）。

その主な内容は以下の通りである。

　1）　基礎配分金（Education Code Chapter 42 Subchapter B）
　　　各学区に配分される基礎配分金は、平均日々出席者1人当たり 2,387

ドルと規定されている（Sec.42.101）。この基礎配分金は、さまざまな要因を考慮して調整がなされる。それらの要因を列挙すると、地域による費用格差の調整（Sec.42.102）、小・中規模の学区に対する調整（Sec.42.103）、人口密度の低さに対する調整（Sec.42.105）である。

2) 特別配分金（Education Code Chapter 42 Subchapter C）

1) の基礎配分金に加えて、以下の教育の費用のための配分金が規定されている。

障害児教育配分金（Sec.42.151）、補償教育配分金（Sec.42.152）、バイリンガル教育配分金（Sec.42.153）、職業技術教育配分金（Sec.42.154）、生徒通学輸送配分金（Sec.42.155）、英才児教育配分金（Sec.42.156）、公教育補助金配分金[101]（Sec.42.157）が規定されている。これらの配分金額は、それぞれの教育に該当する生徒の数の算定を1人より多く数えることなどを通じて算定される。

以上の1) 基礎配分金と2) 特別配分金の合計が第1段階の標準教育費となる。第1段階の地方学区の分担金額は、各学区の財産評価額に必要税率を掛けた額となる。ここでの税率は、財産評価額100ドル当たり0.86ドルと規定されている（Education Code Chapter 42 Subchapter E Sec.42.252）。

3) 財源保障プログラム（Guaranteed Yield Program）（Education Code Chapter 42 Subchapter F）

これは、地方学区が自らの選択で第1段階の標準教育費以上の資金を得ようとする際に、どの学区にも等しい財源を保障しようとするものである。すなわちどの学区も税率1セント当たり21ドルを獲得することができるようにするもので、学区の税収が税率1セント当たり21ドルに満たない場合に、その差額が州の補助金として提供されるものである。これが標準教育費補助金方式の第2段階となる。

5) テキサス州における学校財政制度の特徴

① 学校財政制度における公正の特徴

　1973年のロドリゲス判決以降、テキサス州における学校財政制度は、常にその改革が課題とされてきたと言えよう。そしてその改革の努力の中で、学校財政制度の公正の実現が一貫して追求されてきたのである。

　テキサス州における学校財政制度改革の焦点は、財政中立性の実現という点にあった。この財政中立性は、1970年代に展開された学校財政制度の訴訟の中で理論化された考え方であり、それが1990年代のエジウッド判決の中でも学校財政制度の公正の原理として追求されたのである。エジウッド判決は、1971年のカリフォルニア州でのセラノ判決と同じタイプで初期の学校財政制度訴訟を思い起こさせるものと捉えられている[102]。このような財政中立性の追求、財政的措置による公正の実現の追求という点に、テキサス州の特徴がある[103]。

　財政中立性を徹底的に追求するということは、納税者を対象として、納税者にとっての公正を考えることになる。財政中立性を実現する方法として、これまで理論的には財源保障方式など同じ税率で同じ収入を得ることができることを保障する方式が考案されてきた。それは地方学区間での税負担の均等化を追求するものである。テキサス州の学校財政制度は、納税者の負担の公正を重視したものである。そのために、子どもにとっての公正という観点からは、テキサス州の学校財政制度はきわめて平等な制度として評価されていたものの[104]、エジウッド判決において違憲判決が出され続けてきたことにもつながったと言える。教育的な配慮よりも、財政上の配慮、特に財政の憲法上の制約に配慮がなされてきたものと捉えられる。

② 学校財政制度における州と地方学区との権限関係

　テキサス州の地方学区は、度重なる制度改革によりさまざまな規制が課せられているものの、基本的には財政上の独立性を有している。法律により税率に上限が設定されているが、地方学区がそれぞれの意思で税率を設定し、自ら税収を決定することはできる。

しかしながら財政中立性を追求し、地方学区間の財政力の均等化を図る中で、裕福な地方学区に対して半ば強制的な措置が規定されている。すなわち裕福な地方学区に対して、在籍する生徒数を増大させることにより、あるいは他の地方学区と統合することなどにより、教育税算定のための財産評価価値を自ら引き下げることが法律により規定されているのである。もちろんその場合でも、選択肢は5つ用意され、また住民の投票で決定されることが要件にされている。しかし自ら引き下げることができなければ、州教育長の命令に従わなければならない。その点に地方学区の権限が制約されている実態を見出すことができる。

地方学区間の財政力を均等化する方策としては、州レベルでの税を拡大し、それを地方学区に配分するという方式が考えられる。日本における地方交付税交付金はそうした機能を果たしていると言えよう。しかしテキサス州ではそうした税の集権化に対しては非常に反発が強く、それはCEDの是非が問われた住民投票でも圧倒的多数で州の提案が否決されたことにも表れている。

分権的税制度を維持し、地方学区の課税権を認めながら、地方学区間の財政力の均等化を図るという方針が、テキサス州では非常に複雑なシステムを生み出したと捉えられる。それは州の補助金の交付のみによってはとうてい実現できない課題であり、税制度の改革や州による権限の行使を必要とするものである。地方学区間での財産価値の遍在は避けることはできないことであり、州の責任で地方学区間の財政力の均等化を図ることは必要不可欠である。そうした州と地方学区との権限関係を学校財政制度として制度化することの難しさと重要性を、テキサス州の学校財政制度は示していると言えよう。

テキサス州の学校財政制度の変遷を見ていくと、州補助金制度が単純な標準教育費補助金方式から財源保障方式を加味した2段階の補助金方式へと制度の複雑化が進んでいることがわかる。その複雑化は、教育のあり方から要請されたものではなく、財政上の公正、しかも納税者にとっての公正という観点から要請されたことであり、テキサス州ではそれが徹底的に追求されてきたのである。

第3節
教育費格差の是正を導く公正概念と財源保障

(1) 学校財政制度訴訟と公正概念

　前節で見たように、学校財政制度における教育費の不平等に対してその是正を求めた訴訟が、1960年代後半より多くの州で提起された。問題とされたのは、地方学区間の教育費や税負担の不平等であったが、裁判によってその判断基準は一様ではなく、原告の主張が認められ違憲判決が下されたところもあれば、合憲の判決が下されたところもある。いずれの場合でも、裁判を通じて論議されたのは、学校財政制度において実現されるべき公正の内容であったと言うことができる。

　アレキサンダー（Kern Alexander）は、ニューヨーク州（1982年）、ニュージャージー州（1973年）、オハイオ州（1979年）での判決を踏まえて、学校財政の公正のモデルに関する要素を以下のように整理している[105]。

① ゆきとどいた、効率的で、統一的な教育機会を州全体で設立するというような方法で、基礎的な発展的教育プログラムに対する十分な資金。

② 州内のすべての地方学区の間で、完全に財政的に均等化する基礎的な方式の調整。

③ 子どもの教育が、地域の低い教育意識の関数となることを防ぐような、あるいは外部的な政治的影響、教育に対する無反応、無関心が、適切な教育機会を否定することを防ぐような、高い水準での財政的努力の統一性の水準。

④ 教育の到達度に影響を与える先天的な障害による子どもたちの特別な、個人的なニーズを満たすように計画された矯正的な教育プログラムに対する財政支出。

⑤　社会的、経済的苦境によってもたらされる教育の不利益を克服するような手段を提供するように計画された補償的教育プログラムに対する財政支出。
⑥　地理的、人口統計学的条件によって生み出される規模の不経済に対する財政支出。
⑦　地方学区が依存しなければならない地方の税源を消耗させる政府の過重負担に対する財政支出。
⑧　同じ教育サービスを配分する費用の州内での相違を是正するように計画される財政支出。

　上記の整理から考えるならば、公正な学校財政制度であるためには、基礎的な教育プログラムに対する十分な資金、財政的な均等化、地域性や生徒のニーズに十分に応えることを必要としていると捉えることができる。公正であるということは、子どもが教育を平等な条件で受ける機会を意味している。したがって、何をどのようにして平等にするかが問題となる。上記の要素は、子どもが受ける教育に影響を与える要素を取り上げ、その影響を取り除くこと、教育の財政的、内容的な条件の均等化を求めているといえよう。
　白石裕は、アメリカ合衆国の学校財政制度訴訟における教育機会の平等概念は、相対的な平等保護を求める平等保護論と一定水準の最小限度の教育の保障を求める最小限保障論に大別されるとしている。前者は、教育費支出の均等を目指す考え方であるのに対して、後者は最小限保障すべき教育のあり方から学校財政制度の公正を判断しようとする考え方である。そして白石は、インプット、学習過程、アウトプットに区分し、それぞれについて平等保護と最小限保障の関係を整理し、両者の統一的把握の必要性を指摘している[106]。
　本章で検討してきた学校財政制度訴訟と制度改革は、インプットに焦点を当て、その平等の実現を目指したものであった。その最も単純な捉え方としては、地方学区の間で生徒1人当たりの教育費支出や納税者の税負担が平等であるかどうかを問うことになるが、1970年代の学校財政制度訴訟の中で有力な論として提唱されたのが財政中立性の原則であった。財政中立性論とは、

すでに見たように、「公教育の質が、州全体の資産以外の資産の関数であってはならない」という原則である。つまり生徒が受ける学校教育が、生徒が居住する地域の財政的条件に左右されてはならないということを要請するものである。この財政中立性原則は、1971 年のカリフォルニア州でのセラノ判決において採用され、同州の学校財政制度が合衆国憲法修正第 14 条及びカリフォルニア州憲法の法の平等保護条項に反するとする初めての違憲判決を導くことになった。

　この財政中立性原則は、生徒 1 人当たりの教育費支出が地方学区の財産評価額と関連がないことを求める単純な中立性原則と、税率が同じであれば同じ税収が得られるように条件を整え、実際の生徒 1 人当たりの教育費支出の格差を問題にしない条件的な中立性原則に分けて考えることができる[107]。学校財政制度が公正であるかどうかを判断する場合、後者は、実際に支出される前の段階である事前（ex ante）の視点であり、前者は、実際の支出を対象に公正を判断する事後（ex post）の視点である。事前の視点から条件的な財政中立性が確立したとしても、例えば、地域の人々が教育に対する関心が薄く、十分な収入を得られないという状況が起こるとするならば、公正な制度と見ることはできないと考えることができる。制度設計の意図通りの実態になるとは限らないことから、その原則をどのように具体化していくべきかは、複雑な問題を伴うことになる。

　1976 年のカリフォルニア州でのセラノ第二判決では、判決後（地方裁判所の判決 1974 年以後）6 年間に地方学区間の教育費支出の差を 100 ドル以内にとどめるように州当局に命じた。具体的に公正として認められる制度の状況が提示されていた[108]。100 ドル以内という範囲が妥当であるかどうかは難しい問題であるが、公正であるかどうかが、地方学区間の教育費支出の格差を基に判断されていたのである。これは、事後の視点による単純な財政中立性原則に基づく判断であったと言える。

　これに対して、1990 年代のテキサス州におけるエジウッド判決では、事前の視点による条件的な財政中立性原則に基づくものであった。エジウッドⅠ判決は、地方学区が同じ税率で同じ収入を得るという点で平等でなければな

らないこと、貧しい学区の生徒も豊かな学区の生徒も教育資金の点で平等な機会が提供されなければならないと指摘し、州議会に対して、すべての学区が教育資金を獲得する上で等しい機会をもつことができるような制度の改革を行うように求めたものであった。しかもそれは徹底したものであり、エジウッド判決は、上院法1が生徒の95%が財産上中立な財政システムに在籍するようにすることを目標としている点を不十分として批判し、すべての地方学区が財政中立性原則に基づくことを求めていた。結局、すべての地方学区の財産評価額が生徒1人当たり280,000ドル以下となる制度が整備されて、ようやく合憲判決が下された。エジウッド判決は、実際に生徒1人当たりの教育費がどの程度支出されるかではなく、その条件である地方学区の財政力、すなわち税率が同じであれば同じ税収が得られるという条件を厳しく問うことにより、財政中立性に関して判断する考え方に基づくものであった。

　以上のように学校財政制度訴訟における公正は、地方学区の教育費支出や財政条件などの格差が問題となっており、その格差が許容される範囲や教育費支出と財政条件との相関関係の解消が追求されていた。その有力な考え方は、財政中立性の原則であり、生徒1人当りの教育費支出が地方学区の財政的条件との関連がない状態を求める事後的な単純な中立性と、税率が同じであれば税収が同じとなるといった事前的な条件的中立性の捉え方が示されていた。

(2) 学校財政制度改革における公正概念

　学校財政制度訴訟やそれと関係した研究を通じて、公正に関する理論化が図られてきたが、それらが実際にどのように制度改革により具体化されていったかを検討することが必要となる。訴訟において違憲判決が出された州はもちろんのこと、合憲判決が出された州や訴訟が提起されていない州であっても、違憲判決において提示された公正の基準に応えることができる学校財政制度を整備することが求められる。その中心は、州補助金制度となる。各州で採用された補助金方式が基づく原理を探究することが必要となる。少なくとも

判決は、具体的に改革策を提示することはなく、学校財政制度が備えるべき要件を示すのみであり、いくつかの選択肢がありうる状況の中での制度改革であった。

前節では1970年代の学校財政制度改革について、標準教育費補助金方式の改革を行ったカリフォルニア州とテキサス州、学区財政力均等化補助金方式を新たに導入したイリノイ州、全額州負担制度方式を導入したワシントン州を取り上げた。またテキサス州に関しては、1990年代の学校財政制度改革についても取り上げた。その内容を、公正の観点から検討していく。

公正の観点から検討するということは、教育の機会均等が実現されているかどうか、どのように実現しようとしているかに注目することになる。そして教育の機会均等は、平等であることを求めるものであり、制度改革により何を平等にしようとしたかが問われなければならない。その観点で見ると、生徒が受ける教育に費やされる教育費支出を平等にしようとする改革と地方学区の財政力を平等にしようとする改革に分けることができる。それは、前項で検討した訴訟における財政中立性原則の観点からは、前者が事後的で単純な中立性原則に対応し、後者が事前的で条件的財政中立性原則に対応するものである。

前者に該当するのは、カリフォルニア州、テキサス州、ワシントン州であるが、この3つの州はさらに、州と地方学区とが費用を分担し合う制度の整備をしたカリフォルニア州とテキサス州、州が原則として全額負担する制度を整備したワシントン州に分けてみることができる。カリフォルニア州は、標準教育費補助金方式を採用しており、その方式の改革を行った州であった。標準教育費補助金方式の考え方は、すべての生徒に標準教育費を保障しようとすることを目的とするものであり、貧しさゆえにその確保が難しい地方学区に対して州が補助金を交付するものである。改革は、標準教育費の引き上げを行った。これにより、貧しい地方学区に対する補助金額が引き上げられることになり、また地方学区間の教育費格差もより縮小されることになる。さらに、地方学区間の教育費支出の格差を是正するために、地方学区の教育費支出に応じた収入制限を設定した点にカリフォルニア州の特徴がある。生徒1人当

たりの教育費支出の決定は地方学区に委ねつつ、収入に上限を設定することにより、標準教育費を上回る支出に規制を行い、生徒が受ける教育費支出の格差の均等化を図ったと見ることができる。また生徒や地域的な特別なニーズに対して、使途を特定した特定補助金を交付することにより対応しようとしており、特別なニーズによる不平等を是正する改革も合わせて行われた。

　テキサス州の場合には、1970年代と1990年代に大きな制度改革が行われた。1970年代の改革では、標準教育費の引き上げ、地方学区の負担増、そして貧しい地方学区に対する均等化補助金の交付を内容とするものであった。カリフォルニア州と同様に標準教育費を引き上げ、州保障の教育費水準を引き上げることにより均等化を図ろうとしたものであった。ただしテキサス州の場合には、地方学区の負担増を求めており、地方学区の役割を重視した制度となっていた。これに対して、1990年代の制度改革は、地方学区の財政力の均等化を州の補助金によってではなく、地方学区の統合など地方学区のあり方を見直すことにより達成した上で、標準教育費補助金の方式を基本としながら、それを上回る教育費を地方学区の意思で得ようとする際には、財政力均等化の方式を組み合わせた複雑な州補助金制度を構築したものであった。地方学区間の税基盤である財産評価額を徹底的に均等化することにより、平等を実現しようとしたものである。ただしそれは完全に同じにするのではなく、上限設定により格差を抑制するものである。州補助金により是正すべき格差を可能な限り抑えた上で、すべての生徒に最低限保障する教育費支出を標準教育費補助金方式により提供し、それを上回る部分を財政力均等化方式の補助金を交付する組み合わせ方式の補助金制度が構築されたわけである。

　ワシントン州は、州が地方学区の教育費支出を教員給与などの算定を基にして設定するとともに、州が財産税を課すことにより、州に財源と権限が集中する中央集権的制度が整備された。生徒1人当たりの教育費支出を、地方学区にかかわらず全面的に平等にする制度が構築された。州の責任で教育費が確保されるために、生徒1人当たりの教育費支出は全面的に均等化され、平等な制度が整備された。生徒1人あたりの教育費の平等を徹底して求めた改革であったと捉えられる。

以上のように、生徒1人当たりの教育費支出を均等化しようとする制度改革は、標準教育費補助金方式を改善して、地方学区間の生徒1人当たりの教育費支出の格差を是正しようとするものと全額州負担制度方式により是正しようとするものがあった。また収入制限を設定したり、地方学区の財産評価額に上限を設定したりして、地方学区間の教育費支出の不平等を是正しようとする措置も見られた。

　これに対して、地方学区の財政力の均等化をねらいとした州補助金方式を採用したイリノイ州の制度改革は、州が保障するのは生徒1人当たりの財産評価額であった。実際に各地方学区に交付される州補助金額は、地方学区がそれぞれ決定する税率によって変わってくるようになる。したがって、結果としての生徒1人当たりの教育費支出に格差があるかどうかは問題にされない制度になる。すでに見たように、イリノイ州では、標準教育費補助金方式も併用され、地方学区の意思でいずれの方式を採用するかは決定できるようになっていたものの、ほとんどの地方学区がこの学区財政力均等化補助金方式を選択していた。これは地方学区の意思を尊重した方法であると言える。どの程度の税率を課し、どの程度の教育費支出を行うかについて、地方学区が自ら決定することができる制度である。

　このように見てくると、生徒1人当たりの教育費支出の平等を強く志向する場合には、州レベルに権限と財源が集中する中央集権的制度が整備されてきたのに対して、地方学区の財政力の均等化は、地方学区レベルでの意思決定を重視する地方分権的制度を維持しながら、平等を実現しようとしてなされた制度改革であったと捉えられる。

　以上のような1970年代の学校財政制度改革によって、どのような変化があったのか。アメリカにおいても多くの調査研究が行われた。全体として、地方学区間の教育費支出の格差の是正はあまり進んでいなかったのに対して、税負担の格差の是正についてはかなりの効果があり、財政中立性原則については改善が見られたことが報告されていた。キャロル（Stephen J. Carroll）らが行った調査研究において、カリフォルニア州では、改革は納税者にとっての公正には大きく貢献したものの、教育費支出にはほとんど影響はなく、その

均等化には進展が見られなかったことが報告されていた[109]。

(3) 学校財政制度の測定概念としての公正概念

　これまで見てきたように、1970年代以降、学校財政制度改革が活発に展開されてきているが、その改革をどのように評価すべきか、とりわけ、公正の観点からどのように評価することができるのか、学校財政制度の実態を分析する研究が積み重ねられている。その特徴は、各州の学校財政制度の公正を測定する手法とその概念枠組みが探究された点にある[110]。またさまざまな州を対象にそれぞれの州の学校財政制度の公正の程度や制度改革の効果を測定する研究も行われた[111]。これらの研究を総合し概念枠組みの共通化を図ったのがベルンらの研究である[112]。

　ベルンとシュティーフェルによる『学校財政における公正の測定』(1984年)において示された学校財政における公正概念の枠組みは、(1)誰のための公正なのか、(2)どんなサービス、資源、より一般的にはどのような事項が公正に配分されるのか、(3)どのような原理に基づいて、公正であるかどうかを判断するのか、(4)公正の程度をどのように測定するのか、この4つの問いに答えるものとして設定された。(1)については、生徒と納税者、(2)については、インプット、アウトプット、アウトカムが、その選択肢となる。(3)については、水平的公正（horizontal equity）、垂直的公正（vertical equity）、機会均等（equal opportunity）という原理が示されている。水平的公正は、同じような状況にある生徒は、等しい資源を受け取るということを求める原理である。これに対して、垂直的公正は、生徒が抱えるさまざまな条件を踏まえ、それらの条件に応じて1人1人に配分される資源の量を決定することを求める原理である。それは、生徒が抱えるニーズによって受け取る資源の量を異なったものにすることを意味する。そして機会均等は、教育費支出、資源、プログラム、アウトカムと生徒1人当たりの資産や財政力との間に関係がない状態となることを求める原理である。これは、財政中立性の原則と言い換えてもよいものである。

(4)については、水平的公正、垂直的公正、機会均等の原理それぞれについて、公正の程度の測定方法が示されている[113]。水平的公正については、最も多くの方法が試みられており、範囲（例えば、地方学区の最も高い生徒1人当たりの教育費支出と最も低い生徒1人当たりの教育費支出との差）、制限範囲（例えば、地方学区の生徒1人当たりの教育費支出の95%の額と5%の額との差）、変動係数（例えば、生徒1人当たりの教育費支出の相対的なばらつき）など11の方法が示されていた。垂直的公正については、1つは、特別な配慮を要する子どもを特定し、その重みづけ、すなわち例えば障害のある生徒1人を2とカウントするといった調整を行ったのちに、水平的公正の方法を援用して公正の程度を測定する方法、回帰分析により特別な配慮を要する生徒がより多くの教育費支出を受けているかどうかを測定する方法などが提示されていた。機会均等については、財政中立性原則として捉えられており、生徒1人当たりの教育費支出と地方学区の財産評価額との関連を測定する方法、すなわち相関係数、Slope関数、弾力性（elasticity）などを測定し、両者の関連の程度を測定しようとするものである。

以上のような枠組みは、学校財政制度研究の目的、ねらい、実現しようとする価値観によって研究方法やその基礎となる公正の考え方が異なるということを前提としている。それは各州の学校財政制度の状況やそれをとりまく政治状況に柔軟に対応できるものであると言えよう。つまり絶対的な基準で制度のあり方を探究するのではなく、さまざまな要素を踏まえて、多面的に学校財政制度を評価することを志向するものである。またいずれも量的に測定するものであり、研究結果を相互に比較検討する共通の基盤を提供したものと捉えることができる。

(4) 教育費支出格差是正のための財源保障の原理

教育費支出の格差是正のための州の学校財政制度改革とそれを促した公正概念について検討してきた。それらを整理すると以下のようにまとめることができる。

教育費支出の格差是正は、相対的で、程度の問題である。完全に同一水準の教育費支出や財産評価額に均等化されることは、現実にはありえないのであり、したがって、州学校財政制度が公正と判断しうるためには、どの程度の是正が達成されればよいかは、絶対的な基準によって判断されるというよりは、社会通念にも影響を受けながら、相対的に判断されなければならない面がある。

また財源保障の方法は、全額州負担制度方式を除けば、州と地方学区とが協力して教育費を負担し合う関係にある。両者の関係は、それぞれの負担額の割合によって、州中心なのか地方学区中心なのかが判断できるが、そうした負担割合だけではなく、地方学区の教育費支出総額の決定について、州と地方学区とどちらがイニシアティブをとっているかによって、性格を異にする。教育のための税率の決定権、教育費支出の総額の決定権をどこが有しているかが重要である。実際に支出される教育費の水準を問題にするのか、地方学区の財政力、税源の水準を問題にし、実際に支出される教育費に格差があるかどうかは、当事者の意思の結果として格差そのものを容認するのか、その考え方の相違として捉えることができる。

以上のような教育費支出格差の是正は、公正の条件整備に焦点をあてる事前を問題にする場合と、実際の生徒1人当たりの教育費支出の状況に焦点をあてる事後を問題にする場合とに分けて捉えることができる。前者の場合には、地方学区の財政力を問題とし、税率が同じであれば税収が同じとなるような地方学区の財政的条件の均等化、すなわち財産評価額の均等化を課題とし、財源保障の方法としては地方学区の財産評価額の均等化を図る学区財政力均等化補助金を採用し、地方学区の意思決定を尊重しようとする考え方となる。後者については、実際の地方学区の生徒1人当たりの教育費支出の均等化を課題とし、財源保障の方法としては、標準教育費補助金方式や全額州負担制度方式などにより州主導の財源保障を進めようとする考え方となる。

この2つの視点をどのように調整するかが重要な課題となっている。1970年代には、両者は排他的であると捉えられていたが、1990年代のテキサス州の事例が示しているように、両方の視点を組み込んだ改革が行われており、

複雑ではあるが、複合的学校財政制度の整備が進められている。

以上を整理すると下表のようにまとめられる。

是正すべき格差	地方学区の教育費支出	地方学区の財政力
格差の判断基準	教育費支出の地方学区間の差額、最低限の教育費支出の達成状況、事後	地方学区間の財産評価額の差額、財政中立性の程度、事前
格差の測定方法	範囲、変動係数など	相関係数など
州の財源保障の対象	標準的教育費支出	標準的財産評価額
州の財源保障の方法	標準教育費との差額の補助 州による教育費負担	標準的財産評価額と当該財産評価額との差額の補助
	標準教育費補助金 全額州負担制度	パーセンテージ均等化補助金、学区財政力均等化補助金、税基盤保障補助金
財源保障における州と地方学区との関係	州主導、中央集権的	地方学区主導、地方分権的

註

1 Kern Alexander, Richard G. Salmon, *Public School Finance*, Boston: Allyn and Bacon, 1995, pp.8-10.
2 Allan R. Odden, Lawrence O. Picus, *School Finance: A Policy Perspective Third Edition*, Boston: McGraw-Hill Companies Inc., 2004, pp.8-11.
3 Ellwood P. Cubberley, *Public education in the United States : A study and interpretation of American educational history*, Boston : Houghton Mifflin, 1947, pp.163-211.
4 Edger L. Morphet, "Some Effects of Finance Policies and Practices on the Public School Program", *The Phi Delta Kappan*, September, 1951, p.9.
5 R. L. Johns, E. L. Morphet, *Problems and Issues in Public School Finance : An Analysis and Summary of Significant Research and Experience*, New York; The Bureau of Publications Teachers College, Columbia University, 1952, pp.121-122.
6 Paul R. Mort, Walter C. Reusser, *Public School Finance: Its Background, Structure, and Operation, Second Edition*, New York: McGraw-Hill Book Company, Inc.,1951, p.12.
7 Allan R. Odden, Lawrence O. Picus, op.cit.,p.10.
8 Ellwood P. Cubberley, *School Finance and Their Apportionment*, New York: Teachers College, Columbia University, 1906, pp.21-27.
9 初期の制度と理論について、特にローカルコントロールと州や連邦との関係を検討したものに、神山正弘「アメリカにおける教育財政研究の成立と展開—20世紀前半における制度と理論—」『東京大学教育学部教育行政学研究室紀要』第1号、1980年、59頁-83頁がある。
10 James Gordon Ward, "An Inquiry into the Normative Foundations of American Public Finance", *Journal of Education Finance* 12(4), 1987, p.465.

11 Ellwood P. Cubberley (1906), op.cit., p.17.
12 Ibid., pp.28-54,
13 Ibid., pp.88-223.
14 George D. Strayer, Robert M. Haig, *The Financing of Education in the State of New York, Report of the Educational Finance Inquiry Commission*, New York, 1923, pp.173-175.
15 Paul R. Mort, Walter C. Reusser, op.cit., p.384.
16 Roe L. Johns, Edgar L. Morphet, *The Economics and Financing of Education : A Systems Approach, second edition*, Englewood Cliffs : New Jersey, Prentice-Hall, Inc., 1969, pp.244-245.
17 Paul R. Mort, *The Measurement of Educational Need*, New York: Teachers College Press, 1925, Paul R. Mort, Walter C. Reusser, op.cit., pp.489-506.
18 Harlan Updegraff, *Rural School Survey of New York State; Financial Support*, Ithaca: New York, by the author, 1922, pp.110-118.
19 Henry C. Morrison, *School Revenue*, Chicago: Illinois, The University of Chicago Press, 1930.
20 Roe L. Johns, *Full State Funding of Education: Evolution and Implication*, University of Pittsburgh Press, 1973, pp.28-30.
21 Edger L. Morphet and Erick L. Lindman, *Public school finance programs of the forty-eight states*, Washington, D.C. : U.S. Department of Health, Education, and Welfare, Office of Education, 1953.
22 Thomas L. Johns, comp., *Public school finance programs, 1968-69*, Washington, D.C. : U.S. Department of Health, Education, and Welfare, Office of Education, 1969.
23 National Center for Education Statistics, *Mini-Digest of Education Statistics, 2003*, Washington, D.C. : U.S. Department of Education, Institute of Education Sciences, 2004.
24 Roe L. Johns, op.cit., p.30.
25 Kate Strickland, "The School Finance Reform Movement, A History and Prognosis: Will Massachusetts Join the Third Wave of Reform ?", *Boston College Law Review* 32, September 1991, pp.1105-1106.
26 Arthur E. Wise, *Rich Schools, Poor Schools: The Promise of Equal Educational Opportunity*, Chicago: University of Chicago Press, 1967.
27 白石裕『教育機会の平等と財政保障―アメリカ学校財政制度訴訟の動向と法理―』多賀出版、1996年、46頁。
28 John E. Coons, William H. Clune III, Stephen D. Sugarman, *Private Wealth and Public Education*, Cambridge, Massachusetts: The Belknap Press of Harvard University Press, 1970, p.2.
29 Ibid., pp1-11.
30 Richard F. Elmore and Milbrey Wallin McLaurin, *Reform and Retrenchment: The Politics of California School Finance Reform*, Ballinger Publishing Company, 1982,
31 ワイズとクーンズらの理論に関しては、白石裕が詳細に検討している。白石裕前掲書、42-47頁、144-147頁。
32 Kate Strickland op.cit., pp.1124-1152, Deborah A. Verstegen and Terry Whitney, "From

Courthouse to Schoolhouses: Emerging Judicial Theories of Adequacy and Equity", *Educational Policy* 11(3), September 1997, pp.330-352. なお、白石裕は、学校財政制度訴訟の展開を、セラの第一判決（1971年）、ロドリゲス判決（1973年）、ロビンソン第一判決（1973年）の3つの判決が、学校財政制度訴訟の基本的形態を形成し、その後の1980年代半ばまでの判決はそれら3つの判決を踏襲していると捉え、3つの判決が出された時期を生成期、その後の時期を展開期として整理している（白石裕前掲書）。本研究では、1989年以降の学校財政制度訴訟とそれと連動した学校財政制度改革を対象としていることから、生成期、展開期という観点からは捉えきれないことから、時期区分としては、第一の波、第二の波、第三の波という捉え方をしておきたい。

33　白石裕前掲書、123-130頁。
34　1970年代の改革については、白石裕前掲書の他、小川正人「アメリカ教育財政制度に関する一考察―'70年代教育財政制度改革の制度的背景と改革の展開―」『東京大学教育学部教育行政学研究室紀要』第2号、1981年、53頁-70頁が検討している。
35　白石裕前掲書、カリフォルニア州については49頁、テキサス州については58頁において、判決文より白石裕が作成した表に基づいている。
36　Robert D. Reischauer and Robert W. Hartman, *Reforming School Finance*, Washington D.C.: The Brookings Institution, 1973, pp.76-94.
37　例えば、John E. Coons, William H. Clune III, Stephen D. Sugarman,op.cit., pp.62-95.
38　全額州負担制度構想と学区財政力均等化構想については、新井秀明「70年代アメリカにおける公立学校財政制度改革構想の特徴と問題点―セラノ判決（1971年）と関わって―」関西教育行政学会『教育行財政研究』第10号、1982年、65-76頁、において検討されている。
39　Richard A. Rossmiller, "Full State Funding: An Analysis and Critique", in Kern Alexander and K. Forbis Jordan edit., *Constitution Reform of School Finance*, Lexington, Massachusetts: Lexington Books, D.C. Heath and Company, p.44.
40　Ibid., pp.58-67.
41　New York State Commission on the Quality, Cost, and Financing of Elementary and Secondary Education, *The Fleischman Report: On the Quality, Cost, and Financing of Elementary and Secondary Education*, New York: The Viking Press, pp.60-86.
42　President's Commission on School Finance, *Schools, People, & Money: The Need for Educational Reform*, Washington, D.C., 1972.
43　Ibid., pp.26-37.
44　Ibid., pp.34-36.
45　Richard A. Rossmiller, op.cit., pp.67-71.
46　John E. Coons, William H. Clune III, Stephen D. Sugarman, op.cit., pp.148-150.
47　Ibid., p.202.
48　クーンズらは、パーセンテージ均等化補助金方式の算定方法では、十分に財政力の均等化が果たせないとして、学区財政力均等化の方式を税率とそれに見合う生徒1人当たりの教育費支出額との関係を示す表を作成することによって、州補助金額を決定する方法を提案していた。
　　例えば、次のように表が作成される。地方学区の収入を得るための財産評価額を

40,000ドルと想定した場合、地方学区の税率と生徒1人当たりとの関係は、次のようになる。

税率	生徒1人当たりの教育費支出額
1%	400ドル
1.5%	600ドル
2%	800ドル
2.5%	1,000ドル
3%	1,200ドル

地方学区が自ら選択した税率で実際に得られる収入と上記の表の額との差額が州補助金額となる。表の額を上回る場合には、上回った額が州に支払われることになる。

49　Kern Alexander, Richard G. Salmon, op.cit., p.208.
50　Ibid., pp.203-205, Allan R. Odden, Lawrence O. Picus, op.cit., pp.152-155.
51　セラノ判決の詳細については、白石裕前掲書、48-56頁参照。
52　Richard F. Elmore, Milbrey Wallin McLaughlin, op.cit., pp.72-73.
53　Ibid., p.86.
54　Ibid., p.94.
55　John B. Mockler and Gerald Hayward, "School Finance in California: Pre-Serrano to the Present", *Journal of Education Finance* 4, 1978, pp.389-390.
56　セラノ第二判決において指摘されていた。白石裕前掲書、54頁。
57　同上書、54-56頁。
58　下院法65の内容については、California State Department of Education, *California Schools beyond Serrano: A Report on Assembly Bill 65 of 1977*, 1979, を参照。
59　提案13の内容は、州憲法の条文のほか、Lawrence O. Picus, "Cadillacs or Chevrolets ?: The Evolution of State Control over School Finance in California", *Journal of Education Finance* 17(1), 1991, p.43, を参照。
60　Richard F. Elmore, Milbrey Wallin McLaughlin, op.cit., p.170.
61　James W. Guthrie, "United States School Finance Policy 1955-1980", in James W. Guthrie ed., *School Finance Policies and Practices-The 1980's: A Decade of Conflict*, Ballinger Publishing Company, 1980, pp.26-28.
62　Lawrence O. Picus, "An Update on California School Finance 1992-93: What Does the Future Hold ?", *Journal of Education Finance* 18(2), 1992, pp.147-148.
63　Lawrence O. Picus, 1991, op.cit., pp.43-44.
64　Stephen B.Thomas and Billy Don Walker, "Texas Public School Finance", *Journal of Education Finance* 8(2), 1982, pp.239-240.
65　Ibid., pp.240-241.
66　白石裕前掲書、58頁。
67　白石裕前掲書、56-63頁。Lawrence O. Picus and Linda Hertert, "A School Finance Dilemma for Texas : Achieving Equity in a Time of Fiscal Constraint", *Texas Researcher* 4, Winter 1993.
68　Stephen B. Thomas and Billy Don Walker, op.cit., p.243.

69　Ibid., p.243.
70　Harold Sunderman and Reg Hinely, "Toward Equality of Educational Opportunity: A Case Study and Projection", *Journal of Education Finance* 4(4), 1979, pp.440-441.
71　Ibid., p.444.
72　Stephen B. Thomas and Billy Don Walker, op.cit., p.244.
73　G. Alan Hickrod and Ben C. Hubbard, "The 1973 School Finance Reform in Illinois Quo Jure? Quo Vadis? ", *Journal of Education Finance* 4, 1978, pp.412-416.
74　マクニス判決については、白石裕前掲書、38-42 頁。
75　G. Alan Hickrod, Ben C. Hubbard, Thomas Wei-Chi Yang, " The 1973 Reform of the Illinois General Purpose Educational Grant-in-Aid: A Description and an Evaluation", in Office of Education (DHEW), *Selected Papers in School Finance: 1974*, 1974, pp.9-10.
76　Donald McMaster, Judy G. Sinkin, *Money and Education: A Guide to Illinois School Finance*, ED273 014, 1979, p.2.
77　資源均等化補助金プログラムの内容については、Ibid., pp.3-32 を参照。
78　白石裕前掲書、96-97 頁。
79　Neil D. Theobald, Faith Hanna, *Ample Provision for Whom ? The Impact of School Finance Reform on Adequacy and Equity in Washington*, ED 331167, 1991, pp.11-14.
80　ワシントン州基礎教育法の内容については、Washington Office of the State Superintendent of Public Instruction, *Citizen's Handbook on the Organization and Financing of the Washington Public School Systems. Revised*, ED 208474, 1981.
81　Neil D. Theobald, Faith Hanna, op.cit., pp.16-19.
82　Kate Strickland, op.cit., p.1144.
83　例えば、Michael Heise, " State Constitutions, School Finance Litigation, and the "Third Wave": From Equity to Adequacy", *Temple Law Review* 68(3), 1995, pp.1151-1176, Deborah A. Verstegen, " The New Wave of School Finance Litigation", *Phi Delta Kappan* 76(3), 1994, pp.243-250.
84　Allan R. Odden, "School Finance and Education Reform: An Overview", in Allan R. Odden ed., *Rethinking School Finance : An Agenda for the 1990s*, Sanfrancisco, Carifornia : Jossey-Bass Publishers, 1992, pp.3-5.
85　Michael Heise, op.cit., pp.1168-1169.
86　Ibid., pp.1169-1174.
87　Gail F. Levine, "Meeting the Third Wave: Legislative Approaches to Recent Judicial School Finance Rulings", *Harvard Journal on Legislation* 28(2), 1991, pp.508-509.
88　エジウッド判決については、白石裕『教育の質の平等を求めて―アメリカ・アディクアシー学校財政制度訴訟の動向と法理―』協同出版、2014 年、54-66 頁も検討している。
89　Billy D. Walker, "Special Report: Texas School Finance Update", *Journal of Education Finance* 10(4), 1985, pp.504-516.
90　Lawrence O. Picus and Linda Hertert, op.cit., pp.3-4.
91　Billy D. Walker, op.cit., pp.504-516.
92　エジウッド判決 I については、Charles S. Benson, "Definitions of Equity in School Finance in Texas, New Jersey, and Kentucky", *Harvard Journal on Legislation* 28(2),1991,

pp.407-412, Billy D. Walker and John D. Thompson, "Special Report: Edgewood I.S.D v. Kirby", *Journal of Education Finance* 14(3), 1989, pp.426-434, William E. Thro, "The Third Wave: The Impact of the Montana, Kentucky, and Texas Decisions on the Future of Public School Finance Reform Litigation", *Journal of Law & Education* 19(2), 1990, pp.236-238、を参照。

93 Billy D. Walker and John D. Thompson, "Special Report: The Texas Supreme Court and Edgewood I.S.D v. Kirby", *Journal of Education Finance* 15(3), 1990, p.428.

94 Lawrence O. Picus and Linda Hertert, "Three Strikes and You're Out: Texas School Finance After Edgewood III", *Journal of Education Finance* 18(4), 1993, pp.369-370, pp.379-380.

95 Ibid., p.371. また CED については、Catherine Clark, "Reginal School Taxing Units: The Texas Experience", *Journal of Education Finance* 21(1), 1995, pp.87-102、を参照。

96 Lawrence O. Picus and Linda Hertert, "Three Strikes and You're Out: Texas School Finance After Edgewood III" op.cit., pp.371-374.

97 Ibid., pp.374-377.

98 Lawrence O. Picus and Linda Hertert, "A School Finance Dilemma for Texas : Achieving Equity in a Time of Fiscal Constraint", op.cit., p.5.

99 Lawrence O. Picus and Lawrence A. Toenjes, "Texas School Finance: Assessing the Equity Impact of Multiple Reforms", *Journal of Texas Public Education* 2(3), 1994, p.52.

100 Texas Education Agency, *Manual for Districts Subject to Wealth Equalization, 1998-99 School Year*, p.2.

101 公教育補助金配分金（Public Education Grant Allotment）とは、居住している学区とは異なる学区に通うことを選んだ生徒がいた場合に、生徒が通うことを選んだ学区に対して支払われる配分金のこと。公教育補助金（Public Education Grant）は、Education Code Chapter 29 Subchapter G に規定されている。

102 Charles S. Benson, op.cit., p.412.

103 Ibid., pp.401-421.

104 Deborgh A. Verstegen, "Equity in State Education Finance: A Response to Rodriguez", *Journal of Education Finance* 12(3), 1987, pp.315-330, Lawrence A. Toenjes, "Structural Change to Texas'School Finance Formula", *Journal of Education Finance* 17(2), 1991, pp.224-254, Lawrence O. Picus and Linda Hertert, "A School Finance Dilemma for Texas : Achieving Equity in a Time of Fiscal Constraint", op.cit., pp.1-27、などの研究が明らかにしている。

105 Kern Alexander, "Concepts of Equity", in Walter W. McMahon and Terry G. Geske ed., *Financing Education: Overcoming Inefficiency and Inequity*, Chicago: University of Illinois Press, 1982, pp205-206.

106 白石裕前掲書、153-161 頁。

107 Lee S. Friedman, Michael Wiseman, "Understanding the Equity Consequences of School-Finance Reform", *Harvard Educational Review* 48(2), 1978, pp.194-226.

108 同上書。

109 Stephen J. Carroll, *The Search for equity in School Finance: Result from Five States*, Santa

Monica, CA: Rand Corporation. R-2348-NIE., 1979, pp.41-77. 同研究では、カリフォルニア州の他、フロリダ州、カンザス州、ミシガン州、ニューメキシコ州を対象としており、5つの州全体の傾向として、生徒1人当たりの歳入の均等化はわずかに進展したが、教育費支出の格差は縮小しなかったこと、財政中立性は改善し、生徒1人当たりの歳入や教育費支出の財産税基盤との関係が弱まったことが報告されていた。Ibid., pp.15-16.

110　Walter I. Garms, "Measuring the Equity of School Finance Systems", *Journal of Education Finance* 4(2), 1979, pp.415-435.

111　註109で紹介したキャロルの研究のほか、ブラウンらの研究が代表的なものである。Stephen J. Carroll, op.cit., Lawrence Brown et al., *School Finance Reform in the Seventies: Achievements and Failures*, Washington: Technical Analysis Paper, Office of the Assistant Secretary for Planning and Evaluation, Department of Health, Education and Welfare and Killalea Associates, Inc., 1977.

112　Robert Berne and Leanna Stiefel, *The Measurement of Equity in School Finance: Conceptual, Methodological, and Empirical Dimensions*, Baltimore, MD: Johns Hopkins University Press, 1984.

113　Ibid., pp.7-43.

第2章
適切な教育費支出と学校財政制度改革

第1節
学校財政制度の新たな動向

(1) 教育改革運動と教育目標の設定

　周知のように、アメリカ合衆国では、1983年に『危機に立つ国家』が公表されて以来、全米的に教育改革が進められている。『危機に立つ国家』は、進学適性テスト（SAT）の平均得点の著しい低下、日常の読み書きに不自由する成人が約2,300万人にものぼるなど、顕著な教育水準の低下に対して、国家の危機的状況と捉え、教育水準の向上を強く求めたものである。この報告書は、勧告というかたちで具体的に改善策を示したが、それはあくまで警鐘を鳴らすという性格のものであったと言える。

　1980年代にはじまる教育改革運動は、それ以前の教育改革と比べて、より総合的で、一般の生徒を対象とする包括的なもので、より大きな強さと活発さで、継続的に展開する特徴を持っていた。またその推進者が、教育者というよりも、初等中等学校に直接、関わりのない産業界や大学の研究者である

点も新しい特徴であった。幅広い層に危機感が共有され、関心がもたれ、広範な教育改革運動が展開していったと言える。改革の内容も、最低限の教育の保障ではなく、優秀性を追求し、評価の焦点も、手続き的な評価ではなく、生産性や成果のアカウンタビリティへと移行していた。そしてこのような改革が州主導で進められ、州の果たす役割の重要性が増すことになった[1]。

　この1980年代の教育改革運動のあり方は、1980年代の初期と中期、後期とでは様相を異にしていた。第一の波と言われる時期（1982-1985年）では、トップダウンで官僚的な進め方がなされ、規制やコントロールを重視した改革であったのに対して、第二の波と言われる時期（1986-1989年）では、専門家や保護者に権限を委ね、ボトムアップで、専門家のモデルに基づく規制緩和において改革が進められていった。さらに第一の波、第二の波の限界を乗り越えることを志向して、生徒の環境全体を問題にし、様々な組織、機関が協働して生徒の成長を促す新たな改革を進めようとする動きが第三の波（1988年から）として注目されていた[2]。こうした動向は、教育の質向上を目指して、様々な方策が試みられていたことを物語っている。組織的に、体系的に教育の質向上を展開していくために、さまざまな試みを繰り返しながら、その体制を整備しようとしていたとみることができる。

　とりわけ第三の波と捉えられる改革の動向は、それまでの広範な広がりを見せ多様な改革が展開される中で、その取り組みが十分に成果を上げることができない状況に陥っていたことに対して、学校の教育結果の改善、多様なタイプの生徒の間により一貫した成果を上げることを求める要求が高まりを見せ、第一の波、第二の波の取り組みを統合し、新たな改革の取り組みが展開されることになった。第三の波の改革は、「体系的改革（systemic reform）」と呼ばれ、一貫性のある教育の推進が目指された[3]。

　体系的改革は、第一に、生徒が知るべきこと、できるようになるべきことをカリキュラムの枠組みを設定することにより、州内のすべての学校における教育内容と教育方法の質を向上させるための方針とビジョンを提供すること、第二に、州の教育政策の整合性を高めることにより、すべての生徒にカリキュラム枠組みの内容を教えるための効果的な戦略を学校が設計するのを

支援する一貫性のある体制を提供すること、第三に、教育行政のシステムを再構築することにより、カリキュラム枠組みの内容を生徒が学び、高い学習成果を得られるようにするための効果的な戦略を設計し、実施する資源、柔軟性、責任を学校が持つこと、これら3点を特徴とするものである[4]。

分権的で、多様な実態を特徴とするアメリカの制度において、教育の質を高めようとする取り組みを推進していくためには、教育政策の共通性を高め、一貫性のある教育を進めていく必要性が認識されるようになり、教育目標とカリキュラムの設定、その実現のための一貫性のある教育政策の構築、そしてそれを実施するための教育行政制度の再編を進める教育改革が展開されるようになったと捉えられる。

上記のような教育改革は、州を中心としたものから、やがては全米的な取り組みへと発展していく。すなわち1990年代に入ると、国家目標というべき具体的な到達目標が連邦政府より示されることになる。1990年に当時のブッシュ大統領と全米の州知事とが教育サミットを開催し、それをきっかけとして、「国家の教育目標（National Goals for Education）」が政府より発表された。そしてそれを実現していくための枠組みが1994年に制定された「2000年の目標：アメリカ教育法（Goals 2000: Educate America Act）」によって設定され、連邦政府の支援の下で、教育改革が展開されてきている。つまり到達すべき目標が具体的に設定され、その実現が具体的に求められるようになったのである。

Goals 2000で示された国家の教育目標は、以下の通りである。

(1) 2000年までに、すべての子どもが学習への準備ができた状態で学校に入学すること。
(2) 2000年までに、ハイスクールの卒業率が、少なくとも90%まで上昇すること。
(3) 2000年までに、すべての生徒が、英語、数学、科学、外国語、公民、経済、芸術、歴史といった科目について証明された能力をもって、第4学年、第8学年、第12学年を終えるようにする。そしてすべての生徒がその精神を適切に働かせることを学び、責任ある市民性を

身につけ、継続的に学び、そしてわが国の現代経済での生産的な職につくことができるようにすることを、アメリカのすべての学校が保障すること。
(4) 2000年までに、全米の教員が専門職的技能の継続的改善プログラムに参加し、すべてのアメリカの生徒を教育し次世紀に備えさせるために必要な知識と技能を獲得する機会を得るようにすること。
(5) 2000年までに、合衆国の生徒が数学と科学の成績が世界で1番になること。
(6) 2000年までに、すべての成人アメリカ人が読み書きができ、グローバルな経済界で競争するのに必要な知識と技能を持ち、市民の権利と責任を行使するようになること。
(7) 2000年までに、合衆国のすべての学校が麻薬、暴力、許可されない火器やアルコールから解放され、学習に導きやすい規律ある環境を提供するようにすること。
(8) 2000年までに、すべての学校が、生徒たちの社会的、情緒的、そして学力面での成長を促進することに保護者が関わり、参加することを促すようなパートナーシップを促進すること。

以上のような国家の教育目標が提示されたことにより、教育改革の焦点が、生徒が何を知り、何をすることができるのか、そうした点での教育成果に向けられることになる[5]。生徒の学習の質を高めること、学業成績を向上させることが目標となり、しかも具体的に到達すべき目標を明示しようとする志向を見ることができる。

そして2002年1月に、ブッシュ大統領の教育方針であるNo Child Left Behind（1人の子どもも置き去りにしない、以下NCLB）を具体化したNCLBが制定された。第Ⅱ部で詳細に検討するように、この法律は、1965年に制定された初等中等教育法の修正法である。この法律の目的は、生徒間の学業成績のギャップ、特に教育を受ける上で不利な立場にある生徒やマイノリティの生徒の学業成績とそれ以外の生徒の学業成績とのギャップをなくすことである。

到達すべき目標が具体的に示されている点が注目される。教育の結果、成果を重視した教育改革の特徴を見ることができる。貧困家庭の生徒の教育に対する補助金プログラムとして始まった第1編は、教育を受ける上で不利な立場にある生徒たちの学業成績を改善するプログラムとして修正された。貧困家庭の生徒やマイノリティの生徒など、教育を受ける上で十分な環境にはない生徒たちへの教育に対する連邦の補助は一貫して重視されてきたが、新法ではその目標がより具体化されたことがわかる。

　以上のように、1980年代に始まる教育改革の展開は、アメリカにおける教育のあり方とその管理システムを大きく転換させるものであった。すなわち、目標を設定し、その達成に向けた取り組みを全米的に進めていく教育改革が展開されるようになったと捉えられる。こうした動向が、学校財政制度のあり方にも影響を及ぼすことになる。すなわち、1980年代の教育改革は、統一性に欠け、とりわけ、学校財政への考慮がないまま、教育改革の政策が展開されたため、十分な成果を上げることができていなかったことの要因であったため、学校財政を教育改革の政策プランの重要な要素として位置づけ、体系的改革を進めていくことが提起されるようになった[6]。成果を上げるために、政策の体系化が図られる中で、教育改革と学校財政とを関連づける必要性が認識されるようになったと言える。

(2) 学校改善と学校財政制度との結びつき

　アメリカ教育財政学会（American Education Finance Association）の年報第4巻（1983年）は、「学校財政と学校改善：1980年代の結びつき」をテーマとしていた。これは、効果ある学校の研究（effective schools research）の展開の中に位置づくものである。効果ある学校の研究は、効果のある学校と効果がない学校とを分ける要因を明らかにするものであり、どのような要因が学校を効果的にしているか、つまり生徒の学習成果を促進する資源や教職員の行動を明らかにしようとする研究である。この効果ある学校の研究が、インプット—アウトプット研究と結びつくことにより、生徒の学習に影響を与える多くの学校の

資源、機能、活動、行為を特定することができるようになり、研究の進展が見られるようになる。この効果ある学校の研究は、州による教育改革の推進において、研究領域の課題として議論されていたことから実際の政策の問題として取り扱われるようになり、そして州の政策の問題として位置づくことにより、学校財政との関連も課題として浮上してくることになる[7]。

　効果ある学校の研究と関連づけられることにより、学校財政に関する研究は、政策実施や評価の研究を活用することによって研究手法、研究課題、研究対象の広がりが見られるようになったと言われる。資源の配分に焦点化されていた学校財政研究が、配分された資源がどのように用いられ、どのような効果を持つのか、といった問題に関心を払うようになるなど、実際の学校や教室での教育のプロセスも視野に入れた研究が進められるようになっていく[8]。

　教育改革を進展させていくためには、教育プログラムの分析と学校財政の分析とを密接に関連づけていくことが必要であると認識されるようになっていた。すなわちプログラムの分析では、高い水準の成績を生み出すように働く教育の戦略を見出すことが求められ、学校財政の分析では、様々な戦略の費用算定を行い、その中で最も効果的な戦略の費用を計算し、州の基礎的な補助金プログラムの費用を決定していくといったことが求められるという議論が提起されていた[9]。学校財政と教育改革とを結びつけていくためには、学校においてどのような教育が展開され、そのためにどのような資源がどのように用いられるのか、より詳細なデータと分析が求められる[10]。そうした研究がより活発に展開されていった。

　以上のように、教育改革運動が新たな研究の道を切り開くとともに、州の学校財政制度の改革をめぐる新たな議論を促していくことになる。

第2節
教育改革と学校財政制度改革との結びつき

(1) 学校財政制度訴訟の第三の波と「適切性」概念

　すでに見たように、1989年にケンタッキー州、テキサス州、モンタナ州において学校財政制度を違憲とする訴訟が出されて以降、1990年代は学校財政制度訴訟の第三の波の時代と捉えられている[11]。その特徴は、それが依拠する概念に転換が見られたこと、すなわち従来の公正概念に新たに「適切性（adequacy）」の考え方が組み込まれたことにある。「適切性」は、地方学区間の教育費支出の格差を是正することよりもむしろ、教育水準の達成のために必要な資源をすべての子どもに保障することを求めるものであり、絶対的な教育水準とそのための資源の保障を意味する概念である[12]。したがって、1990年代における学校財政制度訴訟の第三の波及びそのもとでの学校財政制度改革は、この「適切性」の実現を目指した議論が展開されることになる。

1) ケンタッキー州最高裁判決（Rose v. Council for Better Education, Inc., 1989年）[13]

　1989年のケンタッキー州最高裁の判決（ローズ判決）は、学校財政制度にとどまらず、州の教育制度全体を憲法に反するという判断を下した点、しかも単に州憲法の規定する条件が満たされていないことを指摘するだけでなく、州の教育制度が満たすべき基準を具体的に示していた点が重要であった。
　ケンタッキー州憲法第183条は、議会は適切な法によって、州のいたるところでコモンスクールの効率的なシステムを提供すること、と規定している。州最高裁は、この規定に基づき、州議会が州憲法が要求している効率的なシステムを提供することに失敗しているとの判断から、州の学校教育システム全体を憲法違反と宣告したのである[14]。裁判では、地方学区間の格差と州全体の教育条件や成績の低調さを根拠に、州憲法が求めている教育制度の整備

ができていないと判断された。根拠とされたのは、地方学区の間の財産評価額の格差、教育費支出の格差があること、裕福な地方学区と貧しい地方学区の間に、カリキュラムの差や到達度テストの成績の差があり、教育条件と教育成果との間に相関関係が存在すること、そして近隣の7州との比較や全米での比較において相対的に低い位置にあり、水準が低いこと[15]が指摘されていた。平等と適切性の観点から、州の教育制度が州憲法に違反していると判断されたものである。

さらに州最高裁は、教育はすべての子どもに与えられる基礎的、基本的な憲法上の権利であると捉え、州議会に対して、初等中等学校の新しいシステムを再構築するように命じた。しかも重要なことは、判決の中で効率的なシステムが満たすべき最低限の条件が具体的に示されたことである。中でも「適切な教育（adequate education）」の定義が示された点が特筆される。それらの内容は以下の通りである。

1. コモンスクールの設立、維持、財政は、州議会が一手に引き受ける責任である。
2. すべての者に対して無償である。
3. すべてのケンタッキー州の子どもに利用できる。
4. 州全体を通じて実質的に統一的である。
5. すべてのケンタッキー州の子どもたちに対して、居住している場所や経済的環境にかかわらず、平等な教育機会を提供する。
6. 浪費、重複、誤った管理運営、政治的影響を受けないことを保障するために、州議会によって監視される。
7. 適切な教育が憲法上の権利であるという前提で運営される。
8. 州議会からの財政支出は、適切な教育を子ども1人1人に提供できるように十分なものでなければならない。
9. 適切な教育は、以下のような7つの能力を発展させるものとして定義される。
    ・複雑で急激に変化する文明社会で生活することを可能とする話す・

書くという十分なコミュニケーション技能
- 選択を可能とする経済的、社会的、政治的システムについての十分な知識
- コミュニティ、州、国に影響を与えるような問題の理解を可能とする政治過程についての十分な理解
- 十分な自己認識、自らの心身の健康についての知識
- 文化的、歴史的遺産を鑑賞できるほどの十分な芸術における基礎
- 生涯の仕事を知的に選択し、追求することができるように、学問や職業の領域での十分な訓練あるいは上級の訓練のための予備知識
- 周辺の州において、学問の世界で、労働市場において、有利に競争することを可能とするような十分な学問上の、職業上の技能

以上の定義は、他の州の判決でも引用されるほど大きな影響を及ぼしたものとなった。

2) ニュージャージー州最高裁判決（Abbott v. Burke, 1990年）[16]

1990年のアボットⅡ判決[17]は、貧しい大都市学区の状態に対して違憲という判断を下した点で注目すべき判決である。問題となる対象を明確にすることにより、その克服を具体的に指示するものであった。判決で問題とされたのは、地方学区間の格差そのものではなく、大都市地方学区における学校の条件が、裕福な地方学区と比べて著しく劣悪な状況にある点であった。判決は、当時のニュージャージー州の学校財政制度では、地方学区が貧しければ貧しいほど、そのニーズは大きくなり、利用できる資金は少なくなり、そして教育の状況は悪くなっていると指摘している。しかもそれは裕福な地方学区と貧しい地方学区との間の公正を求めるだけではなく、貧しい地方学区の生徒がより多くのプログラムやサービスを必要としていることを強調している点が重要である。つまり財政的な不平等というよりも、実際に生徒たちが享受している教育のあり方、すなわちすべての生徒が市民や労働市場での競争者

になるために必要としている教育を提供しているかどうかを問題にしている点が重要なのである。判決は、裕福な地方学区に比べて、貧しい大都市学区では、貧しい科目の開設、荒廃した施設、生徒のニーズの大きさ、中退率の高さ、教育支出の低さ、ハイスクールでの成績の低下が見られるということを指摘し、その改善を求めた。

　判決は議会に対して具体的に新しい財政制度の構築を求めた。その基準として次の5点を示した。すなわち第一に、通常の教育プログラムに対する資金を貧しい大都市の地方学区と裕福な地方学区との間で等しくすること。もし州が裕福な地方学区に対して資金の増大を認めるならば、貧しい大都市の地方学区の資金もそれに応じて増大させなければならない。第二に、大都市の地方学区に対して、その不利な状況を克服するために特別な教育ニーズに取り組むための特別な資金を提供すること。その資金援助は通常の教育プログラムにおける不平等を克服するために必要な資金に加えて提供されなければならない。第三に、貧しい大都市の地方学区に対する資金は毎年確実なものとし、地方教育委員会の予算や税の決定に左右されないことを保障すること。第四に、最低補助金（minimum aid）を廃止すること。第五に、1991-92年度に新しい財政方式をスタートさせること、という5点であった。

3）　判決に見る「適切性」概念

　学校財政制度訴訟の第三の波の特徴は、従来の訴訟と同様に、地方学区間の教育費支出の格差を問題とするものであったが、従来の訴訟が貧しい地方学区に対しても標準教育費の水準を保障する、あるいは財政中立性の原則により地方学区の財産評価価値と教育費水準との関係を断ち切るという考え方に基づくものであったのに対して、第三の波の判決は、貧しい地方学区と裕福な地方学区との教育費支出の格差を実質的に解消すること、さらに単に格差の解消を追求するだけにとどまらず、教育のあり方にまで関心を深め、すべての子どもが高い教育水準に到達することができるように「適切な教育」の実現を支援するような学校財政制度の改革を求めていた。このように学校財政制度と教育のあり方とを結びつけて論じられるようになった点が新しい

方向性として捉えることができる。ここに教育改革の動向の影響を見ることができる。1990年代の学校財政制度訴訟と制度改革は、教育改革と連動して展開されたと見ることができる。

(2) 「適切性」概念に基づく学校財政制度改革

ケンタッキー州とニュージャージー州における学校財政制度訴訟の判決は、地方学区間の教育費支出の格差を問題にするだけでなく、州がすべての子どもに提供すべき教育のあり方を提示し、その教育に必要な教育費支出を求める「適切性」の考え方を提起したものであった。両州では、判決を受けて、学校財政制度改革を直ちに行っている。そこでケンタッキー州、ニュージャージー州、及び「適切性」の費用算定を州補助金方式に組み入れたイリノイ州の制度改革について、その内容を検討しよう。

1） ケンタッキー州における学校財政制度改革

1989年の判決の翌年、1990年4月に、ケンタッキー州教育改革法（Kentucky Education Reform Act of 1990, KERA）が成立した。これは、カリキュラム改革、学校の管理機構の改革、そして財政改革を規定するものであり、財政制度改革を含む総合的な教育改革を推進しようとするものであった。ここでは、財政制度改革についてみておく。

KERAの制定により、新しい補助金方式が採用された。それは、標準教育費補助金方式と税基盤保障補助金方式とを併用する組み合わせ方式であった。3つの段階から成り立っていた。第1段階は、基礎保障額が設定され（1993-94年度で2,429ドル）、この保障額から地方学区の収入額との差額が、州補助金として交付される標準教育費補助金方式である。地方学区の収入額は、最低課税率（1993-94年度で0.3%）によって獲得される財産税収になる。基礎保障額は、貧困家庭の生徒、バス通学を必要とする生徒、ハンディキャップのある生徒を多く抱える地方学区に対して、より多くの補助金が交付されるように、それらの要因を調整された額となる。第2段階は、基礎保障額を15%まで上

回る収入を獲得しようとする場合に、財産評価額が州平均の150%に満たない地方学区に対して補助金を交付するものである。この補助金方式は、税基盤保障補助金方式と呼ばれるもので、州が保障する財産評価額と地方学区の財産評価額との差額に、地方学区が設定する税率をかけることによって得られる額が州補助金額とされる方式である。第3段階は、州補助金を規定するものではなく、地方学区が獲得する収入額の上限を設定するものである。すなわち地方学区が、自らの意思で、第1段階の基礎保障額と第2段階の補助金によって獲得される資金額に加えて、その30%までその収入を増額させることを認めるものである。この場合には、有権者の承認を得なければならないと規定されていた[18]。

KERAによる学校財政制度改革において、「適切性」の実現は、基礎保障額の算定に見出されていたと捉えられる。また第2段階の補助金に見られるように、貧しい地方学区であっても、基礎保障額を上回る収入を獲得することを可能にしていた点に見ることもできる。

2） ニュージャージー州における学校財政制度改革
① QEAによる学校財政制度改革

1990年のアボットⅡ判決は、教育費支出や税負担にとどまらず、貧しい大都市地方学区において提供されている教育のあり方にまで踏み込んで、その違憲性を判断している。ニュージャージー州では、この判決の命令に従って同年に学校財政制度を改革する「質の高い教育法（Quality Education Act of 1990）」（以下、QEA）が制定されることになった。

QEAは、アボットⅡ判決が下された1990年に制定されたが、その翌年には一部修正されている。その修正は、反税運動により、州補助金の規模を縮小し、地方の財産税への救済を増大させようとするものであった。いずれにしても、QEAによりニュージャージー州における学校財政制度は大きく転換することになった[19]。

まず第一に、QEAにより州補助金の方式が、税基盤保障補助金方式から標準教育費補助金方式に転換された。この転換は、州が保障すべき費用を明確

にするという意味がある。標準教育費は、初等学校の生徒に対して質の高い教育を提供するのに必要な金額として州が決定するものであり、1992-93年において6,742ドルであった。その他、6-8学年のミドルスクールで7,416ドル、9-12学年のハイスクール及びカウンティ職業学校で8,967ドルと設定されていた。これらの標準教育費と地方学区の収入との差額が州補助金となる。地方学区の収入は、従来からの財産税に加えて、所得税の収入が新たに組み込まれることになった。これは中所得階層の住民の個人所得が1980年代における財産価値の上昇に追いつかないという懸念に応えたものであった。

さらにQEAにおいて最も注目されるのが、「特別ニーズ」の地方学区が定義され、それらの地方学区に対しては標準教育費が5%増額された点である。「特別ニーズ」地方学区は、(1)教育省によって「大都市地方学区」と分類され、社会経済水準カテゴリーの最下層及び準最下層に属する地方学区、(2)生徒の15%が要保護子ども家庭補助金 (Aid to Families with Dependent Children) の受給資格者であり、そうした生徒が少なくとも1,000人が在籍している地方学区、この2つの基準のうち1つを満たしている地方学区をいう。1993-94年度で580地方学区の中で、30が「特別ニーズ」地方学区に指定された。これらの地方学区は、アボットⅡ判決において違憲状態と判断されたところであり、QEAはそうした違憲状態を、特別な援助体制を構築することで克服しようとしたものであった。

第二に、特に裕福な地方学区における教育費支出の全体的な増大を統制し、地方の財産税の増大を制限するために、QEAは地方学区の予算の増大に上限を設定した。「特別ニーズ」ではない普通の地方学区では、1992-93年度で5.6%と6.75%の間に予算の増大が制限された。「特別ニーズ」地方学区に対しては、「公正支出制限（equity spending cap）」といわれる特別の制限が設けられた。これは、「特別ニーズ」地方学区と裕福な地方学区との間の支出の均等をもたらすことを意図したものであり、上限は、1992-93年度で6%と22%の間に設定された。これは、「特別ニーズ」地方学区に対して、標準教育費が5%増で設定されるなど、他の地方学区よりも多くの州補助金が交付されており、上限を他の地方学区よりも大幅に緩やかに設定することで、大都市地方

学区の厳しい状況の改善を進めていると捉えられる。

　第三に、アボットⅡ判決は、最低補助金を違憲であると判断したことを受け、QEAでは最低補助金は廃止されることになった。最低補助金は、裕福な地方学区も含めてすべての地方学区に対して最低限の補助金を交付するものであったため、均等化を阻むものであった。ただしQEAでは即座の廃止ではなく、段階的に廃止されることとなった。

　第四に、ニュージャージー州では、障害児教育、バイリンガル教育、職業教育、「危機に立つ（at risk）」生徒に対する教育サービスを提供するために、地方学区の財産にかかわらず交付される特定補助金が交付されてきた。アボットⅡ判決では州最高裁は、こうしたアプローチを教育に対する考慮に基づき支持をした。したがって特定補助金は基本的には存続されることになったが、QEAでは「危機に立つ」生徒を対象とした補償教育補助金に変更がなされた。補助対象となる生徒は、連邦のフリーランチ、フリーミルクプログラムの受給資格者となる。この補助金は、「危機に立つ」生徒すなわち貧困な家庭で教育を受ける上で厳しい環境にある生徒に対して、そうした生徒を多く抱える地方学区に対して余分の資金を提供することにより、学業の成功のための機会を改善することを目的とするものである。QEAは、補助対象の生徒をより明確にし、貧しい家庭の子どもに対してより多くの補助金が提供されるように補償教育補助金を改革したものである。

② QEAの問題点とアボットⅢ判決

　QEAは、アボット判決を受けて、違憲状態と判断された大都市地方学区の学校財政の状況を改善し、裕福な地方学区との格差を解消することであった。しかしながら、QEA実施初年度においては、格差が解消されるどころか、むしろ拡大する結果となった。30の「特別ニーズ」地方学区のうち、22の地方学区で最も裕福な地方学区との間の支出格差が拡大した。QEAの均等化の意図は十分に果たされなかったことになるが、その要因として4点が指摘されていた[20]。

　第一には、「特別ニーズ」地方学区に対する州補助金額が不十分であった

点である。第二には、予算の上限設定と州補助金との関連を欠いていた点である。すなわち、「特別ニーズ」地方学区には、特別な「公正支出制限」により、他の学区よりも予算増大の上限がかなり高く設定された。それは上限というよりも、最も裕福な地方学区の状態に追いつくために必要とされる予算額という意味をもつものであった。しかしながら、「特別ニーズ」地方学区では、州補助金を受け取るだけではその上限に到達することができないところが7つも存在することになった。その上限に到達するためには、地方の税収を引き上げることが必要となるが、それはその地方の税負担をより重くすることになる。「特別ニーズ」地方学区の税負担は、州平均よりも重くなっており、さらなる負担を求めることになる。QEAにおいて、予算上限設定と補助金額との算定との関連が考慮されていなかったことの表われである。第三に、「特別ニーズ」地方学区に対する標準教育費の設定において、特別の措置が5％の増額となっていることが、格差是正のためには不十分であった点である。さらなる増額が必要とされた。第四に、州補助金全体の増大に制限が設けられていた点である。これらの4つの要因は互いに関連したものであり、「特別ニーズ」地方学区に対する補助金を不十分なものにしていたと捉えられる。

　1994年に州最高裁は、大都市地方学区と郊外の地方学区との支出格差を解消することに失敗しているとして、QEAを憲法違反という判断を下した。再び違憲判決が下されることになった。そこでは、「特別ニーズ」地方学区と認定された大都市の地方学区に対して十分に資金を保障することに失敗し、その生徒の特別なニーズを無視したと捉えられており、州は「特別ニーズ」地方学区に対して必要なレベルの資金を保障すべきというアボットⅡ判決の命令に反していると見なされた。アボットⅢ判決は、実質的な平等を保障し、大都市の生徒の特別な教育ニーズに対応した新しい補助金方式を、2年の間に採用するように州に命じた。州は再び学校財政制度改革を行うことを余儀なくされることになった[21]。

③ 総合教育改善財政法（Comprehensive Educational Improvement and Financing Act of 1996）制定による学校財政制度改革

　アボットⅢ判決を受けて制定されたのが、1996年の総合教育改善財政法（Comprehensive Educational Improvement and Financing Act of 1996、以下 CEIFA）である。それは全米で初めて、教育内容の基準と学校財政制度とを結びつけた制度であると言われており[22]、その意味で大変注目される法律である。

　州最高裁は、州憲法の教育条項、すなわち「州議会は、州内の5歳から18歳のすべての子どもたちの教育のために無償の公立学校のゆきとどいた、効率的な制度（thorough and efficient system）の整備と支援を提供するものとする」（Article Ⅶ Section Ⅳ）に基づいて、学校財政制度を違憲と判断していることから、この憲法規定にかなった制度改革が求められた。その中でも、「ゆきとどいた、効率的な制度」という要件をいかにして満たしていくかが課題となってきた。

　CEIFA は、ニュージャージー州教育省のレポート「教育改善と財政のための総合計画（Comprehensive Plan for Educational Improvement and Financing）」に基づくものであった[23]。そのレポートにおいて、現行の学校予算は効果的、効率的教育プログラムの費用よりもむしろ、公立学校支出の実践の現状を反映しているとして、州の教育支援を、教育目標を達成するために必要となる費用に関連づけることが主張された。そして憲法規定にある「ゆきとどいた」教育は、教育成果の基準によって定義されている。州教育委員会は、1996年に教育成果の基準としてコアカリキュラム基準（Core Curriculum Content Standards）を決定した。この基準と学校財政制度を関連づけようとしたのが、CEIFA であった。また「効率的な」教育は、州のカリキュラム基準を達成するのに十分だと考えられるようなインプットの基準、すなわちクラスサイズ、生徒1人当たりの教員数、教室で提供されるサービスや教材の種類や量などによって定義されている[24]。こうした基準によって各地方学区の教育費を決定しようとしている点に CEIFA の特徴がある。

　CEIFA は、州の補助金制度の方式については QEA と同様に標準教育費補助金方式を継続して採用した。改革されたのは、標準教育費の算定のあり

方である。この標準教育費補助金プログラムは、コアカリキュラム基準補助金（core curriculum standards aid）と呼ばれており、後述するコアカリキュラム基準の達成に必要な教育費として標準教育費が算定されることになった。各地方学区の標準教育費は、各地方学区の在籍者数と州が質の高い教育を提供するのに必要だと考える資金額（これを T&E amount という。憲法で規定されている thorough and efficient の頭文字である。）とによって決定される。標準教育費は、まず初等学校を基に T&E amount が計算され、その費用に対して、幼稚園には 0.5、ミドルスクールには 1.12、ハイスクールには 1.20 という加重係数（weight factor）をかけることによりそれぞれ計算される。またこの T&E amount はすべての地方学区に画一的に適用されるわけではなく、T&E range が設定され、費用に一定の幅がもたされている（N.J.P.S. 18A:7F-12）。地方学区により、ゆきとどいた、効率的な教育を提供するのに必要となる費用が異なるものと捉えられている点が注目される。

1997–98 年度において、初等学校の T&E amount は 6,720 ドルに設定され、そして各地方学区によって増減できる額は 336 ドルに設定された。したがって初等学校の T&E range が 6,384 ドルから 7,050 ドルに設定されることになった（N.J.P.S. 18A:7F-12）。こうした費用の算定は毎年調節され、また見直しがなされることが規定されている。すなわち毎年、T&E amount は物価指数（Consumer Price Index）によって修正され、また 2 年に 1 度この T&E amount を更新することを規定した。そのために、州知事が、州教育長と協議の後、州議会に対して「ゆきとどいた、効率的な」教育を提供する費用に関するレポート（Report on the Cost of Providing a Through and Efficient Education）を提出することが規定されている（N.J.S. 18A:7F-4.c.）。州教育長らの 2002 年のレポートでは、2004 年度に根本的改革を目指している関係で、2003–04 年では物価指数の調整にとどめることを勧告していた。具体的には、初等学校の T&E amount を 8,313 ドル、増減可能額を 831 ドル、T&E range を 7,897 ドルから 8,728 ドルに設定することが勧告されていた[25]。1997–98 年度と比べるとかなりの引き上げがなされてきたことがわかる。

州補助金額は、この T&E amount と在籍生徒数とによって計算された各地

方学区の標準教育費から、各地方学区の税収入を差し引いた額となる（N.J.S. 18A:7F-15）。地方学区の収入は、QEAと同様に財産税に加えて、所得税もその財源となっていた。財産税と所得税とは同じ比重で課税される（N.J.S. 18A:7F-14）。

　以上のように、従来の標準教育費では、地方学区間の教育費の格差を是正することを目的として、あるいは最低限の教育の保障のために、その金額が設定されてきたが、ニュージャージー州のCEIFAではコアカリキュラム基準という教育内容の基準や目標を達成することを目指し、ゆきとどいた、効率的な教育を提供するために必要な金額として設定されており、教育のあり方、目標とする教育の成果を基にした費用の計算がなされていることに重要な特徴がある。このことは、投入されるインプットの資源を平等にするためだけではなく、まさに州憲法が求めている教育のあり方を具体的に目標として提示し、それに必要な費用を各地方学区の実情に応じて算定することにより、CEIFAは、貧しい大都市地方学区と裕福な地方学区の格差をなくし、すべての子どもに質の高い教育を提供すべきであるという裁判所の求める基準をクリアしようとしたものと捉えられる。

　CEIFAではコアカリキュラム基準による標準教育費の算定だけではなく、地方学区の予算編成のプロセスにおいても、提供されるべき教育内容と学校財政との関連を強める措置がなされた。すなわち教育長は、地方学区から提出された予算を検討することになっており、地方学区が「ゆきとどいた、効率的な」教育の基準をその予算の中で適切に実施していると判断できない限り、その予算を認可しないということが規定された（N.J.S.18A:7F-6.a）。標準教育費の算定基準を伴ったコアカリキュラム基準や効率的な教育として求められるインプットの基準を満たしているかどうかがチェックされることになる。

　また各大都市地方学区は、予算提出期限の7日前までに予算案を教育長に提出して、その検討を受けなければならない。そこでは、クラスサイズの縮小、プログラム幅の増大、資金の教室への配分における努力などが評価される。もしコアカリキュラム基準を達成する教育機会を生徒に提供するのに資金が適切に配分されていないと判断されるならば、教育長は、予算の範囲内

で資金の再配分を命じることが規定されている（N.J.S.18A:7F-6.c）。

　これらは州が直接に地方学区の予算編成に関与することを認めたものであり、州の学校予算に関わる権限を強化することにより、教育成果向上の目標を達成しようとしていると言える。

　④ コアカリキュラム基準とアカウンタビリティ

　コアカリキュラム基準は、州憲法によって求められている「ゆきとどいた(thorough)」教育の意味を定義しようとする試みにおいて定められたものであり、すべての生徒が、13年間の公教育を卒業する際に知っておくべき、そしてできるようになるべきことを示しているものである。ただしこれは、州全体のカリキュラムの指針ではない。その基準は、期待される結果を示したものであり、その結果をどのように保障するかについての地方学区の戦略を制限するものではない（Introduction）。したがって、正確には目標と捉えるのが適切かもしれないが、しかし単なる目標という意味だけではなく、それを実現すべきカリキュラムの内容をも含んだものであるので、基準として以下述べていきたい。

　コアカリキュラム基準は、7つの教科内容の領域とすべての教科内容領域に関わりを持つ教科横断的な労働準備基準（cross-content workplace readiness）によって構成されている。そしてそれぞれの領域ごとに具体的な基準が示されている。

　労働準備基準については、

1. すべての生徒が、キャリアプランニングと労働準備技能を発展させる。
2. すべての生徒が、テクノロジー、情報、その他のツールを使いこなせる。
3. すべての生徒が、クリティカルシンキング、意思決定、問題解決の技能を使いこなせる。
4. すべての生徒が、自己管理技能を証明する。
5. すべての生徒が、安全原則を適用する。

という5つが定められている。

　7つの教科領域は、視覚と舞台芸術（Visual and Performing Arts）、総合保健体育教育（Comprehensive Health and Physical Education）、国語技能科目／読み書き（Language Arts/Literacy）、数学（Mathematics）、科学（Science）、社会科（Social Studies）、国際語（World Languages）である。この7つの領域ごとに、具体的な基準が示されている。視覚と舞台芸術の領域で6項目、総合保健体育教育の領域で6項目、国語技能科目／読み書きの領域で5項目、数学の領域で5項目、科学の領域で10項目、社会科の領域で9項目、国際語の領域で2項目となっている。

　それぞれ1つずつ具体的な基準を示すと、以下の通りである。

> 視覚と舞台芸術の領域
> 　「すべての生徒が、ダンス、音楽、映画、視覚芸術における美意識を増すような知識と技能を獲得する。」
> 総合保健体育教育の領域
> 　「すべての生徒が、健康増進と病気予防の考え方、そして健康増進のための行為を学ぶ。」
> 国語技能／読み書きの領域
> 　「すべての生徒が、独立した流暢な読み手となるために、書き記された英語の音、文字、言葉の知識を理解し、用いるようになり、さまざまな教材やテキストを流暢にそして理解して読むようになる。」
> 数学の領域
> 　「すべての生徒が、数の感覚を伸ばして、さまざまな方法であらゆるタイプの数について標準的な演算や概算を行うようになる。」
> 科学の領域
> 　「すべての生徒が、有用な問いや仮説を設定すること、実験を計画すること、系統的な観察を行うこと、データを解釈し、分析すること、結論を導き出すこと、結果を伝えることに表される問題解決能力、

意思決定能力、調査能力を伸ばす。」
　社会科の領域
　　「すべての生徒が民主的な市民としての義務とアメリカ合衆国の立憲体制に参加する方法を学ぶ。」
　国際語の領域
　　「すべての生徒が、英語以外の少なくとも1つの言語で、基礎的な読み書き能力水準で意思疎通を図るようになる。」

　以上のようなコアカリキュラム基準は、常に見直すことが求められている。州教育委員会に対して、高い業績を上げている学校や地方学区で提供されているカリキュラムやプログラムを検討し、5年ごとにコアカリキュラム基準を見直し更新することが義務づけられている。
　コアカリキュラム基準の設定とともに、実際にその基準を満たしているのかどうかを評価し、その結果を問うシステムも整備された。
　州全体でのテストが実施されている。それは、第4学年で行われる初等学校能力評価（the Elementary School Proficiency Assessment）、第8学年能力評価（the Grade Eight Proficiency Assessment）、ハイスクール能力テスト（the High School Proficiency Test）という3つのテストが実施されている。これらは、コアカリキュラム基準の達成に向けて生徒が進歩しているかどうかを測定するために整備されたものである。テストは、コアカリキュラム基準で示されている7つの教科領域と5つの労働準備基準での成績を評価するものである。
　そして上記のテストの結果、「完全な成功（absolute success）」あるいは「かなりの進歩（significant progress）」を達成した学校を1つ以上持つ地方学区に対して補助金を提供する報奨プログラムが、CEIFAには設けられている。「完全な成功」の学校とは、州が設定した基準を90％以上の生徒が合格している学校を指し、「かなりな進歩」の学校とは、前年度と比較してかなりの改善率を示している学校を指す[26]。さらにそうしたテストの結果、ある学区が、あるいは1つ以上の学校が、コアカリキュラム基準を達成するのに失敗していると判断されるときはいつでも、教育長は次のような措置をとることができること

が規定されている。すなわち(1)カリキュラムやプログラムの再編成を指示すること、(2)スタッフの再研修や異動を指示すること、(3)総合的な予算評価を行うこと、(4)支出を見直すこと、(5) T&E amount の最高額となるように支出を強制すること、(6)将来の団体交渉の合意条件を見直すこと、というものである（N.J.S.18A:7F-6.b）。

このような評価システムを整備して、基準を達成できているかどうかを常にチェックするとともに、その改善を促す方策も実施されている。

⑤ アボットⅣ判決とアボットⅤ判決[27]

これまで見てきたように、CEIFA の制定により、ニュージャージー州の学校財政制度は憲法の規定を実現するように改革がなされたと言える。この新たな制度に対しても州最高裁の判決（アボットⅣ判決）が 1997 年に出された。

アボットⅣ判決は、コアカリキュラム基準が、州憲法によって求められている教育機会を定義し、実現しようとする議会当局や行政当局の最初の努力であり、憲法で規定されている、「ゆきとどいた、効率的な」教育の定義として適切であると認めた。しかしその基準は、実際の成績の到達度のレベルを保障するものにはなっていないことから、州最高裁は、CEIFA は大都市地方学区に適用される場合には不十分であるという判断を下した。そして州に対して貧しい大都市の地方学区と裕福な地方学区との格差をなくし、さらに大都市地方学区の生徒のニーズにこたえる特別なプログラムの充実や劣悪な施設の環境を改善する措置をとるように命じた。

州最高裁は、その訴訟を高等裁判所に差し戻し、そして大都市地方学区の改善策を州教育長に研究し、レポートを用意するよう命ずる権限を高等裁判所に委任した。その結果出された改善策が、全体学校改革（Whole School Reform、以下 WSR）であった。それは大都市地方学区の学校を WSR のモデルにより改善し、それによって裕福な地方学区と同じ水準の教育を生徒に保障し、州憲法や最高裁判決の命令の基準を満たすことを意図したものであった。州最高裁は、大都市の学校を改善するこの州の計画を受け入れた。ここにようやく憲法に合致していると認められた学校財政制度が成立することになった。

⑥ アボットプラン－全体学校改革

　アボットⅤ判決を通じて導入が進められた改善計画は、アボットプランと呼ばれる。これはアボット地方学区を含む「特別ニーズ」地方学区と認定された大都市の貧しい地方学区における学校を、WSRモデルを取り入れて改善しようとする計画である。WSRとは、全米的に展開されている学校改善プロジェクトにおいて研究によって効果的であると証明されたプログラムや戦略をモデルとして、学校全体を全面的に再編する試みである[28]。

　ニュージャージー州でのWSRの試みでは、すべての学校改革モデルやプログラムがコアカリキュラム基準と関連して計画されるように求められている。すなわちコアカリキュラム基準をすべての生徒が達成することを目標として、学校改革モデルやプログラムが計画されなければならないことを意味する。このような計画により、貧しい大都市地方学区の学校を改善し、そこに通う生徒の学業成績を向上させることが目指されている。

　WSRを実施している学校には、まず州教育省のスタッフによって学校検討改善チーム（School Review and Improvement Team）が組織される。学校検討改善チームの主な役割は、州最高裁の命令を実行するために、後述する各学校に組織される学校運営チーム（School Management Team）や学校、学区の行政官、そして州教育省が認定した開発者や専門家とともに活動することである。またそれは学校と州教育省との橋渡し役にもなる（Urban Education Reform Regulation in the Abbott Districts N.J.A.C. 6A:24-1.3）。

　さらにWSRを実施している大都市地方学区の学校は、学校運営チームを組織しなければならない。学校運営チームは、学校のスタッフ、保護者、地域が学校レベルの意思決定に参加することを保障し、生徒の成績改善のために、協働、アカウンタビリティ、貢献の文化を醸成することを目的としている（N.J.A.C. 6A:24-2.1）。この学校運営チームの責任は、WSRの実施計画を発展させることに加えて、⑴カリキュラム、教育、教育のシステムが、コアカリキュラム基準と連携することを保障すること、⑵プログラムやカリキュラムのニーズを判断し、生徒の成績を改善し向上させるために、学校や学年レベルの州

テストの結果を検討すること、(3) WSR のあらゆる側面の実施においてスタッフを援助するための研修プログラムが学校によって利用されることを保障することなど、コアカリキュラム基準の実現を進めるような教育プログラムの実施にかかわる事項が 7 項目規定されている。そのほか、予算の認可や校長や教職員の任命に対する勧告などを行う責任を負っている（N.J.A.C. 6A:24-2.2)。

以上のように WSR は、各学校において、地方学区や州の行政当局と連携し、保護者や地域の住民の参加を得ながら、その意思決定を行い、プログラムを実施するための組織を充実させることにより、学校の再構築を試みるプランである。こうした改革方策は、学校のあり方、その運営のあり方を根本から見直すものであり、学校財政制度における州補助金の交付方式そのものの変更ではない。それは学校に配分される資金をより効率的に、効果的に活用するための学校改革の方策である。コアカリキュラム基準を WSR によって実現することを目指し、そしてそれに必要な資金を提供するというシステムが構築されている。ここに学校財政制度と教育成果を向上させる方策との結びつきを見ることができる。

3) イリノイ州における学校財政制度改革
① イリノイ州の学校教育の状況と改革課題

NCLB の制定により、すべての子どもたちが高い水準の教育成果を達成できるように支援することが、全米的な教育改革の目標となっているが、イリノイ州においてもそうしたビジョンが明らかにされている。

イリノイ州教育委員会は、2001 年 9 月に、すべての生徒が中等後教育や職業機会において成功し、生涯学習者となり、そして民主社会に積極的に参加することができるようにすることを、イリノイ州の教育ビジョンとして採択した。そしてそのための州教育委員会の目標として、(1)すべての生徒が「イリノイ州学習基準（Illinois Learning Standards）」を達成するのを援助すること、到達度のギャップを解消することについて、地方学区を支援すること、(2)生徒の成功を保障しようとする地方学区の努力を支援する政策、プログラム、サービスなどを生み出すこと、(3)イリノイ州公立学校の適切で平等な資金を求

めて主張し、リーダーシップを発揮すること、(4)すべての政府当局者、教育や民間の関係者と連携してイリノイ州の教育の継続的な改善を支援すること、という4点を設定していた[29]。

「イリノイ州学習基準」[30]は、1997年に定められたものである。これは英語、数学、科学、社会科学、体育と保健、芸術、外国語の7つの教科それぞれについて、子どもたちが学ぶべき目標と内容が示されたものである。到達すべき目標が詳細に規定されている。この基準に従い、教育成果の改善の度合いが評価されることになる。

このようにイリノイ州では、すべての子どもが教育目標を達成することを目指した改革が進められている。イリノイ州の基準到達度テスト（Illinois Standards Achievement Test）によると、学業成績の現状は、全体的にその向上が見られるものの、貧困家庭の生徒の成績はそれ以外の生徒の成績よりもかなり低くなっていることが明らかになっている。また第11学年を対象として実施されるプレーリー州到達度試験（Prairie State Achievement Examination）の結果からは、白人の生徒とマイノリティの生徒との成績の格差、貧困家庭の生徒とそれ以外の生徒との成績の格差が著しいことが明らかになっている[31]。貧困家庭の生徒、マイノリティの生徒の成績を引き上げることが改革の課題となっている。

以上のような教育改革を実施していく上で十分な教育費が充当されることが必要となる。しかしながらイリノイ州の学校財政の状況は、全米的に見て低い水準にあった。州の最も貧しい地方学区ともっとも裕福な地方学区との生徒1人当たりの収入額の格差は全米の州の中で49番目、州によって提供される学校教育費の割合は48番目、州の最も貧しい地方学区に対する教育費支出は37番目、個人所得に対する割合として州と地方学区の税負担は34番目、生徒1人当たりの州と地方学区の支出総額は27番目であった[32]。イリノイ州の学校財政制度は、州の負担割合が低く、州による十分な資金提供がなされていなかったと捉えられる。州と地方学区とを合わせた生徒1人当たりの教育費支出額総額も決して高いとは言えない。地方学区間の格差も大きく、州による学校財政制度の均等化が十分になされてもいない。したがって教育改

革を推進できるような州による学校財政制度の整備が、イリノイ州における改革課題であったといえる。

② これまでの改革の動向

前章で見た1970年代の改革に対して幻滅が広がる中で、学校財政制度のあり方を研究する動きが起こり、それが1984年の州教育長による新たな制度である資源費用モデル（a Resource Cost Model, RCM）の勧告につながった。RCMとは、各地方学区の教育費や支援の費用を支出するのに必要な資源を算定するために複雑な方式が用いられる予算アプローチである。これは非常に多くのデータを必要とし、また多くの州の負担を必要としたために、州議会で全面的に検討される前に早くも退けられることになった[33]。RCMは、「適切性」の費用算定の方法の1つであり、この方法が1980年代半ばに実際に提案されたことは、イリノイ州では早い時期から「適切性」への関心がもたれていたことがわかる。

その後、イリノイ州の学校財政制度のあり方を大きく変えた改革が行われたのが1997年であった。この改革の目的は、標準教育費を大幅に増大させるように制度を改正することであった。これにより標準教育費は、1997-98年の生徒1人当たり3,132ドルから、1998-99年の生徒1人当たり4,225ドルになり、1,000ドル以上、約35％の大幅な増大がなされた。それとともに、地方の税負担の増大もあわせて求められた。すなわち税率が、初等学校地方学区で1.90％から2.30％に、中等学校地方学区で1.10％から1.20％に、統一地方学区で2.76％から3.00％に引き上げられた。このように、引き上げられた標準教育費の負担は、州だけではなく地方学区にも求めるものであった。その結果、1998-99年において州の負担は約36％しかなかったのに対して、地方学区の負担は約54％にものぼった[34]。地方学区中心というイリノイ州の学校財政制度の性格には、変化が生じたわけではなかった。

また1997年は、次に見る教育財政諮問委員会（Education Funding Advisory Board）が創設された年でもあった。この委員会は、標準教育費のあり方を検討し、勧告することも組織目的としており、イリノイ州において「適切性」の

観点から学校財政制度を検討することがこの時期の課題とされていたことがわかる。

③ 教育財政諮問委員会の創設とその勧告

教育財政諮問委員会は、1997年12月に創設されたものである（105 ILCS 5/18-8.05）。委員会は州知事によって任命された5人のメンバーから構成される。メンバーは、教育関係者、経済関係者、一般の人々の代表を含むものとなる。委員会の任務は、標準教育費の水準と貧しい子どもが集中している地方学区に対する追加的一般州補助金の水準について、州議会下院に対して勧告を出すことであった。そして2002年10月に最終報告が提出された[35]。

その報告の中で、イリノイ州の学校財政の問題状況が指摘されている。先述したように、全米的に見て、イリノイ州は生徒1人当たりの支出が低く、州の支出も低くなっている。それに加えて、地方学区間の格差も大きくなっている。報告書によれば、平均の教員給与では、低いところで24,000ドル未満、高いところで83,000ドルを超えており、同じ州内でも大きな格差がある。教育長の給与については、45,000ドル未満から200,000ドルを超えるところまである。税率を見ると、1％未満のところもあれば、8％を超えるところもある。生徒1人当たりの教育費支出については、4,000ドル未満から15,000ドルを超えるところまで、1万ドル以上の格差がある。このように地方学区間の教育条件の相違は著しい状況にあった。

委員会報告は、以上のような状況が続けば、公立学校に通う子どもたちに大きな損害を与えることになるだろうと述べ、すべての子どもたちが安全で適切な学習環境のもとで教えられなければならないこと、十分な資源が利用されなければならないこと、そして地方学区が地方レベルで可能な最善の教育経験を提供する柔軟性をもつべきことを主張していた。報告書は、一般補助金、地方学区の組織、財産税の負担軽減、新たな収入源、特定補助金などについて勧告を行っていた。

一般補助金についてみると、標準教育費を大幅に引き上げることが勧告されていた。すなわち2003-04年度の標準教育費を5,665ドルにすることが勧

告されたのである。2002-03年度の標準教育費は4,560ドルであったことから、1,000ドル以上の大幅な増額が提唱されたわけである。そしてこの5,665ドルという標準教育費は、後述するように、成功している地方学区を基準にして導き出された値である。これは「適切性」の観点からその教育費水準を算定する方法の1つである。つまりこの水準は「適切性」の実現を目指した提案であった。「適切性」の観点からみると、イリノイ州の標準教育費は著しく低い水準にあると判断されたことがわかる。

そのほか一般補助金に関しては、貧しい家庭の子どもを多く抱える地方学区に対する補助金を充実させるため、そうした子ども数をカウントする方法と補助金の算定方法について勧告がなされていた。

最後に要約として次のようなことを述べていた。すなわち勧告が実施されたならば、地方の財産税が削減され、州の初等中等教育に対する支出を増大させ、州の負担割合が50%以上になるであろうこと、そして標準教育費の水準が著しく増大し、州全体でのより大きな公正が実現されること、標準教育費の水準が基礎的な教育に対して適切な水準で資金提供するものであること、特定補助金制度の簡素化が地方学区の負担を軽減し、柔軟性を高め、ローカルコントロールの概念を強化するものであることを述べていた。

④ 標準教育費の算定方法
〈「適切性」の費用の算定〉

「適切性」を備えた学校財政制度は、州の設定する教育目標をすべての子どもが達成するために必要な教育費を提供するものである。したがって、提供すべき教育費の決定がきわめて重要となる。公正の観点から、特に地方学区間の教育費支出の格差是正を目指した学校財政制度改革においては、均等化を促進する補助金交付の方式が中心問題であった。しかし、「適切性」の観点からは、地方学区に対してどのように補助金を配分するかということだけではなく、むしろそれ以上に、どの程度の教育費を各地方学区、各学校に配分すべきなのか、州が保障する教育費の水準が重要な意味をもつことになる。

そのためにはまず「適切な教育」が定められることが必要となる。ケンタッ

キー州での最高裁判決（1989年）においても示されたように、それは州が達成すべき教育目標、教育内容の基準として定められる。イリノイ州では、先に見たように、1997年に「イリノイ州学習基準」が定められた。また教育を受ける上で不利な子どもたちでも目標達成を可能にするようなものでなければならない。したがって貧困家庭の子どもや障害のある子ども、英語を母国語としない子どもなど、教育を受ける上で不利な立場にある子どもへの配慮、そのための教育費支出も「適切性」の観点からは重要となる。

イリノイ州の教育財政諮問委員会において採用された「適切性」の費用の算定方法は、模範となる地方学区からの費用の推定であった。

〈模範となる地方学区からの費用の推定による標準教育費の算定〉

◎地方学区の選定

模範となる地方学区からの費用の推定は、まずどの地方学区を模範となるものとして取り上げるかが問題となる。それは当然に成功している地方学区ということになる。そうした地方学区における基礎的な支出を検討することにより、適切な基礎的費用水準を決定することが可能であるという考え方に基づくものである。したがってどのようにして成功している地方学区を確定するかが問題となる。

地方学区が成功しているかどうかを判断するためには、そのための基準を決定しなければならない。それは一律に定められるわけではなく、州が適切な教育として考える内容に適したものであることが必要となるであろう。アウゲンブリック（John Augenblick）とマイヤーズ（John Myers）は、教育財政諮問委員会に対する報告書の中で、次のような意思決定を行う必要があることを述べていた。

・地方学区が成功していると明らかにするために、州のテストの点数だけを用いるのか他の情報を用いるのか。
・1年だけのテストの点数を用いるのか、複数年のテストの点数を用いるのか。
・地理的条件に関連するような他の基準を用いるのか。
・成功に関する最低限の基準だけを用いるのか、最大限の基準も用い

るのか。
- さまざまなテストを用いる際に、すべてのテストの平均点を用いるのか、テストごとに個別に基準が達成されている必要があるのか、個々のテストのために用いられるいくつかの種類の最低限の基準が用いられるのか。
- 絶対的な基準が用いられるのか、相対的基準や変化の基準といった他のいくつかの基準が用いられるのか。
- 地方学区の支出効率性が考慮されるのか、されないのか。

　以上のように、成功している地方学区を判断する基準として考えられていたことは、テストの成績が中心であったことがわかる。テストによって測定される教育成果を向上させ、州の教育目標を達成し、それを上回っているような地方学区を選定することになる。その際に、テストの成績以外の情報、例えば出席率や中退率などの基準を用いたり、また資金を効率的に用いているのかどうかなどを判断したりすることも考えられる。そのために、地方学区ごとにデータが集計され、それに基づき検討されることになる。

　いずれにしても、州の教育目標や学習基準に照らし合わせながら、成功している地方学区を選定することが最初の課題となる。

◎費用の計算

　成功している模範となる地方学区の選定が終わると、次に基礎的な費用の計算を行うことになる。この計算のためには、それぞれの地方学区について、資本支出、通学輸送支出、フードサービス、成人教育、コミュニティサービス、特別なニーズを持つ生徒に関連した支出を除いた基礎的支出を特定することが必要となる。これは、以上のようなプログラムが、標準教育費補助金方式とは独立して、あるいは追加的に扱われるという前提に立っている。

　アウゲンブリックとマイヤーズは、基礎的な支出を算定するに当たり、イリノイ州において用いられている「授業料（tuition charge）」を活用している。この授業料は、その地方学区に居住していない生徒に対して課されるものであり、前年度に地方学区が学校を維持するための生徒1人当たり費用の110％を超

えない額になる。この費用は、地方学区の学校を運営し、維持していく総費用を平均の日々出席者数で割ることによって計算される（105 ILCS 5/10-20.12a)。この「授業料」が基礎的支出と概念上同様の考え方に基づくものと見なされたわけである。ただしこの「授業料」は、実際に必要とされる基礎的支出よりも高いと判断され、その80%の額を設定することが提案されていた。

さらに基礎的支出を算定するにあたり、地方学区のタイプごとに、また特別なニーズのある子どもの数の割合、学業成績における基準を達成している子どもの数の割合など、地方学区の選定のために用いられた枠組みがここでも活用されており、その枠組みごとに基礎的支出額の平均額が導き出され、それらを基に基礎的支出算定の資料が作成されていた。

その資料は、検討資料とするテストを2年分（1999年と2000年）のものとするか、1年（2000年）のみとするのか、貧困家庭の生徒（a student at-risk[36]）数の割合（基準としない、16.5%、34.8%、16.5%と34.8%の間）、基準を満たしている生徒数の割合（67%、67%と83%の間、基準としない）、基準を満たしている生徒数の最低限の設定（50%、設定しない）、テストの成績の変化（基準としない、基準を設ける）という項目による分類に従い、20通りの基礎的支出の算定額が、効率性基準を適用する場合と適用しない場合とそれぞれについて示されていた。そしてその中で示された支出額について、相対的に高い額と低い額をのぞいて、中間的な金額が検討されることになる。統一地方学区については4,750ドル（効率性基準を適用すると4,600ドル）、初等学校地方学区については4,650ドル（効率性基準を適用しても同額）、ハイスクール地方学区については7,700ドルになることが示されていた。ただしハイスクール地方学区については、支出の算定額が非常に多様であるために、確定するのが難しくなっている[37]。

〈貧困家庭の生徒を考慮した基礎的支出額の調整〉

すべての生徒がイリノイ州学習基準を達成することが目標とされたために、目標達成が難しいと考えられる失敗の危機にある生徒（pupils at-risk）、特に貧困家庭の生徒の存在をいかに捉えて、標準教育費補助金方式の中に位置付けるかは、重要な問題となる。つまり他の生徒よりも教育するのに高い費用が

かかるために、そうした生徒が多く存在する地方学区には、それに配慮した費用の算定が必要となる。アウゲンブリックとマイヤーズの報告書では、そうした生徒数のカウント方法と費用の算定方法についても提案がなされていた。

まず失敗の危機にある生徒のカウント方法については、無料あるいは割引ランチを受けている生徒数が提案されていた。テストの成績ではなく、貧困家庭の指標を用いていた。これは貧困が特別なニーズを表すものとして最も妥当だと判断されていたためである。そして費用の算定については、生徒1人当たりの支出額に大きな違いを生み出している変数を基に統計的手法を用いて、失敗の危機にある生徒に用いられる支出額を推定する方法が提案されていた。

イリノイ州では、貧困家庭の子どもに対する補助金は、一般補助金に追加的に支払われるものとして制度化されている。その交付方式の特徴は、貧困家庭の生徒1人当たり補助金を一律に提供するのではなく、そうした生徒が占める割合に応じて、該当生徒1人当たりの補助金額が定められている（105 ILCS 5/18-8.05 (H)(2.5)）。それは以下の通りである。

貧困家庭の生徒の割合が 10% 未満の地方学区	355ドル
貧困家庭の生徒の割合が 10% 以上 20% 未満の地方学区	675ドル
貧困家庭の生徒の割合が 20% 以上 35% 未満の地方学区	1,330ドル
貧困家庭の生徒の割合が 35% 以上 50% 未満の地方学区	1,362ドル
貧困家庭の生徒の割合が 50% 以上 60% 未満の地方学区	1,680ドル
貧困家庭の生徒の占める割合が 60% 以上の地方学区	2,080ドル

以上の補助金額は、2002-03年度以降のものである。これらは、それ以前の金額よりも増額されている。また補助対象の地方学区が拡大され、すべての地方学区が最低でも355ドル受け取ることができるようになっている[38]。

このことが、上述したアウゲンブリックとマイヤーズの報告書の提案、教育財政諮問委員会報告書の提案とは異なった内容であり、提案どおりに具体

化が図られたわけではないものの、補助対象となる地方学区が拡大され、また補助金額がかなり増額されていたことを考えると、貧困家庭の生徒への配慮をいっそう強化したものと捉えることができる。

第3節
「適切性」概念導入による公正概念の発展

(1) 学校財政制度における「適切性」概念

　すでに述べたように、1970年代の学校財政制度訴訟において、平等保護論と並んで、最小限保障論が主張されていたが、それは「適切性」概念に基づくものであった。そして両者は対立して、平行した形で論じられていた[39]。学校財政の領域において「適切性」概念が初めて用いられたのは、テキサス州のロドリゲス判決（1973年）によってであったと言われる。ロドリゲス判決は、「最低限の教育の適切性（minimum educational adequacy）」という用語を用い、州のすべての子どもに最低限の適切な教育を提供しているという州の主張を認め、テキサス州の学校財政制度に対して合憲判決を下したものであった。「最低限の教育の適切性」という考え方は、等しい教育機会が提供されているかどうかを問うのではなく、最低限の適切な教育がすべての子どもに提供されているかどうかを問うものである。憲法上の平等保護条項を基にした訴訟では、子どもや納税者が平等に取り扱われているかどうかが問題にされたが、「適切性」概念では提供される教育のあり方が問題にされたことになる[40]。

　多くの州が採用している標準教育費補助金方式は、州が設定した標準教育費をすべての子どもに保障しようとするものであり、「適切性」概念は、そうした州の補助金制度に合憲性の根拠を提供するものであった。しかしながら「適切性」概念は、最低限の保障ということであり、理想を低めることになるといった批判もある[41]。理想を低めることになるかどうかは、「適切性」の判断基準をいかに考えるかによる。重要なことは、教育機会均等を保障してい

ることになるかどうかに関する判断であり、それは単に教育費が平等に提供されているかどうかということにとどまらず、提供される教育が適切であるのかどうか、教育の成果が適切であるかどうかが判断されることである[42]。

「適切性」概念は、提供される教育が適切であるかどうかに関心を向ける点にその特徴があり、税負担、教育費支出といったインプットにとどまらず、教育のあり方、教育の成果にも関心を向けながら学校財政制度の適否を判断するものである。この「適切性」概念に対して、1990年代には新たな関心が向けられるようになる。

(2) 1990年代における学校財政制度改革の展開と公正概念、「適切性」概念

すでに見たように、学校財政制度訴訟の第三の波は、第一に貧しい地方学区と裕福な地方学区との格差を実質的に解消することを要求していること、第二にそれに加えて、教育のあり方にまで関心を深めており、すべての子どもが高いレベルの教育水準に到達することができるように、「適切な教育」の実現を支援するように学校財政制度改革を求めていた点に特徴がある。

1970年代から1980年代までの議論と1990年代以降の議論との違いを整理しておくならば、まず学校財政制度訴訟においてその根拠とされたのが、前者では、連邦憲法の平等保護条項（法の下での平等）に基づく判決（第一の波）、州憲法の平等保護条項、教育条項に基づく判決（第二の波）であったのに対して、後者では、州憲法の教育条項に基づく判決（第三の波）であったという違いがあった。根拠にしていた憲法上の規定について見るならば、前者は、平等をめぐる議論であったのが、後者では、州が保障する教育が実際に提供されているかどうかをめぐる議論に関心が向けられるようになったと捉えることができる。論点の転換を見出すことができる。

この転換は、均等化と「適切な教育」の両方を求めたものであり、「公正」と「適切性」が学校財政制度において達成されることを目指したものと言えるであろう。こうして1990年代において、「公正」概念と「適切性」概念を

めぐる議論が展開され、学校財政研究の重要なテーマとされたのである。

　オッデンとパイカスは、『学校財政』(1992年) の中で、先述したベルンとシュティーフェルの公正概念の枠組みを発展させ、水平的公正、垂直的公正、財政中立性（ベルンとシュティーフェルの枠組みにおける機会均等と同様の定義）に加えて、教育効果（effectiveness）の公正を設定していた。教育効果の公正は、教育の効果を上げるように資源が用いられているかどうか、その程度を評価するものである[43]。このように教育の効果にまで関心が広がり、「公正」概念が拡充していることがわかる。従来の概念では、教育を行う上で必要な要素を取り上げ、それらが公正に配分されているか、子どもたちに公正に提供されているかを問うことにとどまっていたのに対して、このオッデンとパイカスの定義は、教育の効果が公正であるかどうかにまで踏み込もうとしている。その測定方法については、まだ十分には明確なものが示されていたわけではなかったが、少なくとも「公正」を定義する視点として教育の効果を打ち出した点に新しい側面を見ることができる。

　他方、「適切性」概念についても、訴訟の影響を受けながら、あらためてその意義が強調されるようになっている。ベルンとシュティーフェルは、「適切性」概念を、相対的ではなく絶対的なアウトプット基準を十分に満たす資源のレベルと定義している[44]。「適切性」の議論をリードしているクルーンは、「適切性は、州到達度テストの最低合格成績というような何らかの教育成果を達成するのに十分な（あるいは適切な）資源をいう」と定義している[45]。1970年代にロドリゲス判決などにおいて主張された考え方と同様に、いずれの定義も一定の教育水準を提供する資源のレベルを問題にするものである。決定的に異なっているのは、後述するように、高い水準での教育の成果をすべての子どもに実現させようとしている点である。こうした「適切性」概念が唱えられるようになった背景には、1983年の「危機に立つ国家」に始まる教育改革の流れがある。周知のようにこの報告書以後、優秀性に対する関心が高まり、教育水準の向上を目標とした教育改革が全米で展開されることになる。生徒の到達度に関心が移るようになり、「適切性」概念の活用を増大させることになったと捉えられている[46]。

ガスリー（James W. Guthrie）とロススタイン（Richard Rothstein）は、生徒の教育を受ける機会に着目し、特に不利な立場にある生徒の教育機会に焦点を当てて、次のように「適切性」を定義している。すなわち「適切に規定された知識や技能のレベルを獲得する効果的な機会を生徒に保障するのに十分な資源」と定義している。ここで「効果的な機会」とは、社会的、経済的に不利な立場にある生徒、あるいは身体的、情緒的、知的な障害のある生徒に対しては、通常の生徒にとって適切な資源では不十分であることを示しており、そうした生徒に対してはより大きな資源の提供が求められることになる。「適切に規定された」ということは、今日の定義は生徒の知識や技能の獲得の規定されたレベルと資源のレベルと結びつけられなければならないことを示すものである[47]。

　以上のように、1990年代においては、「公正」概念と「適切性」概念とがともに新たな拡がりをもつに至っており、このことは両者の関係をいかに考えるのかという問題を提起することになる。オッデンとパイカスは、上で述べたように、ベルンとシュティーフェルの定義に教育効果を加えたが、彼らの『学校財政』第2版（2000年）では、教育効果ではなく「適切性」を公正の定義の中に加えている。しかも州の学校財政制度が、「適切性」の観点から公正であるかどうかを判断する指標を作り出した。それはオッデン・パイカス・インデックスと呼ばれているものであるが、「適切性」の水準に満たない地方学区がどのように分散しているのか、それを量的に測定しようとするものである[48]。

　これに対してクルーンは、「公正」概念と「適切性」概念について、実践上は必ずしもはっきり区別できるわけではないとしつつも、両者を明確に区別して、「公正」から「適切性」への転換を主張している。クルーンは、以下の3つの状況において、「適切性」は「公正」によって要求されるものとは異なる結果あるいは救済策を命じることができると述べている。その状況とは、第一に実践上、ある州のすべての学校が不十分であり、その救済策が教育のための新しい資源を保障しなければならないとき、第二に生徒、学校、地方学区のある特定グループが、最低限の達成基準を満たすために余分の資源を必

要とし、その救済策が何らかの補償教育補助金を含まなければならないとき、第三に最低限の達成レベルに到達するために、学校がもっと効果的で、効率的であることを必要とし、その救済策が教育改革やアカウンタビリティの要素を含まなければならないところ、というものである[49]。

　ここで注目すべき点は、「適切性」概念を打ち出すことにより、一定の水準に到達できない生徒や学校に対する救済策を講じること、特に補助金などの資源を十分に提供することを主張している点である。「適切性」は、教育を受ける上で恵まれない状況にある生徒や、教育上より多くの資金を必要とする生徒に十分な資金を提供することを求める概念であると言える。このことは、子どもが抱えるニーズに応じて必要な資源を提供することになり、「公正」概念の定義の1つである垂直的公正と同様の考え方であると見ることができる。アンダーウッド（Juli K. Underwood）は、「適切性」概念を垂直的公正として捉える見方を示している[50]。

　概念の問題として、「公正」と「適切性」との関係をどのように考えるべきか、その整理が必要となる。第1章で検討したように、学校財政制度の問題は教育費支出格差の問題として提起され、その克服が目指されたものである。それは、平等をめぐる議論であり、その実現のために制度改革が展開されてきたものである。平等保護か最低限保障かの相違点があったとしても、その前提は平等論であった。第二の波の学校財政制度訴訟において、州憲法の教育条項を根拠とし、教育のあり方に言及し、高い教育の質を実質的に保障することを求める適切性論への関心が示されながらも、裁判においては、関心の中心は平等にあった。しかし平等論は、学校財政制度をめぐる議論としては、いくつかの弱点をもつものであった。エンリッチ（Peter Enrich）は、平等な支出がなされたとしてもそのことが教育機会の実質的な保障にとって必要な条件でも十分な条件でもないこと、平等を追求し、拡大していくことが、ローカルコントロール、地方の自律性との緊張関係をもたらすことになり、制度化を困難なものにしてきたこと、州憲法が地方学区にその権限を委譲していることから、州憲法の解釈の問題として、平等の保障と地方学区の権限との整合性を構築することを困難な問題としてきたこと、これに対して、適切性

に関する議論は、そうした平等論の弱点を乗り越えるものであり、適切性に基づく議論を展開していくことに多くの利点が見出されること、すなわち州憲法が規定する教育をすべての子どもに保障するという政策目標が明確であり、広く社会で共有されている教育に関する価値や義務に基づいており、幅広い支持を得やすいこと、したがって平等の実現を目的としないがために、裕福な地方学区から貧しい地方学区に財源が移転される政策がとられたとしても、抵抗を回避しやすいことなどから、適切性による議論の利点を述べていた[51]。こうした議論は、学校財政制度を実際に制度化し、運営していく際の現実の問題として考察していく必要性を示している。その観点から、平等論よりも適切性論の方が、制度化を図る上で利点の多い考え方として広がっていったと捉えることができる。

　学校財政制度の適否を判断する基準、学校財政制度を改革し、構築していく際の拠り所となる基準を改めて整理するならば、平等（equality）、適切性（adequacy）、公正（equity）が用いられ、議論が展開されている。これらの関係をどのように考えるかが重要な課題となる。定説があるわけでもなく、アメリカにおいても十分に整理されているとは言えないが、アメリカにおける学校財政の諸論文、そして学校財政に関わるテキストや研究書を見る限り、学校財政制度が妥当であるかどうかを判断する最も総合的な概念が公正であり、その重要な要素として平等と適切性が位置づけられると考えるのが整合的であるように思われる。ベルンとシュティーフェル、オッデンとパイカスの総合的な概念の枠組みは、公正の枠組みとして示され、その判断基準として、水平的公正、垂直的公正と適切性をその重要な要素の1つに位置付けている。

　ベイカー（Bruce D. Baker）とグリーン（Preston C. Green）は、ベルンとシュティーフェルの枠組みを踏まえながら、公正の枠組みについて新たな定義を行っている。まず1990年代以降の第三の波による転換を、インプットの公正からアウトカムの公正への転換と捉えた上で、学校財政制度におけるアウトカムについて、垂直的公正に関する議論が州憲法の教育条項に基づく訴訟の中で、次第に州によって地方学区に提供される資金の適切性に焦点があてられるようになったとして、アンダーウッドの議論にも触れながら、垂直的公

正と適切性とを関連づける枠組みを提示している。彼らが提示したのは、4つの段階の基準であり、第一の基準が水平的公正と財政中立性、第二の基準が純粋な垂直的公正、第三の基準が適切性としての垂直的公正、そして第四の基準が純粋な適切性である。第一の基準は、教育のニーズに関わりなく資源における相違があるのかどうかを問うもの、第二の基準である純粋な垂直的公正は、等しい成果を求めるものであり、教育のニーズに応じて必要な資源の相違があるかどうかを問うもの、第三の基準である適切性としての垂直的公正は、最低限の教育成果を達成するための等しい機会を支援するのに十分な資源をすべての生徒のグループが持っているかどうかを問うもの、第四の純粋な適切性の基準は、州憲法が規定する教育の成果を生徒たちが達成するのに必要な資金を州議会が提供しているかどうかを問うものであり、水平的公正と垂直的公正のどちらかもしくは両方に結び付けられるものである[52]。

　上記の枠組みに基づくならば、学校財政制度のあり方は、平等と適切性を要素として、公正であるかどうかを判断する概念として整理することができる。そして改革の動向として、平等よりも適切性に基づいて判断される傾向にあると捉えられる。また学校財政制度の改革では、前節でみたように、いずれの州においても、提供されるべき教育内容との関連で配分されるべき基礎的教育費の算定のあり方に焦点が当てられ、算定額とその保障方法に関する改革が進められていた。

　しかし、ここで問題となるのは「適切性」の定義である[53]。すなわち実際に「適切性」を満たしているかどうかをどのように判断することができるのか、どのような資源をどの程度提供すれば「適切性」を満たしたことになるのか、また生徒が抱えるニーズに応じ提供される資源の量を調整するとして、どの程度の相違が「公正」であると判断できるのか、どの程度の相違が「公正」の範囲を逸脱していることになるのか、いずれにしても学校財政制度やその運営に対する評価基準のあり方が明確ではないことが依然として問題点として残っている。すべての生徒が高い教育水準に到達するという目標は理想的であり重要なものであるものの、それを可能とする財政制度のあり方をどのように捉えることができるのか、きわめて難しい問題である。

「適切性」への関心が高まるにつれて、公正の実現を目指した学校財政制度の研究が進められ、その知見が積み重ねられている。例えば、ニューヨーク州において、州によって任命された「公正研究グループ（Equity Study Group）」が行った研究は、教育の成果と成果の公正についての定義を発展させることができるかという問いに対して、実現可能であるという結論を導き出している[54]。また連邦議会の命令により連邦教育省が研究を委託した教育財政委員会（Committee on Education Finance）は、公正の理論的研究[55]と、実際の制度改革を展開するための目標とその達成方法について研究をまとめている[56]。今後このような研究が蓄積されることにより、各州において実際の学校財政制度改革、また教育予算に関する議論が進められていくと思われる。それは従来のような州の学校財政制度を大きく変える可能性を有していると言える。オッデンとクルーンは、今日の教育の目標にふさわしい新しい学校財政制度を再構築する時期であること、そして新しい制度は、「公正」と「適切性」の両者を理念とし、生徒のより高い成績を促すものであること、つまり教育の生産性を高めるものであることが必要であるとしている。そのために学校を基礎とした財政への転換が必要であるとしている[57]。学校財政制度の根本的な改革が提唱されていたと言えよう。

したがって、次節で詳細に検討するように、適切性に必要な費用算定の研究が発展していくことになる。

第4節
費用算定研究（costing-out study）と学校財政制度

(1) 「適切性」の費用の算定

以上のように、「適切性」は、学校に対して適切で十分な資金を提供するための根拠を与えるものとして理解することができる。しかもそれは教育改革において求められている高い水準の教育目標基準に到達することを可能とす

る資源のレベルということになる。すると次に、「適切性」を十分に満たすためにはどのような資源をどの程度提供すべきなのか、またそれをどのように決定するべきなのか、ということが問題となる。「適切性」の費用を算定する研究は、costing-out と呼ばれる研究によって積み重ねられてきている。それらは、専門家の判断による算定、実証的研究に基づく算定、成功している学校（学区）に基づく算定、費用関数研究による算定という4つに集約される[58]。

① 専門家の判断(professional judgment)による算定

研究者や学校関係者など専門家による調査団が組織され、その調査団が、専門家の判断に基づき、議論を重ねながら、州の教育目標を達成するために必要な教育プログラムをデザインして、それに必要な費用を算定しようとする方法である。最も多くの州で採用されている方法である。

これは、インプットに焦点を当てる方法である。チェンバー（Jay Chamber）とパリッシュ（Thomas Parrish）による資源費用モデル（a Resource Cost Model, RCM）もその1つである。RCM では、まず通常の教育プログラムのためのスタッフの水準が確定され、続いて、補償教育、特別支援教育、バイリンガル教育のための効果的な教育実践、そのスタッフ、資源のニーズを確定するものである。教育に必要なインプット、様々な資源を、教育専門家の判断に基づき確定しようとする。

RCM は、インプットに対する関心から生み出されたものであり、必要な資源とその費用の算定のためのモデルである。このモデルが、「適切性」による学校財政制度訴訟や改革が進むにつれ、教育成果との関連を含む方法に発展していく。そのきっかけとなったのは、ワイオミング州における訴訟と改革であった。1995年に州の学校財政制度を違憲としたワイオミング州最高裁は、州に対して、適切な教育をすべての生徒に提供するために必要な商品やサービスの費用を計算するように求めた。この判決に応えるために、専門家のチームが組織され、目標を達成するための教育プログラムを設計し、その成功のために必要な資源を確定する研究が実施された。

専門家の判断による研究で最も幅広く実施されたのが、2004年に報告書

が公表されたニューヨーク州における研究であったと言われている[59]。それは、アメリカ研究所（American Institutes for research）とマネジメント分析計画社（Management Analysis and Planning, Inc.）の共同研究によるものであり、教育専門家だけでなく、広く一般の人々の判断も組み込んだ研究である[60]。この研究の特徴は、第一に生徒の成績とより密接に焦点化した目標を設定していること、第二に各学校段階での教授プログラムを設計することから検討を始めていること、第三に多様な生徒のニーズを満たすアプローチをより統合されたものにしていること、という3点にある[61]。

そのプロセスを簡単にまとめるならば、第1段階は、一般の人々の参加と成功している学校の分析である。一般の人々の参加は、この研究プロセスの目的、目標に関する意見、生徒に望ましい結果に到達するために何が必要となるのかに関する意見を表明する機会を提供するために設定されるものである。そして、成功している学校の分析は、後述するように「適切性」の費用算定の方法の一つであるが、ここでは、専門家による研究班のメンバーを探すために、連絡を取る学校を選定するために行われた。

第2段階は、専門家による研究班の会議である。研究班は、8名の一般教育の専門家、2名の特別支援教育の専門家、計10名で構成された。

第3段階は、最初のプログラムの総合化、教員雇用状況と地域の費用格差の分析、そして専門家による判断のプロセスには含まれない学区の運営に必要な費用に関する財政データの検討が行われた。

第4段階は、最初の学校タイプごとの費用の推定と予備的分析が行われた。ここでは、外部の専門家による検討も行われている。

第5段階は、10名の研究班の代表者による検討会議、費用の推定や予備的分析をもとにした一般公開のフォーラムの開催と学校教育のステークホルダー（保護者、納税者、州議会議員、知事部局の職員、教育委員会委員、企業関係者）による会議が行われた。

第6段階は、最終報告書の作成であった。

以上のプロセスを経て、最終的に、学区のタイプごとに費用算定が行われた。その中で費用算定の根拠となるのは、生徒のニーズ、そして教育プログラム

の内容である。これらの条件、内容を確定するとともに、地域性による費用の差異などを考慮して、学校タイプごとすなわち、ニューヨーク市、それ以外の大都市、そして生徒のニーズと地域の財政力との関係を数値化した指標による分類ごとに費用の算定が行われた。

ニューヨーク州で行われた研究では、専門家による判断を核としながら、一般の人々の参加も組み込み、外部の研究者による検討も受けながら、多面的に費用を算定しようとしたものと捉えることができる。

専門家の判断による算定は、プログラムの実施や資源の配分に経験を持ち、学習のニーズも熟知している高度な資質を持つ実践者による最善の判断をプールするという利点を持つ。その方法は、比較的単純で透明性があり、容易に理解できる結果を生み出すものである。しかし、統計的な方法のような正確性に欠けるという欠点がある。また高度な資質を持つ実践者を選出する努力を怠れば、結論としての勧告の質が傷つけられることになる[62]。

② 実証的研究に基づく算定

研究者が、研究成果に基づき、実証的データに依拠しながら、教育プログラムをデザインし、費用を算定しようとする方法である。研究開発された学校改革モデルとそれに必要な費用が、研究者によって提示されるものである。これまでの研究や証拠に基づく教育戦略を確定し、それらの費用を計算し、その後に、学校、学区、州レベルの適切な支出レベルを確定するという方法となる。このアプローチは、望ましい結果を生み出す教育戦略をより直接的に確定するものである[63]。

最初は、このアプローチでは、New American Schools などによって設計された「全体学校改革（Whole School Reform）」モデルの要素を活用して、「適切性」の費用算定が行われた。これらのモデルは、生徒の成績を上げるために資源を効果的に用いる方法を示すものであり、学校再編のモデルである[64]。これらのモデルは、地方学区に対して、市場において販売されているものであり、提供されるサービスや製品の配分に価格を付けており、市場の経験に基づき、何が適切かについての考え方を示すものと捉えられる[65]。

実証的研究に基づく算定は、ケンタッキー州（2003年）、アーカンソー州（2003年）、アリゾナ州（2004年）、ワイオミング州（2005年）、ワシントン州（2006年）において、オッデンやパイカスなどの研究者により実施されている[66]。例えば、ワシントン州における研究をみるならば、学校規模、学級規模、中心の教員、スペシャリストの教員、ファシリテーターやメンター、貧困家庭の子どものチューター、英語学習をする生徒のための教員といった教職員の数、教職員の職能開発、テクノロジーや教材や設備費、生徒の活動費、学区の管理運営費などについて、学校段階ごとに勧告が提示されている[67]。

　実証的研究に基づく算定も、専門家の判断による算定と同様に、単純性、透明性、広範囲の教育ニーズやアウトプットを扱うという点で利点を持つ。さらに、専門家による判断と異なり、費用効果に関する文献の知見を活用するという利点を持っている。しかし、研究結果が限定的であったり、結論が出せないものであったり、論争的である場合、あるいは特定の文脈における適用性が検証されない場合には、この方法の妥当性が損なわれるという欠点がある[68]。

③ 成功している学区（学校）に基づく算定

　成功している学区、学校をモデルとし、そこで用いられている資源、教育プログラムの内容を要素として取り上げ、それに必要な費用を算定しようとするものである。成功している学区、学校を判定するためのアウトプットのデータ、実際に用いられている資源などのインプットのデータに基づき、費用の算定を行うものである。

　このアプローチでは、成功していると認定する学区、学校を選ぶことが重要である。例えば、ワシントン州で行われた研究では、36項目に及ぶ基準によって、成功している学区、学校の選定が行われた。具体的には、2002-03年度から2004-05年度までの各年度の第4学年、第7学年、第10学年の読み、数学、読み書きの学習成績が、習熟（proficiency）以上である生徒の割合（27項目）、3年間における各年の学習成績の向上指標（3項目）、3年間における

各年の学習成績の格差是正指標（3項目）、学区における卒業率（3項目）である。これらの36項目のうち、24以上をクリアしている学区を成功している学区として選定された。2004-05年度において、成功している学区とされたのは233学区であった。24項目をクリアしたのが140学区、30項目をクリアしたのが77学区、33項目が42学区 36項目すべてクリアしたのが5学区、という結果であった。こうして学区や学校が選定され、教育内容や資源の活用方法などが分析されながら、費用の算定が行われていた[69]。

このアプローチは、教育費用と望ましい成果との間を直接的に、量的に関連づけるという利点を持つ。しかし問題は、利用できるデータに依存していることである。すなわち、多くのところでデータが欠けていたり、不完全であったりする。したがって、成功している学区という認識が、限られたデータに基づいている点に欠点がある。また典型的な学区が分析から除外されているという点も問題にされている[70]。

④ 費用関数研究による算定

企業での生産プロセスを分析するための経済学のモデルを教育に適用する方法である。ある特定の学区が、特定の成果を生み出すために、どの程度の費用を必要とするかを、費用関数を用いて推定しようとするものである。費用関数は、ある学区における実際の支出に関するデータを生徒の成績、資源の価格、生徒のニーズ、その他の学区の性質に関連づける。2002年にニューヨーク州においてダンコンブ(William Duncombe)によって行われた研究によれば、まず初めに、適切性の基準の設定が行われる。ダンコンブの研究では、第4学年、第8学年の算数と英語のテスト、ハイスクールでの数学と英語のRegents Examsの結果が尺度として採用されていた。次に、基準となる地方学区において、適切性基準を達成するのに必要な支出レベルを算定する。費用の計算は、重回帰分析によって行われる。すなわち、従属変数を地方学区の実際の生徒1人当たりの支出額、独立変数を教員給与、貧困、英語力、在籍者数、生徒の成績、効率性からなる費用モデルとし、分析が行われる。そして最後に、基準となる地方学区での費用をもとに、他のすべての地方学区のそれぞれの

特質に合わせて調整し、各地方学区の適切性の費用が算定される[71]。

このアプローチは、正確な統計的相関関係を用い、より総合的な分析の変数を採用し、そして特別なニーズのある生徒に教育する費用を反映させる正確な調整額を計算する。このアプローチは、外部の障害にもかかわらずよい成果を上げている学区をより正確に確定するという利点を持つ。しかし、方法の複雑さゆえに、研究者ではない人々に説明するのが困難である。また必ずしも正確ではない前提や判断を必要とするという欠点もある[72]。

(2) 「適切性」の費用算定をめぐる議論

① 反証事例からの批判

「適切性」に関する費用の算定は、「適切性」として定義される教育成果を達成するために必要な費用として計算されるものである。それは、合理的根拠に基づいて算定されるものであるが、実際には、想定された通りの結果となるとは限らない。実際の地方学区における費用と教育成果の事実から、「適切性」の費用算定に対する批判が成り立つ。

まず、貧困であるにもかかわらず、高い成果を上げている学校、学区、州の存在が、明らかにされている。すなわち、より多くの支出をすることなく、高いレベルの成績を生み出しているという事実である。高い教育成果を生み出す要因として指摘されているのは、厳しい教育内容の目標、結果志向のマネジメント、生徒の成功に向けたスタッフのチームワーク、州の基準と結びついたカリキュラムと授業、頻繁なテストと教授学習の指針となる生徒の成果についての情報の活用、学校における人間的で、目標志向の雰囲気であった[73]。これらは、費用を増大させなくても、マネジメントや学校づくり、カリキュラムや教育方法を要因として教育成果を向上させることができることを証明している事例である。

逆に、教育費支出の額は高いが、成果が低い、すなわち潤沢な資金をうまく扱っていない学区の存在も明らかにされている。そうした学区では、インフラに投資し、非常に美しい校舎や極上のテクノロジーを備えた施設を完

備するのに対して、質の高い教員を採用したり、効果的な授業実践を進めたり、しっかりしたカリキュラムを編成したり、高い学業成績やアカウンタビリティへの期待に満ちた文化を創りだそうとしたり、教育成果を高めるための取り組みには熱心ではない。また公金横領、私的流用、リベート、不当な価格、幽霊労働者など、不正な支出の実態も指摘されている[74]。費用を増大させても、その運用に問題があれば、教育成果の向上にはつながるわけではないことを示している。

以上のように、必ずしも教育費支出額が教育成果を向上させる要因になるわけではないことがわかる。したがって、「適切性」の費用算定の研究やそれを促す訴訟に対する批判が成り立つと言える。

② 研究方法に対する批判

「適切性」の費用算定の研究に対しては、その研究方法に関して厳しい批判もなされている。その代表的研究者が、ハヌシェク（Eric. A. Hanushek）である。ハヌシェクの批判は、費用算定の研究において採用されている方法が、厳密な科学的妥当性がないという観点からの批判である[75]。すなわち「資源や支出の変化に対して、成果がどのように変化するのか」という問いに答えることができる科学的に妥当な方法はないというものである。そして費用算定研究の各アプローチに対して、それぞれに批判を加えている。専門家による判断の方法に対しては、メンバーとなる専門家に、費用算定の専門性が備わっているわけではない。またメンバーとなる専門家を選ぶ指標は、一般に示されてはいないとして批判している。根拠に基づく研究に対しても、多くの研究の中から根拠として基づく研究が選択されるが、それが一般化できると信じられる理由はないとしている。これらの批判は、方法の恣意性を指摘するものである。結論の妥当性を検証することもできない点が批判されている。

成功している学校の分析に対しては、成功している学校を特定し、選択することは重要なステップである。しかし、生徒のテストの点数や他の成果によって、成果の高い学校として単純に捉えることは、多くの学校外の要因によって影響を受けている点を踏まえると、その方法は適切ではないと批判し

ている。費用関数研究に対しては、これまでの多くの研究において、教育費支出と生徒の成績との間の一貫した関係は、ほとんど見出してきていないとしている。

また費用算定において、以上の4つのアプローチの選択、費用の推定が、恣意的であることをハヌシェクは批判する。同じアプローチで取り組んでいるにもかかわらず、非常に異なった結果をもたらしている事実を取り上げ、それらの推定が、信頼できる偏りのないものと捉えることはできないとしている。さらに、「適切性」の意味することが、望ましい成果を達成するということから、その成果を達成する機会を提供するという表現に変わってきており、このことは、費用の算定の際に実際の成果、成績の水準を予測していないことになると批判している[76]。つまり費用の算定が、実際の成果、実際の成績のデータに基づいていないという批判である。

③ 批判に対する反論

ハヌシェクをはじめとした上記のような批判に対して、反論も行われている。ダンコンブは、カンザス州の地方学区を対象として行われた費用関数研究について、信頼性、妥当性の検証を行い、費用関数研究は、信頼性があり、ほとんどの学区にとっての精度を予測するのにも良いことを実証した[77]。ただし、ダンコンブは、多くの費用算定研究が、それまで、信頼性、妥当性の検証を行ってきていないことも指摘しており、今後、そうした検証を進めていく必要性も提起していた[78]。

同様に、ベイカー（Bruce D. Baker）は、複数の州で行われた複数の費用算定研究を対象として、その信頼性と妥当性の検証を行っている。信頼性に関しては、ある方法によって比較的低い基礎費用を持つと算定される州が、別の方法でも比較的低い基礎費用と算定されることが証明されており、算定方法が違っても算定される費用に一貫性があるとして、信頼性が検証されている。妥当性に関しては、実際に利用できる資源と算定された費用とのギャップが、より貧困率が高い学区にとって大きいところでは、資金面のギャップと成果面のギャップの間に論理的な関連がある傾向にあること、適切性に満たない

資金しか持たない学区は、適切性に満たない成果しか上げられず、逆もまた同様であることが証明されている[79]。

また厳密な実証性を求める考え方に対して、疑問も投げかけられている。すなわち、決定の要素として何らかの形での推定を必要とする領域では、決定はなされるべきではないと言うことに等しいとして、ハヌシェクの批判に疑問が投げかけられている[80]。推定による研究は、他に例がないわけではない。仮想評価法（Contingent Valuation Method）は、環境経済学において用いられている方法で、環境の質のために支払う意思によって環境の価値を推定するものである。厳密な実証性に欠けることが、必ずしもその結果の信頼性、妥当性を損なうものではないと捉えられる。仮想評価法では、研究方法の評価とその精緻化に時間がかけられており、費用算定研究においてもその必要性があることも指摘されている[81]。

以上、本章では、「適切性」に基づく新たな学校財政制度の公正に関して検討してきた。その結果を、第1章で検討した従来の学校財政制度の公正と比較してみると、下記のように整理することができる。

	従来の公正	「適切性」に基づく公正
是正の対象	地方学区間の格差	教育費支出の水準
判断基準	教育費支出の格差の程度 最低限の教育費支出額 財政中立性の程度	教育目標達成に必要な教育費支出額
州の財源保障の対象	標準的教育費支出もしくは標準的財産評価額	教育目標達成に必要な教育費支出額
州の財源保障の方法	補助金制度の改革	必要な教育費支出額の算定
財源保障における州と地方学区との関係	州主導の制度もしくは地方学区主導の制度	州主導（必要な教育費支出額の算定）の制度

上記の表から、「適切性」の概念が導入されることにより、公正がどのように変化したのか、すなわち従来の公正に関わる議論や制度のあり方に、どのような要素が加わったのかを捉えることができる。それは、教育の成果を視野に入れた学校財政制度を構築しようとする考え方であると言える。

註

1　Joseph Murphy, "The Educational Reform Movement of the 1980s: A Comprehensive Analysis", in Joseph Murphy ed., *The Educational Reform Movement of the 1980s*, Berkeley: McCutchan Publishing Corporation, 1990, pp.5-7.
2　Ibid., pp.21-29.
3　Susan H. Fuhrman, Richard F. Elmore, Diane Massell, "School Reform in the United States: Putting It into Context", in Stephen L. Jacobson, Robert Berne eds., *Reforming Education: The Emerging Systemic Approach*, Thousand Oaks: Corwin Press, 1993, pp.3-27.
4　Jennifer A. O'Day, Marshall S. Smith, "Systemic Reform and Educational Opportunity", in Susan H. Fuhrman edit., *Designing Coherent Education Policy: Improving the System*, San Francisco: Jossey-Bass, 1993, p.251.
5　Allan R. Odden, "School Finance and Educational Reform: An Overview", in Allan R. Odden edit., *Rethinking School Finance: An Agenda for the 1990s*, San Francisco: Jossey-Bass, 1992, p.8.
6　Marilyn A. Hirth, "Systemic Reform, Equity, and School Finance Reform: Essential Policy Linkage", *Educational Policy* 10(4), 1996, pp.468-479.
7　Allan Odden and L. Dean Webb, "Introduction: The Linkages Between School Finance and School Improvement", in Allan Odden and L. Dean Web, eds., School Finance and School Improvement: Linkages for 1980s, Cambridge: Ballinger Publishing Company, 1983, pp.xiii-xix.
8　Ibid., pp. xvii-xviii.
9　Allan R. Odden, op.cit., pp.12-14.
10　例えば、Lawrence O. Picus, James L. Wattenbarger, edits., *Where Does the Money Go?*, Thousand Oaks: Corwin Press, Inc., 1996, がある。
11　学校財政制度訴訟の第三の波については、本多正人「80年代アメリカ教育財政改革訴訟の意義と問題」九州大学教育学部教育行政学研究室『教育行政学研究』第8号、1993年、59頁-76頁、小川正人「アメリカの1980年代教育財政訴訟と州教育財政改革」九州大学教育学部教育行政学研究室『教育行政学研究』第8号、1993年、77頁-93頁でも検討されている。
12　白石や押上は、adequacyの訳語について、類似語との混同を避けるために、「アデクアシー」あるいは「アディクアシー」とカタカナで表記し、あわせてequityについても、「エクイティ」と表記している。本書では、可能な限り概念の意味を明らかにするために、日本語訳を用いたいと考え、「適切性」という訳語を用いている。訳するのが難しい用語であるが、adequacyは、質的、量的に、必要な水準を満たしている状態を指すものと理解することができる。そのような性質を備えていることを表現する用語として、本書では、adequacyに対して「適切性」という訳語を用いている。白石裕『教育の質の平等を求めて―アメリカ・アディクアシー学校財政制度訴訟の動向と法理―』協同出版、2014年、押上玲奈「アメリカ合衆国の学校財政における"アデクアシ―（Adequacy）"概念に関する一考察」『東京大学大学院教育学研究科紀要』第44巻、2004年、359頁-367頁。
13　ローズ判決については、白石裕『教育の質の平等を求めて―アメリカ・アディクアシー学校財政制度訴訟の動向と法理―』協同出版、2014年、43頁-54頁も検討している。

14　Rose v. Council for Better Education, 790 S. W.2d 186, (Ky. 1989).
15　具体的には、生徒 1 人当たりの教育費支出額が、近隣州 8 州の中で 6 番目、全米で 40 番目であること、教員給与は、近隣州 8 州中 7 番目、全米で 37 番目であること、教員給与額が全米平均の 84.68% であること、生徒 1 人当たりの教育費支出額が全米平均の 78.20% であること、が指摘されていた。Rose v. Council for Better Education, 790 S. W.2d 186, (Ky. 1989).
16　アボット判決については、白石裕前掲書、66 頁 -80 頁も検討している。
17　アボットⅡ判決については、Margaret Goertz and Malik Edwards, "In Search of Excellence for All: The Courts and New Jersey School Finance Reform", *Journal of Education Finance* 25(1), 1999, pp.10-16, Margaret Goertz, "School Finance Reform in New Jersey: The Saga Continues", *Journal of Education Finance* 18(4), 1993, pp.346-365, Charles S. Benson, "Definitions of Equity in School Finance in Texas, New Jersey, Kentucky", *Harvard Journal on Legislation* 28(2), 1991, pp.412-417, を参照。
18　Tom Willis, " Kentucky ", in Steven D. Gold, David M. Smith, Stephen B. Lawton eds., *Public School Finance Programs of the United States and Canada 1993-94*, New York: The Nelson A. Rockefeller Institute of Government, 1995, pp.281-282.
19　QEA の概要については、Margaret Goertz, op.cit., pp348-355, 及び、Melvin L. Wyns, "New Jersey", in Steven D. Gold, David M. Smith, Stephen B. Lawton eds., *Public School Finance Programs of the United States and Canada 1993-94*, New York NY: The Nelson A. Rockefeller Institute of Government, 1995, pp.427-430, を参照。
20　QEA の問題点は、Margaret Goertz, op.cit., pp355-362, を参照。
21　アボットⅢ判決については、Ibid., p.355、及び、Margaret Goertz and Malik Edwards op.cit., pp.16-18. を参照。
22　Caroline Hendrie, "N.J. Finance Law Ties Funding and Standards", *Education Week*, January 15, 1997.
23　Margaret Goertz and Malik Edwards op.cit., p18.
24　Ibid., p.19.
25　William L. Librera, Richard Rosenberg, Yut'se Thomas, *Biennial Report on the Cost of Providing a Thorough and Efficient Education*, New Jersey: New Jersey State Department of Education, 2002.
26　John White, "New Jersey", National Center for Education Statistics, *Public School Finance Programs of the U.S. and Canada 1998-99*, WashingtonD.C., http://nces.ed.gov/edfin/state_finance/stateFinancing.asp.
27　アボットⅣ判決とアボットⅤ判決については、Ibid., 及び、Margaret Goertz and Malik Edwards op.cit., pp.21-28、を参照。
28　New Jersey Department of Education, Division of Finance, Division of Student Services, *Guide for Implementing Urban Education Reform in Abbott Districts*, 2000, Page I-2.
29　Illinois State Board of Education, *2002Annual Report and Fiscal Year 2004 Proposed Budget*, 2003.1.14, pp.2-3.
30　http://www.isbe.net/ils/Default.htm, 2003.12.4.
31　Illinois State Board of Education, *2002Annual Report and Fiscal Year 2004 Proposed Budget*,

2003.1.14, p.7.
32 Illinois State Board of Education, *The Condition of Public Education Illinois 2002*, p.16.
33 Ibid., pp.109-110.
34 Clyde Bradley, John Beckwith, "Are Illinois Boards of Education Losing Authority?", Presented at the Annual Conference of American Education Finance Association, Austin, Texas, 2000, March.
35 The Education Funding Advisory Board, *Recommendations for Systemic Reform of Funding for Elementary and Secondary Education in Illinois*, 2002.10.
36 教育目標を達成するのが非常に困難な生徒を指して、at-risk pupils（students）という表現が頻繁に用いられている。そしてそれは貧困家庭の子どもを指す場合が多い。
37 Augenblick & Myers, Inc., *A Procedure for Calculating a Base Cost Figure and an Adjustment for At-risk Pupils that could be used in the Illinois School Finance System prepared for The Education Funding Advisory Board*, June 2001, pp.11-16.
38 1998-99年度、1999-2000年度、2000-01年度については、以下のように規定されていた。（105 ILCS 5/18-8.05 (H)(2)）

貧困家庭の子どもの割合が20%以上35%未満の地方学区	800ドル
貧困家庭の子どもの割合が35%以上50%未満の地方学区	1,100ドル
貧困家庭の子どもの割合が50%以上60%未満の地方学区	1,500ドル
貧困家庭の子どもの占める割合が60%以上の地方学区	1,900ドル

39 白石裕前掲書、153-156頁。
40 Arthur E. Wise, "Minimum Educational Adequacy: Beyond School Finance Reform", *Journal of Education Finance* 1, 1976, p.476, James W. Guthrie, Richard Rothstein, "A New Millennium and A Likely New Era of Education Finance", in Stephen Chaikind, William J. Fowler edit., *Education Finance in the New Millennium*, Eye on Education, Inc., Larchmont, New York, 2001, pp.103-104.
41 Arthur E. Wise, ibid., pp.479-480.
42 Arthur E. Wise, "Educational Adequacy: A Concept in Search of Meaning", *Journal of Education Finance* 8(3), 1983, pp.300-315.
43 Allan R. Odden and Lawrence O. Picus, *School Finance: A Policy Perspective*, New York: McGraw-Hill,Inc., 1992, pp.51-52.
44 Robert Bern, Lenna Stiefel, "Concepts of School Finance Equity: 1970 to the Present", in Heln F. Ladd, Rosemary Chalk, and Janet S. Hansen, eds., *Equity and Adequacy in Education Finance: Issues and Perspectives*, Washington D.C.: National Academy Press, 1999, p.22.
45 William H. Clune, "Educational Adequacy: A Theory and Its Remedies", *University of Michigan Journal of Law Reform* 28(3), 1995, p.481.
46 Robert Bern, Lenna Stiefel, 1999, op.cit., pp21-22.
47 James W. Guthrie, Richard Rothstein, op.cit., pp.99-119.
48 Allan R. Odden and Lawrence O. Picus, *School Finance : A Policy Perspective, Second Edition*, Boston MA: McGraw Hill Companies, Inc., 2000, pp.58-78.
49 William H. Clune, op.cit., p.481.
50 Juli K. Underwood, "School Finance Adequacy as Vertical Equity", *University of Michigan*

Journal of Law Reform 28(3), 1995, pp.493-519.
51   Peter Enrich, "Leaving Equality Behind: New Diercions in School Finance Reform", Vanderbilt Law Review 48, pp.101-194.
52   Bruce D. Baker and Preston C. Green, "Conceptions of Equity and Adequacy in School Finance", in Helen F. Ladd and Edward B. Fiske eds., *Handbook of Research in Education Finance and Policy*, New York; Routledge, 2008, pp.203-221.
53   Peter Enrich, op.cit., pp.166-183.
54   Robert Berne, Lawrence O. Picus, *Outcome Equity in Education*, Thousand Oaks, CA: Corwin Press Inc., A Sage Publications Company, 1994.
55   Heln F. Ladd, Rosemary Chalk, and Janet S. Hansen, eds., Eguity and Adequacy in Education Finance: Issues and Perspective, op.cit.
56   Heln F. Ladd, Rosemary Chalk, and Janet S. Hansen, eds., *Making Money Matter: Financing America's Schools*, Washington D.C.: National Academy Press, 1999.
57   Allan Odden and William H. Clune, "School Finance System: Aging Structures in Need of Renovation", *Educational Evaluation and Policy Analysis* 20(3), 1998, pp.157-177.
58   James W. Guthrie, Richard Rothstein, "Enabling "Adequacy" to Achieve Reality: Translating Adequacy into State School Finance Distribution Arrangements", in Heln F. Ladd, Rosemary Chalk, and Janet S. Hansen, eds., op.cit.(註55), pp.209-259, James W. Guthrie, Richard Rothstein, "A New Millennium and A Likely New Era of Education Finance", in Stephen Chaikind, William J. Fowler edit., op.cit., pp.99-119, Deborah A. Verstegen, "Financing the New Adequacy: Towards New Models of State Education Finance Systems that Support Standards Based Reform", *Journal of Education Finance* 27(3), 2002, pp.768-779, Allan Odden, "Equity and Adequacy in School Finance Today, *Phi Delta Kappan* 85(2), 2003, pp.120-125, Michael A. Rebell, "Professional Rigor, Public Engagement and Judicial Review: A Proposal for Enhancing the Validity of Education Adequacy ", *Teachers College Record* 109, 2007, pp.1303-1373.
59   Access Quality Education, "A Costing Out Primer", http://www.schoolfunding.info/resource_center/costingoutprimer.php3（最終確認、2016年1月16日）
60   Jay G. Chambers, Thomas B. Parrish, Jesse D. Levin, James R. Smith, James W. Guthrie, Rich C. Seder, Lori Taylor, *The New York Adequacy Study: "Determing the Cost of Providing All Children in New York an Adequate Education" Volume 1 – Final Report*, American Institutes for Research, Management Analysis and Planning Inc., March, 2004.
61   Ibid., pp.4-5.
62   Michael A. Rebell, op.cit., pp.1313-1314.
63   Allan R. Odden and Lawrence O. Picus, *School Finance: A Policy Perspective, Fourth Edition*, New York: McGraw-Hill, Inc., 2008, p.80.
64   Allan Odden and Carolyn Bush, *Financing Schools for High Performance*, San Francisco, CA: Jossey-Bass Inc., Publishers, 1998, pp.163-186.
65   James W. Guthrie, Richard Rothstein, "A New Millennium and A Likely New Era of Education Finance", in Stephen Chaikind, William J. Fowler edit., op.cit., pp.110-111.
66   Allan R. Odden and Lawrence O. Picus, 2008, op.cit., p.80.

67　Allan Odden, Lawrence O. Picus, Michelle Turner Mangan, Mark Fermanich, *An Evidenced-Based Approach to School Finance Adequacy in Washington*, Prepared for the K-12 Advisory Committee of Washington Learns, 2006.
68　Michael A. Rebell, op.cit., pp.1316-1317.
69　Mark Fermanich, Michelle Turner Mangan, Allan Odden, Lawrence O. Picus, Betheny Gross, Zena Rudo, *Washington Learns: Successful District Study, Final Report*, Prepared for Washington Learns, 2006.
70　Michael A. Rebell, op.cit., pp.1317-1318, Allan R. Odden and Lawrence O. Picus, 2008, op.cit., p.79.
71　William Duncombe, *Estimating the Cost of an Adequate Education in New York*, 2002
72　Michael A. Rebell, op.cit., p.1321.
73　Herbert J. Walberg, "High-Poverty, High-Performance Schools, Districts and States" in Eric A. Hanushek, ed., *Courting failure : how school finance lawsuits exploit judges' good intentions and harm our children*, Stanford, California : Education Next Books, 2006, pp.79-101.
74　Williamson M. Evers and Paul Clopton, "High-Spending, Low-Performing School Districts", in Eric A. Hanushek, ed., ibid., pp.103-194.
75　Eric A. Hanushek, "Science Violated: Spending Projections and the "Costing Out" of an Adequate Education", in Eric A. Hanushek, ed., ibid., pp.257-311.
76　Eric A. Hanushek, "The Alchemy of "Costing Out" an Adequate Education", in Martin R. West, Paul E. Peterson edits., *School Money Trials: The Legal Pursuit of Educational Adequacy*, Washington D.C.: The Brookings Institution, 2007, pp.77-101.
77　William Duncombe, "Responding to the Charge of Alchemy: Strategies for Evaluating the Reliability and Validity of Costing-Out Research", *Journal of Education Finance* 32(2), 2006, pp.137-169.
78　Ibid.
79　Bruce D. Baker, "Evaluating the Reliability, Validity and Usefulness of Education Cost Studies ", *Journal of Education Finance* 32(2), 2006, pp.170-201.
80　David T. Conley, Kathryn C. Rooney, *Washington Adequacy Funding Study*, Oregon: Educational Policy Improvement Center, 2007, p.112.
81　Ibid., William Duncombe, op.cit..

第3章
教育成果向上の促進と学校財政制度改革

　学校財政制度の公正を実現するために、地方学区の生徒1人当たりの教育費支出の格差を是正すること、適切な教育を提供していくために必要な財源を保障していくことを目指して、制度改革が行われてきたことを見てきた。これらの改革は、教育のインプットに関わって、公正を実現しようとするものであるが、実際に成果が上がっているのかどうか、成果を上げるように効率的に投入された資源が用いられているかどうか、そうした実際の教育成果、すなわち教育のアウトプットに関わる公正も問題にされてきた。適切性の議論は教育のアウトプットを視野に入れたものであったが、実際の教育の成果として、より質の高い、水準の高い教育を実現するための方策を含むものではなかった。たとえ、格差が是正され、また適切性の観点から十分な財源が保障されたとしても、その資源の運用が不適切であったり、非効率的であって、成果が上がらないということも考えられる。学校財政制度には、教育成果向上策を伴うことが必要である。

　学校財政制度において教育成果の向上を問題にするために、本章では、第一に、教育のインプットとアウトプットとの間の関係についての考察を行う。教育のアウトプットである教育成果を向上させるために、どの程度の資源をどのように配分すればよいかを明らかにすることが必要となるが、それにはイ

ンプットとアウトプットとの関係、投入された資源がアウトプットとして産出されるプロセスを捉えることが求められる。アメリカ合衆国での研究動向を踏まえながら考察を行う。その上で、第二に、実際に州において実施されている教育成果を促す方策について検討を行う。具体的には、アカウンタビリティの制度、学校を基礎にした財政運営（School-Based Financing）を取り上げる。最後に、教育成果向上の促進の観点から学校財政制度の公正について考察を行う。

第1節
教育費支出と教育成果との関連

　学校財政制度をめぐる議論において、前提とされていることは、投入された資源とその結果として現れる教育成果との間に関係があるという考え方である。学校財政制度において教育費格差が問題とされるのは、投入される教育費が異なれば、その成果も同様に異なるということが前提とされている。適切性を求める改革も、適切な教育を生み出す教育費の水準が問題とされており、教育成果と投入される教育費との間に関係があることが、その議論の基礎となっている。

　しかし、こうした考え方については、アメリカ合衆国において、長い論争の歴史がある。実証的研究においても相反する結論が導かれたりして、著しい見解の対立が存在している。いずれにしても、投入される資源と教育成果との関係、すなわちインプットとアウトプットの関係に関してどのような考え方をとるかは、研究レベルにとどまらず、実際の教育政策や学校財政制度のあり方にとっても重要な意味を持つことになる。

(1) 学校におけるインプットとアウトプット

　組織の経営を考えるとき、組織あるいはその生産過程に投入するインプッ

トとその結果として生み出されるアウトプットを明確に捉え、そのあり方を検証することが重要となる。インプットに見合うアウトプットがあるのか、インプットが浪費されていないか、また逆に、目指すべきアウトプットに必要なインプットが投入されているのか、こうしたことを常に点検し、改善を図っていくことが必要となる。

ところが、学校に関しては、インプット、アウトプット及び両者の関係について、その内容を捉え、明確に示すことは容易なことではない。特にアウトプットは、具体的な形で必ずしも捉えられない側面もあり、また観点が違えば、異なった捉え方になることもあり得る。アウトプットを単純にペーパー試験の点数に限定的に捉え、その成果を評価しようとする見方に対して、教育をゆがめるとして厳しく批判されることもある。しかし、資源の制約が強く意識されるようになるにつれて、どのような成果が生み出されたのか、またそのためにどのような資源が、どの程度投入され、どのように活用されたのかを明らかにするよう求められ、効率性が強く要求されるようになってきていると言えよう。このことはアメリカ合衆国と日本とで共通している点であろう。その意味で、教育のインプットとアウトプットの捉え方を検討することは重要である。

インプットは、その生産過程に必要な資源、あるいはそれに影響を与える要素を指すものとして捉えることができる。学校の場合には、まず教育を提供する上で必要な物的、人的資源になる。それらは、購入されるものとされないものとがある。最も一般的なものは購入される資源であり、購入する資金額によって捉えられる。一般的には、生徒1人当たりの教育費支出（per-pupil expenditures）になる。これは、資源に関わる費用であることから、客観的な数値として表される。購入されないものとしては、寄付によって学校に提供されるものをあげることができる。これらも費用をかけることなく、学校の物的環境を向上させており、重要なインプットとなる。また人的資源についても、教員をはじめさまざまな職員を雇用することにより学校は成り立っている。その資格の水準、経験年数などにより、給与が決定され、それが学校に必要な費用となる。またボランティアが学校に関わることも少なくないが、そういう人たちについては、物的資源と同様、購入されずに学校に提供される

資源ということになる。また生徒やその家庭も学校にとってはインプットになる。それらが学校の教育のあり方や結果に大きく影響するものであり、学校に入ってくる存在である[1]。このように、さまざまな要素が学校のインプットにはあり、それらを十分に考慮することが必要となる。

　以上のようなさまざまな要素を含めて、購入される費用によってインプットを捉える場合においても、その費用を単純に捉えることはできない。その費用が十分なものであるのかどうか、学校や地方学区にとってその費用の意義を評価するときには、十分な配慮が必要となる。問題となるのは、地域性と生徒のニーズである。地域性が問題となるのは、費用が地域によりその価値が異なるからである。物価の高い地域と低い地域では、同じ資源を購入するにもその費用に相違が生まれることになる。また学校教育の提供が、福祉などの行政サービスと連動する必要がある地域では、費用の負担がより重く認識される。人口密度が低く、規模の小さい学校を設置せざるを得ない地域などでは、通学バスに費用がかかったり、規模が小さいがために費用効率が悪いなど、地域性により費用の価値がかなり多様となる。物価は、地方学区ごとに生計費指標（a cost-of-living index）を用いて費用の調整を行うことができる。また地域性は教員給与に直接的に反映される。居住環境がいいかどうかは、優秀な教員の雇用に影響を与える。犯罪率が高いなど居住環境が悪い地域は、なかなか教員が集まらないという状況にある。そのために同じ水準の教員を採用する場合でも、居住環境が厳しい地域にある学校では、給与水準を他の地域よりも高いものにしておくことが必要となる。したがって、こうした多様性をいかに組み込んで、教育のインプットを捉えるかが問題となる。

　生徒のニーズが問題となるのは、家庭の貧困さ、心身の障害、英語を母語としないといった教育を受ける上でのさまざまなハンディのある生徒には、他の生徒よりもより手厚い教育が必要となり、そのハンディをどのように捉えることができるかが問われる。

　次に、アウトプットはさらに複雑である。教育により生み出されるものをどのように捉えるのか、必ずしも客観的に数値などで表されるものだけではないことから、難しい問題である。学校のアウトプットは、学校や生徒の業績

として捉えられる。performance あるいは achievement と表現されることが多い。その中心は学業成績である。ペーパー試験の点数によって捉えるのが一般的である。1983 年の「危機に立つ国家」以降は、学力向上への人々の意識が高まり、試験の成績の向上を学校が強く求められている。しかし、学校での教育による結果は、試験の成績に限定されるものではないことは言うまでもない。こうした狭い捉え方は、アメリカ合衆国において人々が学校に求めている目標を考慮しないものとなる。性格、市民性、心身の健康における改善を促進することも学校に期待されることである。また学校における経験自体が価値あるものとして捉えられることもある。そういう中で、学業成績に焦点を当てることは、学校のアウトプットを捉える困難さを縮減することにはなる。しかしそれでもなお、どのように測定するのか、それが本当に学力を正確に捉えているのか、教育の成果をどのように測定するのか、それらについて見解の一致はなく、困難さは解消されるわけではない[2]。

　インプットもアウトプットもいずれも、一元的に、単純に捉えられるものではなく、さまざまな要素を考慮する必要があるとともに、究極的には、学校の社会的責任をどのように捉えるか、公教育に関する基本理念の捉え方が問われてくると言えよう。

(2) 教育費支出と教育成果との関連をめぐる議論

① 教育費支出と教育成果との関連を否定する見方

　学校財政制度のあり方に対して、「お金は意味があるのか（Does Money Matter?）」という問いが発せられている[3]。そこには、1つには公教育に対する公費の投入に対する懐疑がある。それは、教育費支出は著しい増大を示しているにもかかわらず、その間の生徒の成績は伸びていないというものである。公費が効率的に用いられていないという批判である。ハヌシェクによれば、全米の公立初等中等学校の実支出額は、1890 年には 20 億ドルであったのが、1990 年には約 1,900 億ドルに上昇、GNP 比で言えば、1890 年には 1% 未満であったのが、1990 年には 3.5% 以上に上昇、生徒 1 人当たり実支出額につい

てみれば、1890年には164ドルであったのが1990年には4,622ドルに上昇したという。これに対して生徒の成績は、全体的にはせいぜい横ばい、むしろ低下傾向にあると捉えている。1967年から1993年までのSATの成績の推移について、1960年代半ばから1970年代の終わりまで、SATの成績は低下傾向にあること、1980年代にはいって回復傾向が見られるものの、一貫性はなく、また十分なものではないこと、マイノリティの生徒の成績は、そのギャップは縮小しているものの、白人の生徒より常に成績は悪いことを指摘している。また1970年代初めから1990年代初めまでのNAEPの成績についても検証し、読みの成績はわずかに上昇しているものの、数学の成績は改善が見られないこと、理科の成績は低下していること、黒人と白人の生徒の成績のギャップは縮小しているものの、まだまだ大きいことを指摘している。これらのデータに基づき、生徒の成績に改善が見られないことを強調している[4]。こうした見方から、ハヌシェクは、教育改革を進めるにあたってより多くの資金を求める考え方を批判し、効率的な資金の運用を促す仕組みを整えることを主張する[5]。

　こうした主張は、教育のインプットとアウトプットとの間には関連がないという見方に基づくものである。ハヌシェクは、1970年代から1980年代にかけて公表された38の論文や研究書に用いられた187の研究を対象として、インプットの変数とアウトプットの変数の間の関係に関する検証を行った。取り上げられたインプットは、教員・生徒割合、教員の教育水準、教員の経験、教員給与、生徒1人当たりの支出、管理的インプット、施設の7項目であり、これらのインプット変数と生徒の成績との関係が統計的に検証されたわけである。その結果、変数ごとで数値は異なるが、統計的に有意で、しかもポジティブな関係、すなわちインプットの資源をより多く投入すると、その成果もプラスに増大するという関係となったのは、せいぜい3割程度になった。こうした結果に基づき、ハヌシェクは、「学校の支出と生徒のパフォーマンスの間には、強い、組織的な関係はない。」という結論を導き出した[6]。

② 教育費支出と教育成果との関連を肯定する見方
　以上のようなハヌシェクの主張に対して、それとは反対の解釈をする見方

もある。教育費支出の著しい増大にもかかわらず、生徒の成績は伸びていないという主張に対しては、まず教育費支出額の推移におけるデフレーターが問題にされている。それは、教育制度に用いられる費用は、一般の価格デフレーターよりも早く上昇するという点である。教育のような労働集約的なサービスにおいては共通の現象である。したがって、初等中等教育に適した指標で計算すると、その上昇率の値はかなり小さくなる。1970年代半ばから1990年代初めまでで、一般の物価指標では50%の上昇のところ、初等中等教育に適した物価指標では29%の上昇に過ぎず、またこの上昇も通常の生徒についての教育費に限ると、まだ実際よりは大きな値であるという。というのも、その上昇の多くは、障害のある生徒のための特別教育に充当されてきたからである[7]。しかも障害のある生徒たちの多くは、テストを受けていないという事実がある[8]。また生徒の成績についても、人種、民族による違いに注目するならば、ヒスパニック系の生徒や黒人の生徒、成績の低い白人の生徒についてみると、実質的な成績向上が見られた。つまり、NAEPの点数で横ばいかわずかな上昇になっていたのは、不利な立場にあるとは分類されない大多数を占める白人の生徒に対してのみの減少であり、マイノリティであるヒスパニック系の生徒や黒人の生徒については、成績は伸びていた[9]。とりわけ、テネシー州などでのクラスサイズ縮小の影響に関する研究は、マイノリティの生徒に重要な影響を及ぼしていることが実証されており、資源投入が特にマイノリティの生徒に意味のある結果をもたらしていることが研究によって示されている[10]。

　また学校の支出と生徒のパフォーマンスの間には、強い、組織的な関係はない、という主張に対しても、その研究手法に対する疑問が提示され、その結論を再検証する動きが活発に行われてきている。ハヌシェクと同じ研究を対象としながら、異なった結論を導き出す研究が見られるようになった。ヘジス（Larry V. Hedges）らは、ハヌシェクの分析手法[11]を問題にし、統合有意差検定（Combined Significance Tests）と効果量分析（Effect Size Analysis）を行って、ハヌシェクと反対の結論、すなわち大部分の資源について、資源と成果との間に正の関係が支持されるという結論を導き出した[12]。さらに、1990年以前

の文献に関して総合的な検討を行ったグリーンバルド（Rob Greenwald）らの研究は、分析対象の文献を精選し、データの妥当性を高める作業を経たのち、ヘジスらと同様に、統合有意差検定と効果量分析の方法を用いて、生徒1人当たりの支出、教員の能力、教師教育、教員の経験、教員給与、教員・生徒割合、学校規模の変数ごとに分析を行い、広範囲の学校のインプットが生徒の成績にポジティブに関係し、その関係の大きさは、支出において並みの増大が成績における有意な上昇をもたらすことを示唆するほど十分に大きいものであるという結論を導き出した[13]。

③ 研究課題

ハヌシェクの見方に対しては、教育費の上昇は実際よりは過大に測定され、生徒の成績の低下傾向も、生徒の属性や家庭背景を考慮しない不十分な分析であったこと、研究手法の問題などが批判されている。研究手法の精緻化が課題となる。

学校に投入された資源が、効率的に、しかも効果が上がる方法で、用いられているのか、そうした問いに答えるために、インプットとアウトプットの関係について実証的な研究がなされてきた。その中で、生産関数に関する経済学的概念が、生産プロセスにおいてインプットが体系的に望ましい成果に転換される方法に光を当てており、両者の関係を実証する枠組みを示す点で重要な役割を果たしてきた[14]。上述したように、これまでの研究において一貫した結論を得ることはできておらず、また、生産関数によって教育のプロセスを描くことはできないのではないかといった批判もある。こうした問題に応えるために、複雑な教育プロセスの実態を捉えることができるようなより緻密な方法が探究されている。ライス（Jennifer King Rice）は、4つの問題を提示している。すなわち第一に、教育のインプットにはさまざまな資源があり、それらが相互に絡み合って全体的な資源のパッケージを形成している。そうした資源の複雑な形態を踏まえることが必要となる。これまでの研究は、そうした資源の間の複雑な相互作用に注意を払ってこなかった。第二に、教育の生産プロセスの多面性に注意を払うことである。教育のプロセスには、家庭も

関わり、また学級、学校、地方学区のそれぞれの影響が、生徒の教育体験の全体を形成しており、その多面性を捉えることが必要となる。第三に、単一の生産関数だけが妥当するわけではないことを認識し、多様な生産関数の存在を探究し、その上で、共通の生産関数を共有する生徒群を確認することが求められる。第四に、教育のダイナミックを捉えることである。ある時点での教育の結果の状態は、さまざまなインプットの累積的な影響の結果であることから、ある特定の時点よりも、変化や成長の観点から影響を測定することも必要となる[15]。

　以上の方法のほか、インプットとアウトプットの関係の効率性を測定する方法としては、3つのものがある。それは、調整業績測定（Adjusted Performance Measures　APMs）、データ包絡分析（Data Envelopment Analysis　DEA）、費用関数（Cost Functions）である。APMsは、学校のコントロールの及ばない要因の影響を推定する技法である。DEAは、学校の効率性の違いを相対的に測定する技法である。費用関数は、特定のアウトプットを生み出すために必要な最低の費用を捉えるものである[16]。これらの方法は、いずれも、教育生産関数と同様に、経済学的なアウトプット・インプット理論を基礎にしている点で共通するものである。

　その他、タイラー（Corrine Taylor）は、教育のインプットを測定する際に、各地方学区の費用負担の実態や生徒の抱えるニーズの違いを踏まえることの重要性を指摘し、単純な生徒1人当たりの教育費支出ではなく、そうした違いを調整したインプットを測定し、その数値と生徒の成績との関係を明らかにしようとした。その結果、両者の間に強い関係があるという研究仮設を強く支持するまでには至らなかったが、正の関係があることは示された[17]。また、ウェングリンスキ（Harold Wenglinsky）によって、地方学区の教育費支出を一括して扱うのではなく、さまざまなタイプに分類し、生徒の成績に影響を与えるタイプの教育費支出に焦点を当てるとともに、学校風土に着目し、それが生徒の成績に与える影響を考慮した研究も行われている[18]。

　このように教育制度において、インプットとアウトプットの間に相関関係があるのかどうかに関する研究では、すべての者が合意できる結論が導かれて

いるわけではないものの、研究手法の改善などその解明に向けた研究が続けられている。ただ最近は、両者の関係をより緻密に、正確に捉える研究が深められることにより、正の関係にあるとする見方が有力になっているように思われる[19]。

　教育は、当然のことながら、さまざまな要因が影響する複雑な営みである。インプットとアウトプットとの関係を量的に測定しようとする場合には、その複雑さを単純化して捉えることになる。そのため、その結果得られた知見が必ずしも現実の全体を正確に表していないということが考えられる。それゆえ、アメリカ合衆国では、これまで見てきたように、現実の教育に即してその要因を取り上げ、教育のプロセスを捉え、解釈することに取り組まれている。さらに、さまざまな方法が用いられているが、同じデータを用いて分析したとしても、方法が異なれば、異なった結果になることが示されている[20]。このことは、学校に関わるインプットとアウトプットとの関係について信頼できる形で実証することが非常に困難であることを示しており、またどのような地域、学校でも通用する教育生産関数の標準的なモデルを確定することはできない、あるいは望ましくないという見方も示されている。学校が抱えるさまざまな条件を考慮に入れるとき、単純にインプットとアウトプットとを関係づけることは、実際の状況を正確に捉えたことにはならないであろう。またそうした知見は、現実をゆがめて捉えることにもなりかねない。したがって、学校を改革する戦略を考えるとき、どのような条件の下で、どのようなやり方が、その目標を達成することになるのか、個別、具体的に、そしてその条件に適した方法を探究していくことが求められる[21]。

　ライスは、教育生産関数の研究は、決して万能薬ではないと述べている。生産関数のパラダイムは、生徒のテストの点数の観点から測定される効率性をもっぱら捉えるものであるが、教育はその観点からだけで捉えられうるものではなく、他の社会的価値、例えば公正や自由といった観点からの評価も必要となる。そのためには、政策担当者には、規範的判断も欠かせない。ライスは研究の有用性に対する的確な認識の重要性を述べている[22]。教育生産関数の研究は、学校での教育の現実の姿をより正確に記述できるように発展す

る必要があるとともに、その限界を的確に踏まえた価値判断も重要であると言えよう。

　以上のように、「お金に意味があるのか」という問いが投げかけられてきたのは、1つには、財政事情の厳しさにあると言える。すなわち潤沢な財政的ゆとりを期待することができず、限られた資源の効率的運用が強く求められている。第二には、学校の質に対する不信感があると思われる。公教育費の上昇が見られるにもかかわらず、学校は、生徒の成績を十分に引き上げていないのではないか、という不信感である。このような不信感を払しょくする取り組みも必要となるであろう。教育成果の向上を促進する方策を組み込んだ制度設計が検討されなければならない。

第 2 節
教育成果向上の促進策と学校財政制度との関連

　オッデンとクルーンは、1990年代の終わりごろに、教育成果向上の促進の観点から、成果の向上を促すインセンティブを学校財政制度に組み込んでいく上で、現行制度の問題点を次のように指摘していた[23]。

　第一は、学校への資金提供の欠如、すなわち学校財政制度が学校を基礎にしたプログラム政策と関連づけられていないという問題である。学校選択制度、チャータースクールなどの改革は、学校単位での革新的な教育の実施を促すものであり、それを支える学校を基礎にした財政制度を構築する必要性が議論されていた。また前章でみたように、1980年代後半からの「体系的改革」において、学校がマネジメントやガバナンスの焦点となり、より高い成果を上げるための方策として学校を基礎にした経営、SBM（school-based management）が主要な問題となってきていた。これまでの学校財政制度の議論及びその実態は、学校単位が問題となることはなかったのであり、制度的課題として指摘されていた。

　第二は、インプットに焦点化されて学校財政制度が整備されてきたために、

アウトプット中心の改革とは十分に関連づけられてこなかったことである。これは、前章において見たように、「適切性」の観点からの学校財政制度をめぐる議論が活発に展開されてきており、アウトプットを視野に入れた学校財政制度のあり方が議論されるようになってきていた。しかし学校財政制度は、インプットに基づく制度化が図られてきており、アウトプットとの関連を強化していく必要性が認識されていた。

　第三は、今日の基準による教育改革とローカルコントロールとの対立である。伝統的な地方学区中心の学校の管理運営と1980年代以降の教育改革の動向との間に対立関係が見られるのであり、教育制度全体をどのように構築していくかが課題とされていた。

　そして以上のような問題点を克服し、高い成果を上げることを促す方策として、学校を基礎とする財政制度への移行、教員保障政策の再編、学校へのインセンティブの提供という3つの方策が提示されていた。

　前章においても見たように、1980年代には学校改善、教育の質的な改善の観点から学校財政制度のあり方が研究されるようになり、学校財政制度の適切さが、教育成果をも視野に入れて検討することが課題となってきている。教育の成果、アウトプットを制度の中に位置づけ、その向上を促す制度を整備していくことが課題とされるようになった。したがって、学校財政制度の適否は、教育成果向上の仕組みがどのように組み込まれているかという関連からも検討される必要性が認識されるにいたったと言える。

　教育成果向上の観点からの学校財政制度の改革は、その条件を整備する改革としてのSBM、そして教育成果向上に対するインセンティブを組み込むアカウンタビリティ制度の整備が、今日、進められている改革である。以下、これらの改革の概要について検討していく。

第1項　アカウンタビリティ制度の整備

(1)　アカウンタビリティの要求運動の展開

　投入した資源に見合った成果が上がっているのかどうか、行政に対してその責任を問うアカウンタビリティの制度が、アメリカ合衆国では整備されてきている。アカウンタビリティの要求が活発に提起されるようになったのは、1960年代後半以降であり、州においてアカウンタビリティ確保のためのさまざまな方式が整備されてきた[24]。その背景としては、大量のドロップアウトや学力の低下が顕著となり、教育の生産性に対する疑念が高まったこと、重税負担を強いられた市民が教育費に対する反感を高めたこと、消費者の意思決定への参加要求が高まり、その満足度を得ることが重要となったこと、などが指摘されている[25]。また各州におけるアカウンタビリティの確保の方式は、多様な方式が採用されていたようであり、パフォーマンス・コントラクティング（Performance Contracting）という外部請負制度を活用した方式、NEAによる専門職化運動を通じて、教師の自律性において責任を確保しようとする方式、ヴァウチャー制度など学校選択制度を通じて責任を確保しようとする方式が展開されていたという[26]。

　アカウンタビリティの要求は、1983年の「危機に立つ国家」以降の教育改革の展開により、その内容に影響を受けることになった。すなわち、学力低下に対する強い危機意識に促され、生徒の学業成績の向上を明白に求めるものとなったと捉えられる[27]。「危機に立つ国家」は、学力低下に対する警鐘を鳴らすものであったが、1990年代に入り、全米的に到達目標を具体的に明示し、その実現を全米の学校に求めていく動きが展開されるようになった。結果を出すように具体的に求められるようになっていったと言える。

　「危機に立つ国家」は、全米的に教育が重大な問題に直面していることに警鐘を鳴らしたが、それは具体的な基準を設定し、それによる改革を進めることを対応策として示していたわけではない。この警鐘に促され改革運動が進められていく中で、基準に基づく改革運動（standards-based reform movement）あ

るいは単純に基準運動（standards movement）と呼ばれる運動が全米的に展開されるようになったのは、基準に基づく教育がアメリカ教育の2つの重大な弱点を緩和する可能性を持っていることが明らかになってきたことにあったと考えられる。その2つの弱点とは、一貫したカリキュラムが欠けていることとアウトプットよりもインプットを強調する見方であった[28]。前者の問題は、教師によりその授業内容、方法が異なり、教師相互にその内容についても調整が取れないままであるという問題である。アメリカの学校は各学年において何が取り組まれるべきか、はっきりとは示してきたとは言いがたい状況であった。後者の問題は、インプットかアウトプットかをめぐる問題であり、古い考え方ではインプットを重視し、教育はプロセスと制度として、努力と意図として、投資と希望として捉えられるが、新しい考え方では、教育は達成された結果であると捉えられ、結果の証拠がなければ、教育はないと捉えられる。基準による教育は、カリキュラムを明確にし、そして教育の結果を明らかにするものであり、教育改革の戦略として広がっていったと捉えられよう。

(2) 教育サミットの展開とアカウンタビリティ制度の整備の動向

　教育の成果を上げることを具体的に求める動きをいっそう促したのは、1989年に初めて開催され、1990年代半ば以降活発に開催された教育サミットであった。これは大統領の呼びかけで、全米の知事が集まり、教育改革について議論し、声明を公表したものであった。このサミットにより、目標設定という考え方が示され、新たな動きを刺激することになった。このサミットの後、全米の教育目標を明示した「Goals 2000: アメリカ教育法」が成立し、2000年までの全米的な教育目標の設定が行われた。その後、1996年、1999年、2001年と教育サミットは開催され、設定された目標の実現に向けた取り組みが議論され、実施されてきた。そうした動きの中で、アカウンタビリティを確保するための制度化が、ほとんどすべての州において取り組まれてきている。
　ここで、アカウンタビリティ制度とは、「特定の機能領域において変化を生じさせることを意図したある結果を、パフォーマンス指標に与えることにより、

特定の教育目標を達成するために用いられる」と定義されている[29]。

1) 1996年教育サミット

　1996年のサミットでは、ビジネス界のリーダーも招かれ、ビジネス界の意向が強く反映されたものとなった。そのサミットは、アカデミック基準を定義する特別なステップをとり、学校を結果に対して責任を持つ存在にすることを宣言した。知事は、アカデミック基準を発展させ、それらを迅速に州政策に移すことを宣言し、ビジネスリーダーは、生徒の成績証明書に反映されているアカデミックの到達度を、採用の過程で考慮することを宣言した。ビジネスリーダーの参加は、新しい意味でのエネルギーと緊急性をテーブルにもたらした。ビジネス界の関与は、以前にはなかった政治的支援と合理性の要素を加えた。全米のビジネスリーダーは、目標を設定し、基準を定義し、教育の進歩を測定する努力に対する頼りになる支援者であった[30]。目標設定、基準設定、教育の進歩の測定を行い、学校を結果に対して責任を持つ存在とすることを宣言したものであり、アカウンタビリティ制度の整備を促すものであった。

　このサミットの後に、各州においてアカウンタビリティ制度が急速に整備されていくことになる[31]。まず、基準設定についてみると、英語、数学、科学、歴史/社会科という主要な4教科に関する基準を設定していた州は、1996年においてはわずかに14州であったのが、1999年には45州にまで増加した。こうした基準の設定に応じて、その成果の評価のあり方に変化が見られた。1996年において、39州が州全体の評価を行っていたが、そうした評価は、基準に対する到達度を評価するというよりも、学校や地方学区の熱意を測るために用いられたに過ぎなかった。ところが、2000年までには、48州が読みと数学に関する評価を行うようになったが、それは、州の基準に対する生徒のパフォーマンスを評価するものであり、設定された基準に応じた評価制度の整備が進んだと捉えられる。さらに、評価結果に対する対応においても変化が見られた。1996年において、高い業績を上げた学校に報酬を与えていた州はわずかに7州、業績の低い学校に援助を与えていた州はほとんどなく、制

裁を与えていた州は 11 州という状況であったが、サミット後には、業績の低い学校を公に知らせる評価制度を用い、業績の低い学校に対して援助を与える州が 19 州、十分な進歩をするのに失敗している学校に対して何らかの結果を与える州が 16 州、年々重要な進歩をしている学校に報酬を与えている州が 14 州となった。基準設定や評価制度の整備に比べて、かなり少なくなっているものの、評価結果に対して何らかの対応を制度化している州が増えたことは明らかである。その他、州は、生徒に対するインセンティブを設定するようになっている。卒業試験、進級試験の設定、成績の低い生徒に対する対策をとるよう学校に要求し、資金提供をする州がある。

2) 1999年教育サミット

1996 年のサミットからわずか 3 年後に、更なるサミットが開催された。この 1999 年のサミットは、1996 年のサミットで宣言された目標設定、基準設定、教育の進歩の測定を実施するだけでは、十分な成果を挙げられないことが問題とされたと見ることができる。次のようなことが問題として指摘されていた[32]。

- すべての生徒が新しい基準を満たすということを保障するために、学校内でどんな変化がなされる必要があるのか。
- より高い基準を目指して教えるようにどのように教師を準備させ、教師のための基準も引き上げなければならないのか。
- 新しい基準を重大に受け取るように学校と生徒を促すために、どんなタイプの報酬とパフォーマンスための結果が必要となるのか。
- 結果に対する厳しいアカウンタビリティを維持しながら、学校の間でより大きな選択と多様性をどのように促進するのか。
- これらの努力において成功するために必要な、強力な公のサポートをどのように保障するのか。

こうした問題は、学校において成果を上げるために何をすべきか、その方

策を明らかにすることが認識されていたと言えよう。それが1999年のサミットの課題であったと捉えられる。

1999年サミットでは、州知事、ビジネス界のリーダーのほかに、教育関係者が加わることになった。教育長、教育委員、州長官、大学の学長からなる教育関係者が、州知事やビジネス界のリーダーと同じテーブルに着くことになった[33]。

このサミットで提案されたことは、第一に教師の質を改善すること、第二にすべての生徒が高い基準に到達できるように援助すること、第三にアカウンタビリティの強化、という3点であった[34]。教師の質を改善するために、教員養成教育プログラムを改善し、その入学と卒業の要件を引き上げること、より高い基準に向けて授業ができるように知識と技能を教師に与え、授業を改善し、組織の変革を経営できる技能をスクールリーダーに与えるプログラムに職能開発のための資源を集中させること、優秀な教師やスクールリーダーをひきつけるための競争的な給与構造を発展させることをサミットの声明は提案していた。

生徒の成績を引き上げるための援助に関しては、学校レベルでの取り組みについてさまざまな提案がなされた。厳格なカリキュラムを編成すること、州の基準やテストに見合った職能開発プログラムを作ること、学校選択やチャータースクールを拡大させ、すべての学校に職員や資源に関する自由、管理権を与えること、基準を満たしていない危機的な生徒に対するプログラムを発展させ、またそうした生徒のためのボランティアのチューターを養成すること、が提案された。

結果に対するアカウンタビリティの強化に関しては、成功に対するインセンティブと失敗への対処を設定すること、教育者に対する柔軟性と支援を増大させること、校長や教師が同僚を選んだり予算をコントロールしたりする能力を向上させること、著しく成功している学校を認め、報酬を与えること、低い業績の学校には追加的援助や資源を持って介入すること、などが提案された。

以上のように、成果の向上のための具体的な提案がなされていた。それら

の提案はいずれも、学校や教師に焦点が当てられ、その能力を向上させ、またインセンティブを与えながら、必要な支援を提供し、学校レベルで、生徒の成績向上のための取り組みを促す方策が提案されていたと捉えることができる。

1999 年の教育サミットで提案されたことは、多くの州で実行に移された。特に 1999 年段階ではまだあまり取り組まれていなかったアカウンタビリティ制度についても、進展が見られた。学校に関するレコードカードを求めていた州は、1999 年では 36 州であったのが 2001 年には 44 州に増加、すべての学校に順位をつけるあるいは成績の低い学校を特定している州は、1999 年には 19 州であったのが 2001 年には 27 州に増加、成績の高いあるいは著しく改善した学校に報酬を与えている州は、1999 年には 13 州であったのが 2001 年には 20 州に増加、失敗している学校を閉鎖する、あるいは再建する権限を持つ州は 1999 年には 11 州であったのが 2001 年には 13 州に増加、というように、いずれも増加傾向にあった[35]。ただ全体的に見れば、レコードカードを除けば、せいぜい半数の州かそれ以下の州しか制度化がなされておらず、結果に対するアカウンタビリティを具体化するのは容易なことではないと推測することができる。

3）2001年教育サミット

2001 年の教育サミットでは、生徒の間の成績の格差、とりわけ、白人の生徒とマイノリティの生徒との格差が、1990 年代に拡大したことを問題視し、格差の是正に取り組みながら、パフォーマンスの改善を援助することが目指された。そのための方針として、次の 3 つが提起された。すなわち第一に結果の測定、第二にアカウンタビリティの強化、第三に授業の改善という 3 つであった[36]。

第一に、結果の測定については、子どもがどのように学んでいるかに関して、教師や保護者がより理解できるようにすることだけでなく、生徒の成績の改善が必要なところに資源や支援を集中させることができるようにすることが目的とされる。具体的に、次のような方針が示された。

- 基準に対する進歩を測定するテストになるようにテストの質を変えること。
- 生徒、保護者、教師が、何がテストされるかが分かるように、制度の透明性を高めること。
- テスト結果が可能な限り早く学校や保護者に返されるように、制度の有用性を高めること。
- 生徒や学校の進歩を毎年追跡することができるように、州のテストの制度が、その結果を学年ごとに比較することができるように、比較可能性を高めること。
- 州のテストが地方や教師によるテストと一貫性を持つこと。
- データを戦略的に用いること。

　第二に、アカウンタビリティの強化については、すべての生徒が高い基準に到達するための平等な機会を保障するために、州のアカウンタビリティ政策は、確かで、公平で、バランスの取れたものであることが必要であるとして、以下のような方針が示された。

- 十分に段階を踏んで導入すること。学校が基準に沿ったカリキュラムを実施し、教師に基準に基づく研修を提供するための十分な時間と支援があることを、アカウンタビリティ制度は保障する。
- 介入の前の援助。アカウンタビリティ制度は、成績の低い学校に対して、介入する前に援助を提供する。
- より柔軟な制度。成績の低い生徒に対する介入や支援を提供するために、学校カレンダーや授業日数や年数を拡大したり、大規模なチュータープログラムの開発を奨励したり、柔軟に制度を再編成する。
- 制裁。アカウンタビリティ制度は、失敗している学校に生徒が閉じ込められたままであることを認めない。技術的財政的援助の後でも失敗している学校が進歩することができないならば、学校のマネジ

メントを変化させたり、スタッフを入れ替えたり、生徒を他の公立学校に転校させる選択権を保護者に与えるなど、より思い切った行動を州は取るべきである。
- アカウンタビリティの共有。校長、教員、教育行政担当者、政策担当者すべてが、アカウンタビリティに関わり、責任を持つようにする。
- 大学入学や就職との連携。ハイスクールの評価が大学入学基準と一致すること、企業と連携して、ハイスクールの成績により就職の採用などで優遇するなど、生徒のインセンティブを与えるようにする。

第三に、授業の改善については、教職をより魅力的なものにし、教師が結果に対して専門職的な責任を受け入れるようにならなければならないとしている。具体的には、以下のような方針が示された。

- 採用と養成教育。多様な人材を採用できるようにするとともに、教科内容、州の基準、効果的な授業実践に対する深い理解ができるような養成教育が必要である。
- 手段と支援。基準に合致した質の高いカリキュラムや教材が必要である。さらにそうしたカリキュラムや教材を実践に移すことができるように、教師に対する研修が必要である。
- 教員給与。教員給与を競争的にし、技能、業績、責任に応じて給与に差をつけ、そして数学や科学のように重要な教科での不足に給与を結びつけるようにする。
- ニーズと力量とを適合させること。最も力量があり、経験豊かな教師が、最も援助を必要とする生徒を教えるようにする。

以上のように、成績が向上するための具体的な方針が示されていたと言える。これらの方針は、いずれも連邦政府によって設定されたものではなく、州知事をはじめ、ビジネス界や教育関係者が関わって作られたものである。実際の当事者の意向が反映された形で、方針が示されていたと捉えられる。

(3) 教育改革時代のアカウンタビリティ制度の概要

1) アカウンタビリティ制度の改善の観点

これまで見てきたように、1990年代には、教育内容に関する基準設定とその水準向上、教育の成果を測定する評価制度の整備、成果の向上を促すインセンティブを伴うアカウンタビリティ制度の整備が進められていた。これらの要素は相互に密接に関連しており、教育内容の基準、評価制度をも含めて、アカウンタビリティ制度として捉えることができる。各州において、アカウンタビリティ制度は教育改革の取り組みの中で、改善が図られてきている。

では、アカウンタビリティ制度は、どのような観点から評価され、その改善に取り組まれているのか。アカウンタビリティ制度に対する評価の観点についてみておこう。

〈Achieve Inc. による評価〉

1996年の教育サミットの後に、州の改革を支援する組織として設立されたAchieve Inc.[37]は、1998年から各州の制度をベンチマークする取り組みを行っている。それは、各州が自らの政策や業績を他の州や国々の最善のものと比較し、その改善を図ることができるように、評価をして情報を提供する取り組みである。1998年に、そうした取り組みを促進するためのプロジェクトがミシガン州において実施された[38]。そこで、ミシガン州においてどのような評価がなされたのか、具体的に見ておこう。

まず評価の観点についてみておくと、教育内容の基準に対しては、他の州や他の国の基準と比較してどのような内容になっているか、基準が明白で、特定的で、測定可能なものになっているのか、基準の質を強化するためにどのような改革が可能か、という点が検討された。評価制度に対しては、州の評価の項目が、州の基準における期待とどれほどうまく適合しているか、州の評価がどれほどチャレンジングか、テストが任意の学年にとって適切な範囲の難しさをカバーしているか、全体として基準に記述されている内容の知識とスキルについてすべての範囲をよく表しているか、という点が検討された。

以上の観点からミシガン州に対しては、次のような評価がなされた。

　ミシガン州は、地方学区に対して、モデルとなる教育内容のガイドラインを提供し、コアとなる教科において州の開発した評価を行ってきた。1996年に、州教育省は、それまでの教育基準に代えて、コア教科についてのカリキュラムフレームワークを設定した。生徒の成績の向上の測定のために、初等学校、ミドルスクール、ハイスクールの生徒について、読み、書き、算数、理科の評価を州が行っている。また1999年からは、第5学年、第8学年、第11学年での社会科の評価を始めることになる。州の評価制度は、個々の学校の到達度の結果のレポートに焦点づけられたアカウンタビリティ制度の基礎を形成している。アカウンタビリティ制度は、困難にある学校を確認し、警告を発すること、成績の低い学校に追加の財政資源を提供すること、継続して失敗している学校に対しては、財政的ペナルティを課したり、管理権を剥奪したり、閉鎖したりすること、をその内容とするものであった。

　以上のような制度に対して、次のような指摘がなされた。すなわち、ミシガン州の評価制度は、生徒に対して高い期待を設定していて、継続して支持を受けるに値するけれども、州は、それらの期待をカリキュラムフレームワークの中で十分に示していない。アカデミック基準であるカリキュラムフレームワークの問題が指摘されていた。それは、基準があまりにも広く、あいまいであること、その結果として、生徒、保護者、教師、そして全体としての地域が、テストが何を期待しているのかを十分につかめないようになっている点が問題として指摘されたわけである。教育者や一般の人々に、アカデミック基準をより明確に伝えることを追求するには、テストの期待を反映するように現在の基準を修正するか、現在の基準を明確かつ拡大させ、評価テストとより関連性を持つような補助的文書を開発し、配布することが考えられるとして、改善のための方策が提言されていた。

　以上のような指摘から明らかなように、成果を測るための基準をより明確にすること、そしてそれを生徒、保護者、教師、地域にはっきりと伝えることにより、目標を明確に定めることが求められていた。それは、透明性を高めることに加えて、成果の目標、基準と評価のためのテストの内容とを関連づ

けることを促すものであった。

〈アメリカ教員連盟による評価〉

州のアカウンタビリティ制度については、アメリカ教員連盟（American Federation of Teachers、以下 AFT）による調査報告が1995年から2001年まで毎年なされている。

AFT の各州の改革努力に対する評価基準は、以下の通りである[39]。

・教育内容の基準

第一に、4つのコアとなる教科（英語、数学、理科、社会科）の基準を持っているか、あるいはそれを発展させるプロセスにあるかどうか。具体的には、生徒が何を知り、何をすることができるようになるべきかを記述する基準を持っているかどうかを見るものであった。基準の質ではなく、4つのコアとなる教科について何らかの基準を持っているかどうかがチェックされた。

第二に、基準が、共通のコアカリキュラムを提供するのに十分明白で、具体的であるか。基準の内容がチェックされた。具体的には、基準は、各教科において生徒が学ぶべき共通の内容と技能を学年ごとに定義しなければならない。基準は、共通のコアカリキュラムにつながるほど十分に定義され、総合的でなければならない。基準は、教科領域の内容にしっかりと根づいていなければならない。基準には、生徒が学ぶように期待される内容について明白に、はっきりと示されていなければならない。ハイスクールのコースについて編成される基準は、すべての生徒が取るコアのコースを定義しなければならない。以上のような要素を備えているかどうかがチェックされた。

・評価制度

州は、すべての生徒が基準を達成しているかどうかを測定する評価制度を持っているか。その評価制度は、4つのコア教科のすべての基準と適合しているか。州は、初等学校、ミドルスクール、ハイスクールのそれぞれで評価しているか。このような観点から、州の改革努

力が評価された。
・生徒に対する援助とインセンティブ
　州は、基準を達成していない生徒に対して追加的援助を提供し、資金を提供しているか。州の評価結果に基づいて、生徒の進級の決定をするように学区や学校に求めているか。州は、卒業試験あるいは基準にリンクした卒業証書の制度を持っているか。この3つの観点から、生徒に対するインセンティブのあり方について評価がなされた。

　以上の諸点のほか、2001年の調査報告では、カリキュラム、アカウンタビリティ制度の一貫性も評価項目に上がっていた。カリキュラムの判断基準は、カリキュラムが学年ごとに知識と技能の進歩と発展を示す学習の連続性を組み立てていること、教育内容の基準と適合している読み物、教科書、ソフトウエアなどの教材を特定していること、教育内容の基準を教えるのを助ける授業の方法と技術に関する情報を提供していること、教育内容の基準を習得するのに必要な生徒の活動の質を明確にするパフォーマンスの指標を提供していること、教育内容の基準に基づいて授業計画と単元を普及させること、この5点が備わっているかどうかが評価された。制度の一貫性の判断基準は、教育内容の基準、テストの内容、インセンティブの内容など、各要素がうまく調和されて、一貫したものになっておくことが必要であり、そのために、テストが教育内容基準と適合しているか、適合しているテストのすべてが強力な基準に基づいているか、適合しているテストの領域すべてにおいてカリキュラムが開発されているか、すべての進級あるいは卒業の方針が適合しているテストに基づいているか、すべての進級あるいは卒業の方針が州によって要求され、資金提供される介入を含んでいるか、という5点について評価された[40]。

2) アカウンタビリティ制度改革の展開

　では、実際に各州の制度はどのように推移してきたのであろうか。AFTの調査をもとに、1990年代後半から2001年までの制度の変遷を整理しておこ

う[41]。

〈教育内容の基準〉

　州の教育内容の基準を改革する動きは、一貫して強いものがある。1996年の調査から2001年の調査まで、まったく同じように、基準に基づく改革への州の取り組みが強いという評価がなされている。すべての州において教育内容の基準を設定している。変化があるのは、基準の内容である。1996年の調査では、4つの教科すべてで、明白で、特定的で、内容にしっかり根ざしている基準を設定していた州はわずかに15州と評価されていたが、2001年には30州に上昇したと評価された。それでも、まだ多くの州が基準の内容は不十分と評価されたことになる。それは、基準の内容が幅広く、あいまいである点を問題にしていた。

　具体的には、次のようにしっかりとした基準と不十分な基準の例が示されていた[42]。しっかりとした基準と捉えられているものは、詳細で、具体的に示されている。何を学ぶか、ということよりも、どういうことができるようになるべきか、具体的な課題が示されていることがわかる。

	しっかりとした基準	不十分な基準
英語	生徒は、物や出来事を描き、焦点を一貫させ、論理的なつながりをもたせて、特に詳しい説明や明瞭な語彙を用いて各々の考え方を練り上げるような説明的なエッセイを書くことができる。	卒業時に、生徒は、さまざまな目的と読み手に対して、さまざまな形態を用いながら、頻繁に文章を書く機会を持つ。
歴史	生徒は、合衆国の連邦主義が、大恐慌時代に、ニューディール政策によってどのように変容したのか、そしてその変容が今日の合衆国の社会においてどのように継続しているかを描くことができる。	生徒は、重要な歴史的時代に出来事や変化がどのように起こったかを認識し、説明することができる。
数学	生徒は、面積と周囲の長さを区別し、与えられた状況において、周囲の長さと面積とどちらの考え方を適用すべきかを認識する。	生徒は、幾何学のモデルを用いて、問題を表し、解くことができる。
理科	生徒は、光合成と呼吸のそれらの生命にとっての重要性についての基礎的なプロセスを描くことができる。	生徒は、システムにおける変化と不変のパターンを比較する。

〈評価制度〉

　評価制度は、州がテストを行っているかどうか、そのテストが教育内容の基準に適合しているものになっているかどうか、が問題となる。

　1996年から、ほとんどの州において何らかのテストが実施されている。それは1996年から2001年まで変わりがない。すべての生徒を対象に、4つの主要教科すべてにおいて、初等学校、ミドルスクール、ハイスクールの各段階で少なくとも1度はテストを行っている州は、1998年で23州、1999年で25州、2001年で28州となっている。英語と数学については、2001年において、ミネソタ州（ハイスクールで数学のテストがない）、オハイオ州を除いて、すべての州が何らかのテストをすべての学校段階で実施しているが、理科と社会科については28州にとどまっていた。理科と社会科の評価が難しいことが分かる。

　次に、評価制度と教育内容の基準との関係についてみると、2001年において、オハイオ州を除いてすべての州が、教育内容の基準と適合した評価制度をつくっているが、その基準がAFTの基準をクリアしたものになっているか、またすべての教科で、すべての学校段階で評価が行われているか、ということになると、わずかに9州しか実施していないと評価されている。

〈生徒に対する援助とインセンティブ〉

　生徒が何を学んだかに関わりなく、学年から学年へと進級させる実践である社会的進級（social promotion）を行っている州がほとんどであるが、そうした実践をやめて、進級する前に、州の教育内容の基準を達成することを生徒に求める州が、徐々にではあるが増えてきている。すなわち1996年で3州、1997年で7州、1998年で7州、1999年で13州、2001年で17州と増加してきている。

　ハイスクールの卒業要件として、試験を課している州は、1996年で17州あり、その中で州の第10学年の教育内容基準の水準以上の内容を問う試験に合格することを求めている州は、わずかに4州であった。それが、1997年では、試験を課している州が20州、州の教育内容基準の第10学年の水準以上の試験を課している州が13州、1998年ではそれぞれ24州と13州に、さらに13

州の中で4つの主要教科すべてにおいて、州の教育内容基準の第10学年の水準以上の試験を課している州が10州になっていた。1999年ではそれぞれ28州、14州、7州に、2001年では、試験を課している州が27州、4つの主要教科すべてで州の教育内容基準の第10学年の水準以上の試験を課している州が9州になっていた。このことから、教育内容基準を州が設定していても、それに関する試験の合格をハイスクール卒業の要件としているところは、かなり少ないことが分かる。1997年の調査報告では、ハイスクールの卒業試験を課している20州の中で、数学と英語の試験は20州すべてで課されていたが、理科と社会科について試験を課している州はかなり低くなっていることが指摘されていた[43]。

最後に、成績の低い生徒に対する支援に関してみると、成績の低い生徒が州の教育内容の基準に到達するのを支援するための介入プログラムを要求し、資金提供している州は、1996年で10州、1997年で13州、1998年で20州、1999年で29州と増加していったが、2001年にはそれが25州と減少した。州が、介入プログラムに資金提供することの難しさが表れている。

3） アカウンタビリティ制度の効果

これまで見てきたように、多くの州においてアカウンタビリティ制度の整備と改革が進められてきている。では、この新たな制度が、どのような影響をもたらしたのであろうか。この点に関しては、結論は割れている。すなわち、肯定的に評価する見方と否定的に見る見方である。

肯定的な評価においては、テストやアカウンタビリティ制度を導入している州は、導入していない州よりも成績の向上の度合いが大きいことが示されており、この結果から、問題となるのは、アカウンタビリティ制度を持つべきかどうかではなく、アカウンタビリティ制度を最善にする方法であると指摘されている[44]。これに対して、否定的な評価においては、次のようなネガティブな影響が指摘されている。すなわち、アカウンタビリティ制度の導入により、カリキュラムが狭められ、テストの準備のための授業が展開されるようになること、とりわけ、成績の低いマイノリティの生徒に対してテスト勉強が強化さ

れることにより、テストの点数が上昇したとしても、必要な学習が妨げられており、例えば国語の点数が伸びても、本当の読解力がつかないという現実があること、そのため、白人の生徒とマイノリティの生徒との成績のギャップがかえって広がっていること、そしてマイノリティの生徒にとっての不平等を克服するための資源投入が抑制され、新たな格差を生み出していることが、指摘されている[45]。

(4) 各州のアカウンタビリティ制度

1) フロリダ州

　フロリダ州では、1971年に教育アカウンタビリティ法（Educational Accountability Act）が制定され、1970年代のアカウンタビリティの運動の先導的役割を果たしたと言われている[46]。1976年には、全米ではじめてハイスクール卒業試験を創設し、ハイスクールの卒業証書を受け取る前に、州が管理する機能的な読み書き能力試験に合格することを生徒に求めた[47]。フロリダ州は、早くも1970年代にハイスクールの卒業要件を明確にするなど、今日につながる教育に関するアカウンタビリティ制度を確立していた州と捉えられる。

　1990年代に入ると、アカウンタビリティ制度が大きく改革されることになる。1991年の学校改善とアカウンタビリティ法（School Improvement and Accountability legislation）は、フロリダ州教育改革とアカウンタビリティ委員会（Florida Commission of Education Reform and Accountability）を創設し、学校において全面的な変化を求めた。この法律により、高い業績を上げている学校に対して報酬を与え、成功していない学校に対して援助を提供することが州に求められた[48]。こうしてインセンティブを与える制度が整備された。その制度は、目標の設定、学校に対する助言委員会（school advisory councils）の創設、学校に対する助言委員会による改善プランの策定、生徒の成績に関する基準の設定、成果を検証するテストの創設、成果の低い学校の認定とそれへの援助や介入の仕組みの創設、成果を上げている学校への報奨の仕組みの創設などを含むものであった。

具体的に見るならば、フロリダ州教育改革とアカウンタビリティ委員会は、1995年に、厳格な州のカリキュラム枠組みを創設することを求め、州の評価プログラムを改革するよう勧告した[49]。これに基づき、州教育委員会は、生徒の到達基準を設定し、これらの基準に基づき著しく低い学校を確認した。このフロリダ州のアカウンタビリティ制度は、「著しく低い学校（Critically Low Schools）」と呼ばれていた[50]。1995年において、「著しく低い学校」として認定された学校は158校、全学校の7％にのぼった。これらの学校は、読み、書き、数学3つの領域ですべて、2年連続で生徒の成績が低い学校であり、地方学区と州から焦点化された技術的援助と追加的資源を受け取った。その後、「著しく低い学校」として認定された学校の数は、1996年71校、1997年30校、1998年4校と徐々に減少していった[51]。さらに、評価プログラムについては、読み、書き、数学における州の基準を生徒が達成した程度を測定するために、フロリダ州総合評価テスト（Florida Comprehensive Assessment Test, FCAT）が整備され、1998年に初めて実施された[52]。また1998年には、著しい成績あるいは著しい成績の改善をとげた学校を認定し、報酬を与える制度も始まり、140校がそうした学校として認定され、540万ドルが報酬として提供された[53]。

さらに、1999年の改革により、いっそう厳格なアカウンタビリティ制度が確立された。それは、Aプラスアカウンタビリティプラン（A + Accountability Plan）と呼ばれるものであった。その特徴は、学校をABCDFの5段階にランク付けし、最低ランクの学校に在籍している生徒に対してヴァウチャーを提供し、他のうまくいっている学校に転校する権利を与えるヴァウチャー制にある。

1999年当時のアカウンタビリティ制度に関わる州議会の意図は、すべての公立学校が受け入れられる水準で生徒が成績を上げることに対して責任を持てるようにすることであり、学校改善とアカウンタビリティ制度は州教育委員会の責任であることが規定されている（Section 1008.33 F.S.）。学校改善とアカウンタビリティ制度は、学校ごとに生徒の成績を評価し、生徒が州の基準に対して十分な進歩をしていない学校を確認し、改善を強いるための適切な手段を制度化し、成績に基づいて報酬と制裁を提供するものである（Section 1008.33

F.S.）。

　この制度において、州教育委員会は、十分な成果を上げることができない学校を抱える地方学区に対して、その管理運営に介入することが規定されている。まず、4年の期間の中で2年、管轄する学校が1校でも十分な進歩をするのに失敗したときに、すなわちFのランクになる学校が出たときには、州教育委員会がその地方学区の学校運営に介入する。Fというランクに評価された学校の生徒に対する教育サービスを改善するためのプランを、州教育委員会は地方学区に対して勧告を行う（Section 1008.33(1) F.S.）。

　州教育委員会が地方学区教育委員会に対して行う勧告は、次のような措置に関わるものである。すなわち、(a)追加的な資源を提供し、実践を改革し、追加的援助を提供すること、(b)学校内の教育公正問題を克服するプランを実行すること、(c)学校の教育サービスの契約を行うか、新しいスタッフを採用し、新しい校長の下で学校を再編し、不十分な進歩の原因に取り組むプランを実施すること、(d)不十分な進歩の学校に在籍している生徒の保護者に対して、別の地方学区の学校に子どもを通わせることを認めること、(e)学校の成績を改善するための適切なその他の措置をとること、である（Section 1008.33(2) F.S.）

　以上のような措置の中で、改善の要求に従うことに失敗している地方学区に対して、州教育委員会は、州の資金の交付を保留することを求めることができることが規定されている（Section 1008.33(4) F.S.）。このように、失敗していると認定された学校を抱える地方学区に対して、州教育委員会は強い指導を行うことが規定されており、インセンティブを与えるだけでなく、改善を強く促す措置をとることが求められている。

　州教育長は、毎年州の評価プログラムの結果についてレポートを行う。そのレポートは、州全体、各学区、各学校における生徒の成績を明らかにするものである（Section 1008.34 (1)F.S.）。その成績は、上述したFCATの結果によるものであり、次のような学年で実施される。まず3学年から10学年のすべての生徒は、読みと数学のテストを毎年受けるようになっている。そして、書きのテストは、4学年、8学年、10学年の生徒、理科のテストは、5学年、8学年、10学年の生徒が受けることになっている。この成績が、年次レポートに

おいて報告され、それに基づき、次のように学校がランク付けされる。

 A すぐれた進歩をしている学校
 B 平均以上の進歩をしている学校
 C 満足できる進歩をしている学校
 D 満足できる進歩には至っていない学校
 F 十分な進歩をするのに失敗している学校

　Aに認定された学校は、州からの学校予算の配分に対してより大きな権限を持つことになる。その予算権限は、学校の成績が低下するまで継続することになる（Section 1008.34 (2)F.S.）。また年次レポートは、各学校の成績を前年度と比較して、改善したか、同じままか、低下したか、を評価し、1つの領域でも改善があれば、後述する報酬の資格を得ることになっている（Section 1008.34 (4)F.S.）。

　高い生産性の学校の傑出したスタッフのための業績インセンティブプログラムの必要性があること、さらにそうした業績インセンティブは民間部門では共通に見られること、そして生産性に対する報酬として公立部門にも導入されるべきことを州議会が認め、財政的報酬を提供するフロリダ州学校表彰プログラムが創設された（Section 1008.36 (1)F.S.）。財政的報酬が与えられる学校は、すぐれた進歩を示すAランクを受けることにより高い業績を維持している学校、あるいは、新機軸や努力により著しい改善を証明している学校である（Section 1008.36 (2)F.S.）。この表彰により得た資金は、教職員に対する一回限りのボーナス、生徒の成績を維持し、改善する際に役立つ設備や教材のための一回限りの支出、そして生徒の成績を維持し、改善するのに役立つ臨時職員のために用いなければならない（Section 1008.36 (5)F.S.）。

2）マサチューセッツ州

　マサチューセッツ州では、1991年に「マサチューセッツ州ビジネス教育同盟（Massachusetts Business Alliance for Education）」によるレポート「すべての子ども

が勝者（Every Child a Winner）」が改革の青写真を描き、その2年後の1993年に総合的な教育改革法である「マサチューセッツ州教育改革法（Massachusetts Education Reform Act）」の成立により、成果重視の教育改革が始まった。

　この教育改革法は、生徒の学業成績を改善することを目的とし、州全体の教育の基準を設定することを中核とするものであった。その基準は、すべての生徒が知り、行うことができる事柄に関する基準、州と地方自治体が地方学区に貢献すべき事柄に関する基準、学校のパフォーマンスを評価する基準、教員と管理者の専門職的パフォーマンスに関する基準、という4つの領域における基準であった。こうした基準は、州のすべての人々が議論をし、合意を図る機会を提供し、州と地方のすべてのプログラムを調整するための目標の合意となり、州全体のアカウンタビリティ制度の基盤を形成するという点で、重要なものと評価されている[54]。ここでは、アカウンタビリティに関わる制度の内容について整理しよう。

〈**教育内容基準**〉

　1993年の教育改革の内容で最も重要なのが、生徒の学習に関する州の基準を設定したことである。それは、4つの内容からなる[55]。第一は、生徒が学校教育を終える時点において、知っておくべきこと、行うことができることを示す教育目標である「学習コモンコア（Common Core of Learning）」である。「学習コモンコア」の内容は、思考力とコミュニケーション力、知識の獲得と適用力、社会的活動と貢献（Working and Contributing）について、すべての生徒が到達すべき目標を示すものである。

　第二は、カリキュラムフレームワークと教育内容基準である。これは、「学習コモンコア」を特定の教育内容基準に具体化するものであり、数学、科学とテクノロジー、歴史と社会科学、英語、芸術、外国語、健康の7つの領域での授業実践を勧告するものである。

　第三は、州全体の生徒評価基準である。マサチューセッツ州では、1988年から「マサチューセッツ州教育評価プログラム（Massachusetts Educational Assessment Program）」が2年に1度、実施されてきていたが、教育改革法の制定により、新しい評価システムに変更となった。新しいシステムは、「マサ

チューセッツ州総合評価システム（Massachusetts Comprehensive Assessment System, MCAS）」と呼ばれるものである。それは、障害のある生徒や英語に習熟していない生徒を含むすべての生徒を対象として、毎年特定の学年において、カリキュラムフレームワークの学習基準に基づいてパフォーマンスを測定し、生徒、学校、地方学区のパフォーマンスをレポートし、そのアカウンタビリティの基盤として役立てるために、設計された[56]。

第四は、パフォーマンス基準と卒業要件である。上述の新しい評価システムは、個々の生徒について評価結果を提供すること、ポートフォリオ評価、課題解決（performance task）などのより総合的なアプローチをとること、7つの領域すべてにおいてそれぞれの内容基準が達成されることを要求することなどに新しい面があった。そしてハイスクールの卒業要件として、第10学年の州の試験に合格することが規定された。総合的な評価が行われるようになるとともに、卒業要件と評価結果とが関連づけられることにより、生徒に対して結果を求める基準設定となっている。この卒業要件は、2003年から適用されている。

〈評価制度〉

マサチューセッツ州における評価制度は、上述したように、1993年の教育改革法により改革され、新たにMCASが創設された。MCASは、マサチューセッツ州カリキュラムフレームワークの学習基準に基づき、生徒、学校、地方学区の成績を測定するものであり、第4学年、第8学年、第10学年のすべての生徒を対象として、英語、数学、科学技術のテストが行われる。最初に実施されたのは1998年であり、この年の評価結果が、州の基準の達成に向けた進歩の度合いを測定する基準値（baseline）と位置づけられている。

MCASは、2つの主な目的をもつ。第一は、州の基準に対して、生徒や学校がどの程度成績を上げているのかを評価すること、第二は、授業の質についての有効なフィードバックを提供し、教室で活用することができる効果的な評価アプローチのモデル化を行うことにより、教室での授業を改善することである[57]。

テストの成績を基にして、州の設定した基準に照らして、各生徒のパフォー

マンスレベルが評価される。パフォーマンスレベルは、4つに区分される。優れた水準（Advanced）、習熟した水準（Proficient）、改善が必要な水準（Needs Improvement）、失敗している水準（Failing）という4水準である。優れた水準にある生徒は、難しいテーマの問題を総合的にかつ深く理解していることを証明する。習熟した水準にある生徒は、発展的なテーマについて確かな理解を示し、幅広い多様な問題を解く。改善が必要な水準は、テーマについて部分的な理解しか示せず、単純な問題しか解くことできない。失敗している水準の生徒は、テーマについて最低限の理解しか示せず、単純な問題さえとくことができない。この4つの水準に分類されことになる。

MCASにおいては、この4つのパフォーマンスレベルの最低点を決定する基準設定（Standard Setting）というプロセスがある。基準設定は、200人以上の参加者により行われる。参加者は、教師、学校の管理職、大学の教授、科学者、エンジニア、作家、弁護士、官僚などである。各参加者が、テストに対する生徒の反応を検討し、4つの水準のどれに当てはまるかを判断していく。この参加者の判断を総計して、4つの水準の分岐となる点数が決定されていく。そして、MCASの点数は、200から280の範囲になるスケールによってあらわされて、関係者に報告がなされる。このスケールは、各水準の中で、どのあたりに位置するかを知るための指標となるものである。生徒のテストの点数が、このスケールに変換されて報告されることになる。各水準のスケールは、優れた水準（Advanced）が260から280、習熟した水準（Proficient）が240から259、改善が必要な水準（Needs Improvement）が220から239、失敗している水準（Failing）が200から219である。

〈学校に対するアカウンタビリティ制度〉

教育改革法は、学校を基礎にした経営（School-Based Management）やチャータースクールを導入するなど、学校の管理運営の改革も大胆に進めるものであった。このことは、学校レベルで責任を負うことも意味する。したがって、教育改革法の制定により、新たな学校に対するアカウンタビリティの仕組みも整備された。

マサチューセッツ州におけるアカウンタビリティ制度は、学校パフォーマン

ス評定プロセス（School Performance Rating Process, SPRP）と呼ばれている。これは、州の教育改革の努力が生徒の成果に与える影響に関する情報を提供し、同時に、改善の期待に応えていないパフォーマンスが低い学校と生徒が著しい改善を示している学校あるいは MCAS テストで高いレベルのパフォーマンスを達成している学校を確認するためのツールを提供するものである。

　SPRP は、MCAS テストの結果に基づき、学校のパフォーマンスと改善を測定しようとするものである。2 年のサイクルで行われ、2 年目の終わりに、学校に対して、その 2 年間の総合改善評定と総合パフォーマンス評定が下される。最初のサイクルでは、1998 年の MCAS テストのデータがベースラインとなり、1999 年と 2000 年の平均と比較される。そして次のサイクルでは、前のサイクルの 2 年間の平均がベースラインとなる。

　総合改善評定は、すべての MCAS の内容領域の平均の改善をその総合的な改善の期待と比較することにより決定される。学校は、失敗している（ターゲットの範囲より 1 ポイント以上下回っている学校）、もう 1 歩（ターゲットの範囲より下回っているのが 1 ポイント以内の学校）、達成している（ターゲットの範囲内にある学校）、上回っている学校（ターゲットの範囲を上回って改善している学校）に分類されて評価される。

　総合パフォーマンス評定は、MCAS テストで「失敗している」生徒と「習熟している」あるいは「進んでいる」生徒の割合を内容領域横断的に平均することにより計算される。パフォーマンスのレベルは、非常に高い、高い、普通、低い、非常に低い、きわめて深刻的に低い、という 6 つに分けて考える。

　これらの総合改善評定と総合パフォーマンス評定が、州の措置を導くことになる。改善評定とパフォーマンス評定とが組み合わされて、各学校の評価がなされる。州の措置には、パフォーマンスや改善の承認、警告、低パフォーマンスで失敗している学校の認定が含まれる。

　改善期待を達成していない MCAS のパフォーマンスが低い学校は、さらなる評価のために、レビューパネル（Review Panel）に照会されることになる。レビューする学校を決定する際には、学校の出席率や中退率、改善傾向が考慮される。レビューを受ける学校は、レビューパネルに次のようなレポートを提

出するように求められる。すなわち、追加的な生徒パフォーマンスデータや他の標準評価データ、進歩の失敗に影響を与えた要因の分析、過去24ヶ月において実施された改善の取り組みの証拠と今後の改善プラン、を含むレポートである。

　レビューパネルは、学校のレポートにある情報に加えて、それぞれの学校を代表するチームと会合を持つことになる。そのチームは、校長、教員の代表者、保護者の代表者、地方学区の教育長、地方学校の学校委員会の代表者によって構成される。その会合において、レビューパネルからの質問がなされ、チームのメンバーがそれに応える機会が設けられる。こうした学校からのレポートや学校を代表するチームとの会合から得られる情報を基にして、レビューパネルは、州の介入が提供されなくても学校による改善されたパフォーマンスの可能性があるかどうかを評価する。すなわち、現在の活動計画を学校が続けても、次のサイクルで改善期待を達成しそうだと判断するか、学校に対して低パフォーマンスと宣告するか、いずれかを行うことになる。

　低パフォーマンスと判断された場合には、州教育長は、低パフォーマンスの理由と改善の見通しを評価するために、独立機関である事実発見チーム（fact-finding team）を任命することになる。レビューパネルのメンバーが、この事実発見チームのメンバーを務めることになる。事実発見チームは、任命されてから90日以内に、州教育長と学校が属する地方学区に報告書を提出する。

　低パフォーマンスと判断されてから6ヶ月以内に、当該学校を管轄する地方学区は、州教育委員会に対して、改善のための目標とその目標を実現するための方法、そして24ヶ月の範囲内でのタイムスケジュールを明らかにした救済計画を提出する。地方学区は、州教育委員会からの指導に従いながら、いわゆる救済計画を実行し、州教育長は、学校に対して教育プログラムの改善のための技術的援助を提供する。

　救済計画が認められた後に、学校が24ヶ月以内に救済計画で命じられた重要な改善を示すことができなければ、州教育委員会はその学校に対して、慢性的な低パフォーマンス（chronically under-performing）であると宣告することになる。慢性的な低パフォーマンスと宣告されると、次のような措置がとられる。

第一に、当該学校の校長は即座に解任される。第二に、地方学区の教育長は、新しい校長を任命する。慢性的低パフォーマンスの学校の校長は、教職員の人事において、通常の手続によらずに、解雇したり、採用したりする権限を有するなど、特別な権限が与えられる。州教育長は、優秀な校長や教員が当該学校に集まるように、救済期間中には、校長や教員の給与を引き上げることを認める。

以上のような低パフォーマンスの学校とは別に、優れた実績を上げている学校に対する措置もなされる。州が設定している改善の期待を上回っている学校は、優れた学校プログラム（Exemplary School Program）に申請することができる。このプログラムに参加を希望する学校は、学校改善の証拠や成功の原因についての分析を含む申請書を提出する。州教育長によって任命された優れた教育者が、申請書や他のデータを検討して最終審査対象学校を選定し、その学校を訪問して授業参観するなど、総合的な実地の調査を行うことにより、学校によって提供されている教育の質を評価し、学校の成功の要因を精査し、最終的な報告と勧告を行う。それに基づき、州教育長が該当する学校を選定する。

選ばれた学校は、著しい改善結果を持つだけでなく、他の学校のモデルになる能力と意欲を持つ学校である。それらの学校は、特別な認定を受けることに加えて、自らの革新的で効果的な実践、プログラムや方法を文書にし、他の学校と共有するための資源を提供される。他の学校に対して指導的な役割を果たすことが期待されている。

以上、マサチューセッツ州のアカウンタビリティ制度は、パフォーマンスの程度と改善の程度の両方の視点から、複眼的に学校を評価するものである。つまり学校のパフォーマンスという結果だけを評価しているわけではない点が重要である。そして評価結果ごとに、州の具体的な措置が定められている。成績が低く、改善傾向が見られない学校に対して、強力な州による介入が制度化されている。また特に優れた実績を残している学校に対しては、他の学校のモデルとなるように、その実績を広めることを求めている。

3） ケンタッキー州

　前章で検討したように、ケンタッキー州は、「適切性」の観点からの学校財政制度の違憲判決が出され、「適切性」概念に基づく学校財政制度改革の先駆けとなった州である。そのような州で、アカウンタビリティ制度がどのように整備されたかを検討しよう。

　ケンタッキー州では、1979年に州全体のテストが始められた。基礎技能総合テスト（Comprehensive Test of Basic Skills）、ケンタッキー州基礎技能テスト（Kentucky Essential Skills Test）と呼ばれていたテストが実施されていたが、その問題点について多くの批判が投げかけられていた。すなわち、テスト問題は○×式のテストであり、正確に学力を測定できないバイアスがある、カリキュラムを狭める、点数のインフレーション、保護者の不満といった点が、共通の欠点として議論されていた[58]。また、これらのテストによるアカウンタビリティ制度は、地方学区を対象とするものであったため、地方学区の中で、テストの点数の低いあるいは低下している学校が、テストの点数が高いあるいは改善している学校と相殺されることがありうる、ということが問題点として認識されていた。こうした問題が、地方学区ではなく学校をターゲットとするように、アカウンタビリティを再編する改革につながった[59]。

　1989年の学校財政制度違憲判決の翌年、1990年に制定された教育改革法（KERA）により、教育水準の向上を目指して、生徒の成績を測定する評価制度とアカウンタビリティ制度が創設された。それは、ケンタッキー州教育結果情報制度（Kentucky Instructional Results Information System, KIRIS）と呼ばれるもので、1992年から1998年まで、この制度の下で州の評価制度が実施された。その後、1998年に制度改革がなされ、州アカウンタビリティテスト制度（Commonwealth Accountability Testing System, CATS）と呼ばれる新しい制度が整備された。それは、目標設定、テスト制度、生徒のパフォーマンス評価と学校に対する評価、報奨と制裁、助言機関の設置を要素とするものであった。

〈目標設定〉

　KERA は、以下のような能力をすべての生徒が獲得することができるように、

またそのように援助するような公教育制度を創設することを意図していた。その能力とは、

(1) 複雑で、変化する市民社会において活動するのに必要なコミュニケーションスキル
(2) 経済的、社会的、政治的選択を行うための知識
(3) 生涯を通じて、道徳的、倫理的決定を行うよい品性の中核的価値と資質
(4) コミュニティ、州、国に影響を与える政府のプロセスに対する理解
(5) 精神的、身体的健康状態についての十分な自覚と知識
(6) 文化的、歴史的遺産を鑑賞することができるような芸術における十分な素養
(7) 生涯の仕事を選択肢、知的に追求するのに十分な準備
(8) 他の州の生徒と好意的に協力することができるスキル

という8項目である（KRS158.645）。

そして学校に関する目標として、KERAは、以下のような6つの目標を設定した。その中で、(b)に示されている6つの学習目標を設定した（KRS158.6451）。

(a) 学校は、すべての生徒に高いレベルの成績を期待する。
(b) 学校は、以下のような能力を生徒に身につけさせる。
・生涯を通じて直面する目的や状況に対して、基礎的なコミュニケーションスキルや数学的スキルを用いる。
・生涯を通じて直面する状況に対して、数学、理科、芸術、人文科学、社会科学、実践的生活科学の中核的な概念や原理を適用する。
・利他主義、市民性、礼儀、正直、人間的価値、正義、知識、尊敬、責任、自制心の質を示す品性のよい自立した個人になる。
・家庭、労働仲間、コミュニティの責任あるメンバーになる。

・学校の状況や生活において直面する状況において、ものを考え、問題を解決する。
・さまざまな媒体を通じて新しい情報を得るために、以前学んだことや過去の経験をもとに打ち立てたものと、すべての教科領域からの経験や新しい知識とを関連づけ、統合する。
(c) 学校は、出席率を増大させる。
(d) 学校は、中退率、留年率を引き下げる。
(e) 学校は、学習の妨げとなる身体的、精神的健康問題を縮小する
(f) 学校は、就職、進学、軍隊への入隊に成功している生徒の割合に基づいて評価される。

　上記(b)に示されている6つの学習目標から、具体的なアカデミック期待（Academic Expectations）が設定されている。学習目標ごとに、詳細で具体的な目標と期待が設定されており、その数は合計57項目に上る。
　以上のように、州の法律において、公教育制度全体が達成を目指す8つの目標、学校が達成を目指す6つの目標、その目標の1つとして6つの学習目標が設定され、目指すべき目標が明確に示された。そして、これらの目標を生徒が達成することに対する学校のアカウンタビリティを保障するために、州教育委員会は州全体の評価プログラムを創設し、実施する責任を負っている（KRS158.6453(1)）。

〈テスト制度〉
　こうした目標を達成しているかどうかを検証するために、州教育委員会の責任により、州のテスト制度が整備されている。現在の制度は、上述したように州アカウンタビリティテスト制度（CATS）と呼ばれるものである。CATSの最優先の目標は、ケンタッキー州のすべての学校が州教育委員会によって定義される習熟した水準（Proficiency）に到達することである。そのアカウンタビリティ制度は、この目標を測定するメカニズムを提供し、州教育委員会によって設定された長期的目標に向けて学校がどのように進んでいるかについて、学校にフィードバックを提供するものである[60]。

具体的には、CATSは、ケンタッキー州の学校によってなされている進歩をテストするプログラムであり、5つのパートから成り立っている。すなわち、第一に、4、5、7、8、10、11、12学年で実施されるケンタッキー州コア内容テスト（Kentucky Core Content Tests, KCCT）、第二に、4、7、12学年で実施される書き方のポートフォリオ、第三に、4、8学年と最終年と予想される学年で実施されるオルタナティブポートフォリオ、第四に、非アカデミックなインデックス、第五に、3、9学年で実施される読み、言語、そして数学を評価する集団基準準拠（norm-referenced）テスト、という5つである[61]。

第四の非アカデミックなインデックスは、次の通りである。すなわち、出席率（第1学年から第12学年まで）、留年率（第4学年から第12学年）、中退率（第7学年から第12学年）、進路の成功（卒業学年）である（703KAR5:020Section2(3)）。

〈生徒のパフォーマンス評価と学校に対する評価〉

これらのさまざまな形態のテストによって得られた点数をもとにスケール化が行われ、それにより生徒のパフォーマンスレベルが決定される。パフォーマンスレベルは、初心者（Novice）、見習い（Apprentice）、熟達（Proficient）、卓越（Distinguished）という4段階に分類されている。さらに、読み、数学、科学、社会科学における初心者と見習いのレベルでは、それぞれ3つの段階に分類される。すなわち、初心者ゼロ（Novice Non-performance）、初心者中級（Novice Medium）、初心者上級（Novice High）、見習い初級（Apprentice Low）、見習い中級（Apprentice Medium）、見習い上級（Apprentice High）に分類される（703KAR5:020 Section2)[62]。この分類ごとに次のように係数が決められる[63]。

この係数に、各レベルに該当する生徒の割合を掛けることにより、各学校のアカデミック指標が計算される。この数値により学校に対する評価が行われる。熟達レベルの係数が100となっていることから、このレベルに到達することが目標として設定されていると見ることができる。

以上のような制度の下で、成功している学校と失敗している学校を特定し、それぞれに対する措置が規定されている。成功している学校は、改善レベルを上回り、平均の中退率が5%未満の学校となる（KRS158.6455(1)(b)）。改善レベルは、1998-2000年の成績を基礎ラインとして、毎年どの程度改善している

パフォーマンスレベル	係数
初心者ゼロ（Novice Non-performance）	0
初心者中級（Novice Medium）	13
初心者上級（Novice High）	26
見習い初級（Apprentice Low）	40
見習い中級（Apprentice Medium）	60
見習い上級（Apprentice High）	80
熟達（Proficient）	100
卓越（Distinguished）	140

のか、学校改善レベルが設定され、それを上回っているかどうかが評価される（KRS158.6455(2)）。

　学校は、目標を達成している学校、進歩している学校、援助を必要としている学校に分類される。目標を達成している学校と評価されるためには、学校は、成長アカウンタビリティインデックス（growth accountability index）[64]の目標値を達成するか上回り、5.3％以下の中退率、そして初心者（Novice）のパフォーマンスレベルの生徒を5％以下にするという要件を達成することが求められる（703KAR5:020Section8）。進歩している学校は、目標値を下回っているが、援助ポイントは達成している学校である（703KAR5:020Section8(5)）。援助を必要とする学校は、援助ポイントをも下回る学校であり、州の学校改善資金を申請する資格が与えられ、学校監査を受けることになる（703KAR5:020Section8(6)）。

〈報奨と制裁〉

　学校に交付される報酬額は、学校の有資格スタッフの数に基づいて配分される（KRS158.6455(1)(a)）。具体的には、目標を達成している学校には、フルタイムの有資格スタッフ数に3単位配分額を掛けた額、進歩している学校には、フルタイムの有資格スタッフ数に2分の1単位配分額を掛けた額となる（703KAR5:020Section9）。

　学校改善レベルを下回っている学校に対しては、制裁的な措置が課される。その措置は、学校監査、教職員の評価、成功している学校への生徒の転校、さらに学校改善のための補助金や高度な技能資格を持つスタッフによる教育

援助を提供することが規定されている（KRS158.6455(4)）。

　学校監査は、高度な技能資格を持つ教育者（KRS158.782）、教師、校長、他の地方学区の行政官、保護者、大学教員によって構成される監査チームが組織され、学校の学習環境、効率性、生徒の学業成績、学校カウンシルのデータ分析や計画の質を検討し、学校の教職員を評価することを通じて、州教育委員会に対して、学校分類の適切さや教授学習を改善するために必要な援助に関する勧告を行うことになっている（KRS158.6455(5)(a)）。また学校カウンシルの機能についても検討し、その改善のための勧告も行う（KRS158.6455(5)(b)）。

〈助言機関の設置〉

　以上のようなアカウンタビリティ制度において、いくつかの助言機関が関与することが規定されている。1つは、学校カリキュラム、評価、アカウンタビリティカウンシル（School Curriculum, Assessment, and Accountability Council）である。このカウンシルは、アカデミック基準を設定し、学習を評価し、学習に対して学校に責任を課し、パフォーマンスを改善するよう学校を援助するケンタッキー州の制度に関して研究し、検討し、勧告を行うために創設されるものである。またカウンシルは、州教育委員会や議会研究委員会に対して、アカデミック期待や評価の中心内容に関する開発と伝達、州全体の評価とアカウンタビリティの開発と実施、報酬の配分と制裁の賦課、学校がパフォーマンスを改善するための援助に関して、助言を行う（KRS158.6452(1)）。構成メンバーは、合計17名で、内訳は、保護者2名、教員2名、教育長2名、校長2名、地方教育委員会委員2名、地方学区の評価コーディネーター2名、州職員2名、大学教授2名、全州的代表者1名である。もう1つは、評価とアカウンタビリティに関する州技術諮問パネル（National Technical Advisory Panel on Assessment and Accountability）である。これは、教育のテストと測定に関するさまざまな専門性を持つ3名の専門家から構成され、州教育長、州教育委員会、州教育省に対して、州のアカウンタビリティ制度に関する助言を行う（KRS158.6454）。

第2項　学校を基礎にした財政運営

　前項で検討したアカウンタビリティ制度は、学校を管理するシステムとして、学校を基礎にした経営（school-based management、SBM）を求めるものであった。すなわち、学校に権限を与え、学校を中心とした経営を展開することを求めるものであった。SBMが推進された背景には、先述した効果的学校研究の成果が見られるとともに、1980年代から1990年代にかけて活発になった学校選択制やチャータースクールの展開があった。いずれの制度も、特色のある自律的な学校を前提とするものであり、必然的に学校の管理運営はSBMとなるものであった。そしてその中でも財政運営は、重要なテーマの1つとなる。

　学校を基礎にした財政運営（school-based financing あるいは school site-based financing）は、学校財政に必要となる資金の獲得、配分、支出について、これらすべてあるいはその1つが学校においてなされる営みである[65]。

　その展開には、2つの面があった。1つは、効率性である。すなわち、中央の行政当局よりも学校の方が資源の運用に関してより効率的な決定を行うことができるであろうという考え方に基づき、運営の効率性を改善することを目的として実施されてきた面である[66]。もう1つは、高いパフォーマンスを促す学校財政の戦略である。学校を基礎にした財政運営は、学校を基礎にしたマネジメントと同様に、学校が高いパフォーマンスを達成するのを援助するツールであると捉えられている[67]。つまり、学校を基礎にした財政運営は、運営の効率性を向上させることと、学校改善のためのシステムの再構築、という2つのねらいを持ったものであると捉えることができる。

　学校を基礎にした財政運営は、いくつかの州において、州の学校財政制度の中に統合される改革が検討され、実施されている州もあるが、それだけでなく、大きな都市の地方学区において実践され、その実態に関する分析も行われている[68]。では、学校を基礎にした財政運営に向けて、何がどのように改革されてきているのか。またその改革が成果を出しているのかを問うことが必要となる。基本的には、学校に権限を与えることになるが、分権化された学校運営が、自動的に学校を改善するわけではない。学校に基礎をおく運

営がうまく機能するためには、学校レベルでの条件が必要であり、学校はその条件をうまく使いこなし、生徒の成績の向上につなげていくことが必要であるとされている[69]。学校を基礎にした財政運営のために、どのような条件が必要とされ、どのような改革が進められているのか、オッデンらの研究を手がかりに検討してみよう。

　前項で見たアカウンタビリティ制度がそうであったように、州が目標の設定などその枠組みを設定し、実際の運営を地方学区、学校に委ねるという制度設計が必要となる。オッデンらは、各地方学区が学校に基礎をおく財政制度をどのように構築すべきかを指し示す枠組みを州が設定することを提案している。その枠組みは、各地方学区に共通の手続と共通の問題に取り組みように求めるとともに、財政政策を決定する際に多様な決定をするのを認めるものであり、地域や学校のニーズや専門性、実情に合わせてさまざまな財政政策を決定することができる柔軟なものである。その枠組みの中で、地方学区に求められていることは、1)分権化された制度の中での新しい地方学区の役割を明らかにすること、2)中核的な地方学区の機能とその予算レベルを特定し、その残りを学校予算とすること、3)実際に一括して学校に配当する予算の割合とその割合をどのように増大させていくかを決定すること、4)各学校が実際の学校予算を計算するために発展させなければならない方式を構築すること、5)各学校が一括して配当される予算により発展させることが求められるプログラム予算のタイプを描くこと、という5点である[70]。つまり、地方学区と学校との関係を、それぞれの地域の実態に合わせて作り上げることが求められており、地方学区がどのような役割を持ち、それとの関係でどの程度地方学区が学校予算を保持し、どの程度学校に配当すべきかを決定することが必要となる。

　地方学区が保持すべき中核的な機能については、必須の機能として建物の建設、テクノロジーのインフラ整備、資本的支出、教育委員会、教育長と事務局、情報サービス、質的基準、アカウンタビリティシステム、障害のある生徒のための個別教育計画、連邦と州の特定補助金プログラムの監督、任意の機能として通学の輸送、フードサービス、法的サービス、保険と労働者の

補償、地方学区の教育事業、委任されない連邦プログラムサービス、が提案されている[71]。

以上の中核的機能のための予算を除いたものが、学校予算となる。そのすべてが学校に交付されるわけではなく、その中で地方学区が保持したほうがふさわしいものもある。そこでまず、実際に学校に配当される最低限の予算を州が設定したうえで、そのもとで地方学区がどの程度保持し、学校にどの程度配当されるべきかを決定すべきであるとされている。地方学区が保持すべきものとして、財務、人事、備品購入や監査などのビジネスサポートサービス、特定補助金プログラムの管理運営、特別専門職員、代用教員、重度障害の子どもに対するサービス、カリキュラム開発と監督、管理職の職能開発、教員の職能開発、メディアに対する教育サポート、カウンセリング、心理学者、ソーシャルワーカー、付き添い、健康サービスや養護などの生徒サポート、施設の改築や修繕、学校の維持、管理、給料体系の移行、課外活動とスポーツ、という20項目が提示されている[72]。

またパイカスは、地方学区から学校への資源の配当に関して、具体的に検討すべき点を提示している。そこでは、人的資源と非人的資源に分けて検討がなされている。人的資源に関しては、各学校の教職員の構成（教職経験年数）により人件費が異なることから、教職員の単位費用の相違を考慮する必要があることが指摘されている。また教職員配置に関して学校に裁量権を認めるのか、認めないのかにより、学校レベルでの意思決定のありようが大きく異なることになる。非人的資源に関しては、コンピューターなどの教育用テクノロジー、通学輸送、維持管理、危機管理、フードサービス、備品購入について、地方学区と学校との関係が検討されている。その他に考慮すべきこととして、多様な生徒のニーズ、多様な学校の組織特性が指摘されている。そして、学校を基礎にした財政運営における予算編成では、地方学区が学校配当予算を一方的に決定するのではなく、学校に予算要求をさせることになるが、その要求は地方学区の歳入を上回ることになるので、学校では、優先順位を設定するシステムが必要とされる。そうしたシステムにおいて、学校はスタッフや他の資源をどのように活用するかに関して決定権を持たなけれ

ばならない。加えて、会計事務とキャッシュマネジメントを学校において適切に行うことが必要となる。パイカスは、生徒の学習を改善することに取り組むことが求められていることから、人的資源、特に教員の活用方法に関する管理権が、学校への財政権限の委譲の最初のステップになると述べている[73]。

モーマン（Susan A. Mohrman）とウォルステッター（Priscilla Wohlstetter）らの研究は、業績の高い学校を組織するのは、組織の構成員全員が組織改善に深く関わるときに初めて可能となると述べ[74]、その要件として、意思決定の分権化、情報の分権化、報酬の分権化、知識とスキルの分権化を指摘している[75]。この中で財政に関わるのは、意思決定の分権化である。意思決定の分権化に関しては、予算、人事、教授プログラムの3つが主な領域として挙げられている[76]。このように、業績を向上することができる組織運営のあり方が研究されており、その重要な要件として予算の権限の分権化が理論的に提示されている。

では、実際にどのような実践が行われているのか、1990年の初めに学校を基礎にした財政運営にいち早く取り組んだケンタッキー州及びテキサス州の事例を見てみよう。

アカウンタビリティ制度においても検討したように、ケンタッキー州では、1990年に制定された教育改革法（KERA）により、教育制度全体を根本から変える制度改革が行われた。その中で、学校の管理運営についても大きな転換が図られた。それは、「学校が、学校の中で起こることについて意思決定を行う最善の場所である」[77]という考え方に基づくものであり、学校の教師、保護者に権限を与える改革が行われた。具体的には、学校を基礎にした意思決定のための学校カウンシルが創設された（KRS160.345）。

学校カウンシル創設のために、まず各地方学区の教育委員会が、学校を基礎にした意思決定を実施するための方針を採択しなければならない（KRS160.345(2)）。どのようにSBMを進めるかに関して、地方学区が責任を持って枠組みを示すことが求められている。そして学校カウンシルの要件、役割については、州法により規定されている。まず、学校カウンシルは、2名の保護者、3名の教員、それに校長によって構成される（KRS160.345(2)(a)）。そし

て学校カウンシルは、校長によって実施される方針を採択するが、その事項が規定されている（KRS160.345(2)(i)）。すなわち、1)カリキュラムの決定、2)全職員の勤務時間の割り当て、3)生徒のクラスや学校内のプログラムへの配属、4)日課表、週程表などのスケジュールの決定、5)教室などのスペースの使用の決定、6)教育実践に関する問題の計画や解決、7)総合的な学校安全計画の一部としての訓練や学級経営テクニックの選択と実施、8)課外プログラムの選択と生徒の参加、プログラムの評価、監督に関する方針の決定、9)州のスタンダード、テクノロジーの活用、プログラム評価との調節を決定するための手続、10)校長による職員の選抜における相談についてカウンシルを援助する手続、という10点である。

さらに、地方学区の教育委員会が、学校を基礎にした意思決定を実施するために、次の事柄に関する方針を採択すべきことが規定されている（KRS160.345(3)）。すなわち、1)学校の予算と管理、2)生徒個人の進歩の評価、3)学校改善計画、4)職能開発プラン、5)保護者、市民、コミュニティの参加、6)地方学区内、他の地方学区との間、他の公共機関や民間機関との協働、7)地方学区の方針の廃止の要件、8)学校カウンシルの記録の要件、9)学校カウンシルによってなされる決定をアピールするプロセス、という九点である。

学校財政に関して見てみると、州教育委員会が、州教育長の勧告に基づき、地方学区の資金が各学校カウンシルに配当される方式を、行政規則により設定することが規定されている。そしてその方式において、少なくとも65%は職能開発のために配当されることが含まれるようにすべきことが規定されている（KRS160.345(8)）。地方学区から学校カウンシルに配当される資金の計算は、一般資金のみを用いて行われ、特定補助金の資金は除外される（702 KAR 3:246 Section3）。学校カウンシルに配当される資金は、まず教職員に関する配当がある。そのために、各学校の教職員数を決定する教育委員会の方針、指針が設定される（702 KAR 3:246 Section4, 5）。その他、各学校カウンシルは、州の補助金プログラムであるケンタッキー州教育優秀性援助金（Support Education Excellence in Kentucky, SEEK）の州の保障基盤資金の3.5%を受け取る（702 KAR 3:246 Section6）。経常費、あるいは健康と安全の条件のための配当金は、別に

配当されることになる（702 KAR 3:246 Section6(3)）。

　テキサス州では、1992年からすべての地方学区に対して、学校における意思決定の実施が命じられている。テキサス州教育当局は、学校における意思決定について、「校長、教員、職員、地方学区職員、地域の代表者が、すべての生徒の教育成果を評価し、目標と戦略を決定し、戦略が生徒の成績を改善するように実施され、調整されることを保障するように協働した努力を通じて、すべての学校において教育成果を改善する決定を分権化するプロセスである」と定義している。州教育当局作成のガイドでは、学校における意思決定の目的は、生徒のパフォーマンスを改善し、アカウンタビリティを高めることであると示されている[78]。

　各地方学区は、州法により、教育計画、目標、パフォーマンス目標、授業計画などを設定し、検討する委員会を、地方学区と学校に設置しなければならない。委員会のメンバーは、地方学区の専門職員、保護者、地域住民、地域の産業界の代表者である（TEC11.251）。そしてこの委員会の役割は、計画、予算、カリキュラム、人事、職能開発、学校組織の領域の問題に取り組むことである。

　各学校の校長は、上述の委員会の助言を受けながら、学校の改善計画を策定し、評価し、修正しなければならない（TEC11.253 (c)）。この計画の目的は、州の生徒の到達目標指標に基づいて生徒の成績を改善することである。また学校の改善計画は、地方学区の改善計画の目的にかなったものでなければならず、そして少なくとも、州の教育目的と目標を支援するものでなければならないとされている。

　以上のような学校における意思決定の中で、学校での予算編成が主要なマネジメントのプロセスになる。学校における意思決定は、学校の目的、目標、計画を策定する際に地域の代表者や学校の教職員の関与を認めるものであるが、学校を基礎にした予算編成（site-based budgeting）は、学校の意思決定者に財源に関する権限をいっそう委任することにより、そうしたプロセスをさらに進展させるものである。学校を基礎にした予算編成は、法的な要件ではないものの、地方学区の予算を編成する際に学校を基礎にした予算編成の方法を

活用することが強く勧告されている。

　学校を基礎にした予算編成を採用する地方学区は、学校と地方学区の予算に関する責任を区別することが必要となる。地方学区は、その目的、目標、ニーズに適した予算編成プロセスを発展させることが必要である。予算編成プロセスは、まず州法により予算の権限を有する地方学区の教育長が、地方学区の予算編成に関わることになるが、学校を基礎にした予算編成は、その資源配分の権限の多くを学校に委ねるものである。その中で学校の意思決定者は、予算編成するにあたって地方学区の担当者からガイダンスや技術的援助を求めることになり、相互の協力によって進められる。すべての学校及び地方学区の支出項目が、適切な水準で予算に含まれるように、学校と地方学区の職員は、予算編成プロセスにおいて緊密に協力している。そして校長は、学校の予算を発展させ、維持する責任を負い、学校の目標達成のために必要な財源を最も効果的に用いる責任を負っている。

　ケンタッキー州、テキサス州の事例を見てきたが、両州とも財政運営に関わる意思決定を行う組織が学校において創設されている。その上で、学校における意思決定に関する組織の権限を明確化し、地方学区から学校に対して資金が配当される。いずれも財政に関わる権限だけではなく、学校に関わる包括的な権限の委譲が行われており、教育の目標、カリキュラムに関する決定と共に財政に関する権限の委譲がなされている点が重要である。学校での意思決定に委ねることを通じて、州の教育目標を実現することを目標とするものである。財政に関する意思決定が教育目標を達成する学校を基礎にした経営をいっそう促進するものと捉えられている。学校財政制度における問題としては、財政と教育とをいかに結びつけるかという問題であり、その関連づけを学校における意思決定に委ねることにより達成しようとしていると捉えられる。また財政的条件についても学校単位で検討することを可能とすることから、すべての生徒にとって必要で十分な条件が学校に備わっているかを検討し、学校財政制度における公正を判断する上でも重要な判断材料を提供することにもなる。

　学校財政制度の適否を検討する際に、学校における意思決定を重視し、そ

のための組織の設置と権限、財源の委譲を進めているかどうかが重要な視点となるのである。

　ただし、学校に委ねるということは、多様な運営の実態を生み出すことにもなる。テキサス州の地方学区における調査研究によれば、教員、保護者、地域のメンバーが意思決定に関わる非常に民主的な方法をとる学校もあれば、主要な意思決定者である校長による官僚的なシステムをとる学校もあったという[79]。学校によってその運営のあり方が大きく異なる可能性が高く、そうした実態を学校財政制度のあり方としてどのように評価するかは、重要な研究課題となる。

第3節
教育成果向上と学校財政制度の公正

　学校財政制度が公正であるかどうかを考察する場合に、学校の教育成果との関係を踏まえることは欠かせない。第2章で検討した適切性の考え方は、教育成果との関係を視野に入れたものであるが、適切性による州の学校財政制度改革は、各地方学区における教育費の水準が教育成果向上を目指した教育改革に必要な財源を保障しようとしたものであった。特に、マイノリティなど教育を受ける上で不利な立場の子どもたちの教育に必要な財源保障を重視した考え方であった。

　しかし、公正な財源保障がなされたとしても、その財源により行われる学校教育が、実際に成果をあげ、子どもの利益につながるとは限らない。教育費の運用が不適切で、実際の成果につながらないという可能性を否定することはできない。したがって、教育成果の向上を実際に促す、あるいは支援する制度が具体化されているかどうか、されているとすればどのように具体化されているか、教育成果向上策との関連から、学校財政制度の公正を考えることが必要である。

　本章で見てきた教育成果向上策は、アカウンタビリティ制度と学校を基礎

にした財政運営であった。前者は、基準に基づく改革運動の一環として、教育内容や成果に関わる基準設定、成果を測定するテスト、結果の責任を問うアカウンタビリティ制度からなるものとして捉えることができる。後者は、地方学区と学校との関係において、権限委譲により、学校の自律的な財政運営を促すものである。これらの制度が、学校財政制度における公正を考える際に、いかなる意味を持つのか、両者の関係を問うことが必要である。

教育成果向上策は、オッデン、パイカスの枠組み（1992）に基づくならば、公正の原理の中では、効果の原理に関わる問題である。教育の効果が、すべての生徒にとって公正になっているかどうかを問う原理である。この原理を測定する方法は、1992年の文献では、明らかにされていなかったものであり、今日においてもその状況は、基本的には変わっていないと言える。教育成果を問う場合、例えば、すべての生徒の成績を測定し、その結果が公正になっているかどうかを客観的に明らかにする、というような方法は、おそらくは妥当なものではないであろう。いわゆる学力差もあり、さまざまな要因の影響を受けていることが推測されることから、単純化して、客観的数値で公正の程度を示すことは困難であろう。

これまでなされてきた研究では、家庭環境と子どもの成績との関係を明らかにした研究がある。公正の観点では、両者の間に相関関係がないことが望ましいということになろう。しかしこれは、教育制度全体に対する評価であり、学校財政制度に焦点化されたものではない。したがって、学校財政制度の公正を判断する原理として、教育成果の観点をいかに位置づけるかを考えなければならない。

まず前提とされるべきことは、地方学区間において教育費の格差がないこと、教育費水準が適切であること、すなわち第1章、第2章で検討してきた公正が達成されていることである。その上で、教育成果向上を促す制度が適切に整備されていることを問うことが必要となるであろう。それは、教育成果を検証し、その結果を学校財政制度に反映させる仕組みが作られているか、作られているとすれば適切なものであるかどうか、を判断するものとなる。本章で検討してきたものは、アカウンタビリティ制度と学校を基礎にした財政運

営になる。これらは、各学校が教育成果を向上させる創意工夫を活発に行えるように学校に権限を与えること、そして各学校の教育成果を検証し、その結果に基づく責任を問う仕組みを整備したものとして捉えることができる。

　次に問うべきことは、その適切さをいかに判断するかということになる。学校を基礎にした財政運営の場合には、財政に関わる権限を中核として適切に権限の委譲がなされているかを問うことになる。アカウンタビリティ制度の場合には、目標や基準の設定が適切か、その成果を評価する制度が適切か、そしてその結果の責任を問う制度が適切か、を問うことになる。アカウンタビリティ制度の場合には、テスト制度や責任を問う制度が、学校の教育をゆがめる弊害がこれまで問題にされてきたことを考えると、学校教育のありようにマイナスに影響を与えていないか、という視点で、その適切さを判断していくことも重要であろう。

　教育成果における公正を考える場合には、十分な成果を上げることができていない生徒、学校、地方学区を対象として、その成果を目標の水準にまでいかに引き上げるかが問題となる。そしてそのために学校財政制度が十分に支援しているかどうかが、教育成果と学校財政制度との関係を考える際の中心的課題となる。アカウンタビリティ制度においても、成果の低い学校、地方学区に対する支援策が適切であることが重要な要件となる。

　結局、教育成果と学校財政制度の公正との関係に関しては、上記のような視点を提示することにとどまらざるを得ない。長嶺が指摘するように、具体的で客観的な数値指標を公平な基準として採用することには慎重であるべきであろう[80]。ただ少なくとも言えることは、教育成果の向上が適切になされているかどうかを、その財源保障と関連づけながら検証する仕組みが構築されているかどうかが、学校財政制度の公正の重要な判断基準となるということである。具体的な制度のあり方については、州、地方学区、学校の各レベルにおいて、個別的に検討していかなければならない。実際の学校経営、財政運営において、教育成果を視野に入れた取り組みをしていくことが求められる。

以上、教育成果の向上と学校財政制度の公正の問題について検討してきたが、第2章で検討した「適切性」との関係を整理すると、下記のように整理することができる。

	「適切性」	教育成果の向上
議論の対象	教育のインプット	教育のアウトカム
判断基準	教育費支出額の適切性	教育費運用の適切性、教育成果
達成の方法	教育費支出額算定の研究 専門家による判断 成功モデルの活用 経済モデルの活用	教育成果向上促進策の研究 インセンティブの活用 アカウンタビリティ制度の整備 学校を基礎にした財政運営
財源保障の方法	州による財源保障（補助金）	報奨と制裁
州と地方学区との関係	州主導（必要な教育費支出額の算定）の制度	権限委譲と失敗している学校や地方学区への州の介入、監督

註

1 Amy Ellen Schwartz and Leanna Stiefel, "Measuring School Efficiency: Lessons from Economics, Implications for Practice", in David H. Monk, Herbert J. Walberg, Margaret C. Wang, *Improving Educational Productivity*, Greenwich, Connecticut: Information Age Publishing Inc., 2001, pp.120-123.

2 Helen F. Ladd and Janet S. Hansen, *Making Money Matter: Financing America's Schools*, Washington D.C., National Academy Press, 1999, pp.135-138.

3 例えば、Gary Burtless ed., *Does Money Matter? : The Effect of School Resources on Student Achievement and Adult Success*, Washington D.C.: Brookings Institution Press, 1996.

4 Eric Hanushek, *Making Schools Work : Improving Performance and Controlling Cost*, Washington D.C. : The Brookings Institution, 1994, pp.25-49.

5 Ibid., pp.151-176.

6 Eric Hanushek, "The Impact of Differential Expenditures on School Performance", *Educational Reseacher* 18(4), pp45-51, p.62

7 Helen F. Ladd, "Introduction", Helen F. Ladd ed., *Holding Schools Accountable: Performance-Based Reform in Education*, Washington D.C.: The Brookings Institution, 1996, pp.2-3.

8 David Grissmer, "Research Directions for Understanding the Relationship of Educational Resources to Eduational Outcomes", in Stephen Chaikind, William J. Fowler, eds., *Education Finance in the New Millennium: AEFA 2001 Yearbook*, Larchmont: NY, 2001, p.140.

9 Ibid., p.141.

10 David Grissmer, Ann Flanagan, Stephanie Williamson, "Does Money Matter for Minority and Disadvantaged Students? Assessing the New Empirical Evidence", in William J. Fowler, ed., *Developments in School Finance 1997*, Washington D.C.: U.S. Department of Education, National Center for Education Statistics, 1998, pp.15-30.

11 ハヌシェクの分析手法は、Vote Counting と呼ばれるものであり、関係する研究の結果を分析し、有意な結果であるか、ポジティブに有意な結果であるか、ネガティブに有意な結果であるか、有意な結果にないのか、に分類し、その数をカウントすることによって、仮説が成り立つがどうかを検証しようとするものである。検定力の弱さが弱点であると言われる。Larry V. Hedges, Richard D. Laine, Rob Greenwald, "Does Money Matter? : A Meta-Analysis of Studies of the Effects of Differential School Inputs on Student Outcomes", *Educational Researcher* 23 (3), 1994, pp.5-14.

12 Ibid., pp.5-14.

13 Rob Greenwald, L.V. Hedges, and R. Laine, "The Effect of School Resources on Student Achievement", *Review of Educational Research* 66(3), 1996, pp.361-396.

14 Jennifer King Rice, op.cit., "Illuminating the Black Box: The Evolving Role of Education Productivity Research", in Stephen Chaikind, William J. Fowler, eds., op.cit., p.122.

15 Ibid., pp.125-132.

16 Amy Ellen Schwartz and Leanna Stiefel,op.cit., pp.129-131, Ross Rubenstein, Leanna Stiefel, Amy Ellen Schwartz, Hella Bel Hadj Amor, "Distinguishing Good Schools From Bad in Principle and Practice: A Comparison of Four Methods", in William J. Fowler, Jr. ed., *Developments in School Finance: 2003*, 2004, pp.55-70.

17 Corrine Taylor, "Does Money Matter? An Empirical Study Intoroducing Resource Costs and Student Needs to Educational Production Function Analysis", in William J. Fowler, ed., op.cit, pp.77-97.

18 Harold Wenglinsky, "School District Exenditures, School Resources and Student Achievement: Modeling the Production Function", in William J. Fowler, ed., op.cit, pp.101-120.

19 例えば、アメリカ合衆国における代表的な学校財政研究者であるオッデンとパイカスの学校財政のテキストにおいても正の関係にある立場に立つということが述べられている。Allan R. Odden and Lawrence O. Picus, *School Finance: A Policy Perspective, third edition*, New York, NY: McGraw-Hill, 2004, pp.49-51. その他、Corrine Taylor, "The Relationship Between Student Performance and School Expenditures: A Review of the Literature and New Evidence Using Better Data", in David H. Monk, Herbert J. Walberg, Margaret C. Wang, op.cit., pp.167-183. Jennifer King Rice, op.cit., pp.121-138. などがある。

20 Ross Rubenstein, Leanna Stiefel, Amy Ellen Schwartz, Hella Bel Hadj Amor, op.cit., pp.67-68.

21 Helen F. Ladd and Janet S. Hansen, op.cit., pp.161-162.

22 Jennifer King Rice, op.cit., pp.132-135.

23 Allan Odden and William H. Clune, "School Finance Systems: Aging Structures in Need of Renovation", *Educational Evaluation and Policy Analysis* 20(3), 1998, pp.157-177.

24 高見茂「アメリカ初等・中等教育におけるアカウンタビリティ（Accountability）の問題」『京都大学教育学部紀要』第 28 巻、1982 年、255-266 頁、岩永定「アメリカにおける教育アカウンタビリティ論とその諸政策」中島直忠編著『教育行政学の課題』教育開発研究所、1992 年、447-474 頁。

25 高見茂同上論文 256 頁、岩永定同上論文 450-451 頁。

第 3 章　教育成果向上の促進と学校財政制度改革　193

26　高見茂同上論文、260-263 頁。
27　山下晃一「アメリカにおける教育アカウンタビリティの今日的課題」関西教育行政学会『教育行財政研究』第 25 号、1998 年、44-45 頁。
28　Robert J. Marzano, *Models of Standards Implementation: Implications for the Classroom*, 1998 ED427088, pp.5-7.
29　Ellen Forte Fast and Steve Hebbler, *A Framework for Examing Validity in State Accountability Systems*, 2004, Washington, DC: Council of Chief State School Office, p.4.
30　Achieve, Inc., *1999 National Education Summit Briefing Book*, 1999, p.2.
31　1996 年以降の変化に関する以下の記述は、Ibid., pp.4-9 による。
32　Ibid., pp.2-3
33　Achieve, Inc., *1999 National Education Summit (Post-Summit Report)*, 1999, p.3.
34　1999 年教育サミットの提案については、Ibid., pp.10-13 を参照。
35　Achieve, Inc., *2001 National Education Summit Briefing Book*, 2001, pp.5-7.
36　Achieve, Inc., *Pressroom Articles, 2001 Summit Statement of Principles*, 2001. 以下の記述は、これに基づいている。
37　Achieve, Inc. は、独立した、党派を超えた、非営利の組織であり、3 つの主な目的を持っている。すなわち、第一に基準、評価、アカウンタビリティ、手法に関するリソースセンターとして州に貢献すること、第二に州がそれぞれのアカデミック基準、評価、到達度を最もすぐれた国内外の例と比較して評価するのを手助けすること、第三にアカデミック基準を引き上げ、生徒の成績を向上させる運動のために、持続的なリーダーシップを発揮し、提唱者になり続けること、という 3 つの目的である。Achieve, Inc., *1999 National Education Summit Briefing Book*, 1999.
38　Achieve Inc., *Academic Standards and Assessments Benchmarking Evaluation for Michigan*, 1998. ミシガン州のほか、ノースカロライナ州においても実施されていた。
39　American Federation of Teachers, *Making Standards Matter 1996: An Annual Fifty-State Report on Efforts to Raise Academic Standards*, 1996, pp1-10.
40　American Federation of Teachers, *Making Standards Matter 2001: An Annual Fifty-State Report on Efforts to Implement a Standards-Based System*, 2001, pp15-19, pp.22-23.
41　以下の記述は、次の AFT のレポートに基づいている。American Federation of Teachers, *Making Standards Matter 1996: An Annual Fifty-State Report on Efforts to Implement a Standards-Based System*, 1996, pp.13-30, American Federation of Teachers, *Making Standards Matter 1997 An Annual Fifty-State Report on Efforts to Implement a Standards-Based System*, 1997, pp.11-25, American Federation of Teachers, *Making Standards Matter 1998: An Annual Fifty-State Report on Efforts to Implement a Standards-Based System*, 1998, pp.9-17, American Federation of Teachers, *Making Standards Matter 1999: An Annual Fifty-State Report on Efforts to Implement a Standards-Based System*, 1999, pp.5-12, American Federation of Teachers, *Making Standards Matter 2001: An Annual Fifty-State Report on Efforts to Implement a Standards-Based System*, 2001, pp.25-35.
42　American Federation of Teachers, *Making Standards Matter 1996: An Annual Fifty-State Report on Efforts to Implement a Standards-Based System*, 1996, p.16. そのほか、1997 年、1998 年にも同様の記述がある。

43　American Federation of Teachers, *Making Standards Matter 1997 An Annual Fifty-State Report on Efforts to Implement a Standards-Based System*, 1997, pp.22-23.
44　Eric A. Hanushek and Margaret E. Raymond, "Lessons about the Design of State Accountability Systems", in Paul E. Peterson, Martin R. West ed., *No Child Left Behind?*, Washington D.C.: Brookings Institution Press, 2003, pp.127-129. 第4学年から第8学年までの成績の向上率で比較されており、制度を導入していない州では0.7%であったのが、アカウンタビリティ制度を導入している州では1.6%であった。
45　Linda M. McNeil, "Creating New Inequalities: Contradictions of Reform", *Phi Delta Kappan* 81(10), 2000, pp.729-734. この論文は、テキサス州における事例研究に基づくものである。統計的にその実態を実証したものとしては、Audrey L. Amrein, David C. Berliner, "High-Stakes Testing, Uncertainty, and Student Learning", *Education Policy Analysis Archives* 10(18), 2002 がある。この論文によれば、とりわけマイノリティの生徒について、成績の低下、中退率の上昇、卒業率の低下といったネガティブな影響があることを示した。ただ、この研究に対しては、アカウンタビリティ制度を導入している州の数値と全米平均との比較で行っている点など、研究手法に対する批判がなされている。Margaret E. Raymond & Eric A. Hanushek, 'High-Stakes Research', *Education Next* 3(3), pp.48-55, 2003.
46　高見茂前掲論文、261頁。
47　Florida Department of Education, *Assessment and Accountability Briefing Book*, 2004, p.1.
48　Ibid., p.3.
49　Lisa M. Abrams, *Teachers' View on High-Stakes Testing: Implications for the Classroom, Policy Brief*, ED483722, 2004, p.4.
50　Florida Department of Education, op.cit., p.49.
51　Ibid., pp.2-3.
52　Ibid., p.4
53　Florida Department of Education, op.cit., p.3.
54　Massachusetts Department of Education, *First Annual Education Reform Implementation Report*, 1994, p.5.
55　4つの基準は、次の文献による。Massachusetts State Department of Education, *First Annual Education Reform Implementation Report*, 1994, pp.11-15.
56　Massachusetts State Department of Education, *Massachusetts Comprehensive Assessment System*, http://www.doe.mass.edu/mcas/overview_faq.html?section=1, 2006.6.19.
57　Massachusetts State Department of Education, *Massachusetts Comprehensive Assessment System: Background on the Mcas Tests of May 1998*, http://www.doe.mass.edu/mcas/1998/bg/section1.html, 2006.6.19.
58　Assessment and Accountability: Report from the Prichard Committee for Academic Excellence, Task Force on Improving Kentucky Schools, Lexington KY; Prichard Committee for Academic Excellence, 1995, p.3.
59　Mark J. Fenster, *An Assessment of "Middle" Stakes Educational Accountability: The Case of Kentucky*, Paper presented at the Annual meeting of the 1996 American Educational Research Association, New York City, April 12, 1996, ED398280, p.1.
60　Kentucky Department of Education, *Accountability System*, 2006.6.8, http://www.

education.ky.gov/KDE/Administrative+Resources/Testing+and+Reporting+/CATS/Accountability+System/default.htm.

61　Kentucky Department of Education, *2005 CATS Interpretive Guide*, p.65.
62　州の行政規則（Administrative Regulation）では、卓越（Distinguished）に関する規定はなされていないが、Kentucky Department of Education, *2005 CATS Interpretive Guide: Detailed Information On Using Your Score Reports(Version 3.1)*, pp.58-63 には、卓越（Distinguished）が最上級として示されている。
63　Kentucky Department of Education, *2005 CATS Interpretive Guide: Detailed Information On Using Your Score Reports(Version 3.1)*, p.61.
64　成長アカウンタビリティインデックス（growth accountability index）は、基礎ラインの学校の成績をもとにして、次のようにその後の目標値が計算される。基礎ラインの値を 51 とすると、2002 年度について（100-51）÷7×1+51=58、2004 年度について（100-51）÷7×2+51=65、2006 年度について（100-51）÷7×3+51=72、2008 年度について（100-51）÷7×4+51=79、2010 年度について（100-51）÷7×5+51=86、2012 年度について（100-51）÷7×6+51=93、2014 年度について（100-51）÷7×7+51=100、というようになる。（703KAR5:020）Ibid., pp.63.
65　Robert Berne and Leanna Stiefel, "Issues in School Site-Based Financing in Large Cities in the United States", in Margaret E. Goertz, Allan Odden, *School-Based Financing*, Thousand Oaks; California, Corwin Press, Inc., A Sage Publications Company, 1999, pp.3-6.
66　Lionel Chan, "School-Based Budgeting: A Cost-Benefit Model", ED422628, 1997.
67　Priscilla Wohlstetter, Amy Van Kirk, *School-Based Budgeting: Organizing for High Performance*, ED384953, 1995.
68　Allan Odden, "School-Based Financing in North America", in Margaret E. Goertz, Allan Odden, op.cit., pp.155-187.
69　Allan Odden and Carolyn Bush, *Financing Schools for High Performance; Strategies for Improving the Use of Educational Resources*, San Francisco, CA: Jossey-Bass Publishers, 1998, pp.26-29.
70　Ibid., pp.132-136.
71　Ibid., pp.138-147.
72　Ibid., pp.147-154
73　Lawrence O. Picus, "Site-Based Management: A Nuts and Bolts Approach for School Administrators", in Margaret E. Goertz, Allan Odden, op.cit., pp.22-39.
74　Susan Albers Mohrman, Priscilla Wholstetter, " Introduction: Improving School Performance", in Susan Albers Mohrman, Priscilla Wholstetter, and Associates, *School-Based Management: Organizing for High Performace*, San Francisco, CA: Jossey-Bass Publishers, 1994, p.4.
75　Rodney T. Ogawa, Paula A. White, "School-Based Management: An Overview", in Susan Albers Mohrman, Priscilla Wholstetter, and Associates, Ibid., pp.53-80.
76　Ibid., pp.57-64.
77　Kentucky Department of Education, "Public Education in Kentucky", January 13, 2006, p.4, http://www.education.ky.gov/KDE/HomePageRepository/Publications/

Public+Education+in+Kentucky.htm?SUBMIT=Search

78　Texas Education Agency, *5. Site-based Decision Making Update 14 A Module of the Texas Education Agency Financial Accountability System Resource Guide*, 2010. 以下のテキサス州における学校を基礎にした財政運営に関する記述は、同書に基づく。

79　Lauri Peternick and Joel Sherman, "Site-based Budgeting in Fort Worth, Texas", *Journal of Education Finance* 23(4), 1998, pp.532-556.

80　長嶺宏作「マサチューセッツ州の教育財政改革」北野秋男編著『現代アメリカの教育アセスメント行政の展開—マサチューセッツ州（MCASテスト）を中心に—』東信堂、2009年、97-116頁。

第Ⅱ部

連邦教育補助金制度の役割

合衆国憲法により教育が州の責任であることから、学校財政制度における公正概念は、州の制度に関する基本原理として構築され、展開してきた。しかし、その影響は限定的とはいえ、連邦も教育に関わってきており、初等中等教育に関わる補助金を提供してきている。したがって、その補助金のあり方も、学校財政制度における公正に一定の影響を及ぼすものと見ることが必要である。

　そこで、第Ⅱ部では、連邦の教育補助金に焦点を当て、その変遷を整理するとともに、主として州の学校財政制度のあり方を捉える概念である公正との関連を検討することを目的とする。

第1章
連邦教育補助金制度の生成と発展

第1節
初期の連邦教育援助

(1) 州学校制度確立のための連邦政策

　アメリカ合衆国の建国時から、連邦の公教育に対する支援、州への関与は行われていた。まず、連邦が各地域に州として認める条件として、教育に関する規定を設けていた。例えば、オクラホマ州が1906年に認められたときには、連邦議会は、次のような事柄に同意することをその条件として求めた。すなわち(1)宗派的コントロールから自由な公立学校制度を整備すること、(2)学校では英語で授業がなされること、(3)黒人と白人のための分離した学校を認めること、(4) 16区画、36区画、賠償の土地がコモンスクールのために留保されること、(5)コモンスクールのための信託基金を設けること、(6)大学、大学予備学校、師範学校、農工科カレッジ、黒人のための農業師範大学、刑務所や慈善施設のために土地を用意すること、(7)オイル、ガス、ミネラルを含む土地の売却や貸与、査定、学校基金の利子の運用を管理する条件、を要求して

いた[1]。公立学校制度を整備することを州として認可する条件とすることにより、連邦は公教育に関する州への関与を行っていた。

　連邦の州に対する援助による関与は、1785年条例（Ordinance of 1785）による土地付与で始まったとされる。これは、西部の国有地の処分方法について定めたものであり、タウンシップに分割されることなどが示されていた。そして、すべてのタウンシップに、公立学校の維持のために1つの区画を留保することが求められた[2]。これは、その後の教育の振興のための連邦の土地補助のモデルとなるものであった[3]。今日のような補助金という形態ではないものの、小さなコミュニティであるタウンシップに公立学校を設置するという教育の振興を目的とした連邦の援助は、早くから重要な役割を果たしていた。

　土地付与に加えて、資金提供によって、学校設立を支援する政策もとられていた。すなわち、連邦の土地の売却による収入の一定割合が29の州に提供されており、これらのうち16州に対して学校のためにその資金を用いることが要求されていた[4]。

　土地付与、補助金いずれの場合も、これらの初期の連邦の教育に対する支援、関与は、連邦のコントロールを伴わないものであり、学校の定義は州に任され、資金の運用についても連邦のチェックはなかった[5]。これらの連邦の援助は、使途を限定しない一般目的の援助として捉えることができる。

(2) 特定目的のための連邦援助

　一般目的の連邦の教育援助の展開の中で、大きな転換点となったのが、1862年のモリル法（Morrill Act）であった。モリル法は、農工科大学を提供する州や地域に対して土地を付与することを規定するものであった。モリル法の画期的な点は、農業、工業という特定のタイプの教育に特化した援助を目的としたこと、そしてすべての州に対して援助の配分を行う方式を採用したことであった。したがって、モリル法は、連邦の教育に対する援助の制度において基本的な役割を果たし、教育行政の領域において前例のないほどの影響を与えたものと評価されていた[6]。目的が特定されるために、そのための規

制が設けられるようになっていた。すなわち、カリキュラムに関する規定があり、そこでは、主な目的は、科学と古典の学習を排除することなく、軍事戦術を含むことなく、農業と機械技術に関連する学習科目を教えることであると規定されていた[7]。

次に、連邦の教育援助における転換点となったのは、1887年に制定されたハッチ法（Hatch Act）であった。ハッチ法は、援助形態において新しい重要な方法を採用したものであった。すなわち、それまでの援助形態は、土地の付与であったり、補助金を交付する場合でも一括して交付するといった形態であったのが、ハッチ法では、毎年定期的に補助金の交付を行うというものであった[8]。その目的は、農業教育において科学的調査や実験というサービスに連邦の補助金を提供するものであった。

第一次世界大戦中に農業や工業生産に対する全米的関心が高まるにつれて、職業教育に対する関心も高まることになる。それが、1917年のスミス・ヒューズ法（Smith-Hughes Act）の制定につながった[9]。スミス・ヒューズ法は、職業教育の振興を規定するものであり、農業、商業、工業における教育の振興、職業教育科目の教員養成を規定したものであった[10]。またそれまでの連邦援助が法律の中で客観的にその援助額が定められていたのに対して、スミス・ヒューズ法では、そうした規定はなく、補助金額は連邦当局の裁量に委ねられていた[11]。その他、同法では、連邦当局による州のプランの承認を求めていた。州は、次の内容を示すプランの提出が求められていた。すなわち、職業教育の種類、学校や設備の種類、教育課程、授業方法、教員の資格、農業教育におけるスーパーバイザーやディレクターの資格、教員養成の計画、農業教育の管理のための計画を示すプランの提出が求められていた。こうした認可の基準も同法において定められていた。すなわち、教員、スーパーバイザー、ディレクターの最低資格、管理の州計画、必要な施設、設備の最低条件、学校あるいはクラスでの職業教育の維持のための最低資金額、教育課程の長さや特定課題における授業時間に関する条件の変更、教育実習生の経験あるいは接触の最低条件が定められ、それらを基準として連邦当局が認可権を行使することになっていた[12]。

以上のように、スミス・ヒューズ法は、連邦援助の目的を特定するだけでなく、連邦当局に裁量権を与えて、連邦レベルで設定する教育に関わる諸条件の基準を州に遵守させるという連邦の関与をもたらすものであった。ここに、今日まで続く連邦補助金の形態が形作られたと見ることができる。

第 2 節
連邦の一般教育補助金の提唱

(1) 連邦の一般教育補助金の提唱

これまで見てきたように、モリル法やスミス・ヒューズ法における連邦援助に対する考え方は、特定の教育を振興するために、その刺激を与えることを目的とするものであった。こうした考え方に転換をもたらすことになったのが、「教育における緊急性に関する委員会（Commission on the Emergency in Education）」による 1918 年の報告であった。同報告は、健康サービスを改善し、田舎の学校における耐え難い条件を除去し、教員養成を改善し、識字率を改善するための補助金を交付することを提案しており、それまでの目的を特化した補助金と同様の考え方を引き継いでいたが、それに加えて、公教育一般に対する支援の負担を均等化することを助けるために 5,000 万ドルを提供することを勧告した。この勧告が、その後の連邦教育補助金における一般補助金をめぐる議論を促すことになったと捉えられている[13]。すなわち、特定の目的のための連邦援助ではなく、一般目的の連邦援助を求める考え方が提起され、議論を喚起することになった。

連邦の一般補助金の交付を提唱したのは、1929 年にフーバー大統領によって任命された「教育に関する全米諮問委員会（National Advisory Committee on Education）」であった。同委員会は、1931 年に報告書を公表したが、その報告書により、連邦補助金に関する基本的考え方が転換され、新しい段階に入ったと捉えられている[14]。同報告書において 9 つの勧告が提示された。第一に、

現行の特定補助金は一定期間継続させること、第二に、教育に関する州の自律性に対して連邦当局が介入する権限を与える法律を改正すること、第三に、連邦の州に対する特定補助金を認める法律あるいはすでに執行されている現行の連邦の特定補助金を増額する法律を制定をしないようにすること、第四に、財政に関する研究を行うこと、第五に、すべての将来の州への補助金を一般補助金にすること、第六に、教育の基準やプロセスをコントロールしたり決定したりする間接的な手段にすることがないように、会計検査を限定的に行うこと、第七に、緊急補助金を限定的にすること、第八に、教育の研究や情報のための適切な連邦当局を創設すること、第九に、連邦の教育費を増額すること、という9点であった[15]。

同委員会が、特定補助金ではなく一般補助金を提唱したのは、特定補助金の交付に伴う中央集権化の傾向を問題にしていたこと[16]、そして合衆国における経済状況の変化により、州の間での所得格差が増大したことから、教育に対する連邦の一般補助金が適切な連邦の政策であるという認識に基づくものであった[17]。また州に対する連邦の教育補助金の必要性を正当化できるかどうかを判断できるほど十分なデータがないとして、研究の必要性を指摘し、客観的データに基づいて連邦補助金の政策を進めるべきこと、そして連邦補助金を交付する場合には、一律補助金ではなく、研究成果に基づいた補助金方式を構築することを提案していた[18]。このように、連邦の教育補助金に関して慎重に検討するとともに、交付する場合には、州や地方学区の権限を損なうことのないように、一般補助金を提唱する考え方が示されていた。

全米諮問委員会が報告書の中で提案していた補助金方式を構築するための研究が、モートを中心にしてなされた。その研究は、学校財政に関する全米調査（National Survey of School Finance）によるデータに基づきながら、教育ニーズの測定方法、教育をサポートするための州の能力の指標に関する研究を行い、それらを踏まえた連邦補助金の方式について具体的な提案を行ったものであった[19]。

モートらの研究では、まず連邦教育補助金の基づくべき原理として、均等化原理（Equalization Principle）と効率性原理（Efficiency Principle）という2つの

原理を提示していた。均等化原理は、1923年のストレイヤーとヘイグの研究によって提示された標準教育費補助金方式の考え方を連邦補助金にも提供しようとするものであり、全米のすべての子どもに教育機会を保障する標準教育費補助金を連邦政府が設定すべきであるという考え方である。効率性原理は、学校を変化するニーズに継続的に適合させるのに好都合な条件を提供する責任を州に課すという考え方である。すなわちこれは、地方のイニシアティブとコントロールを守ることを要求するものである。さらに、そのイニシアティブのために地方が重い税負担を負うことは避けなければならないことから、州には税制度を改善することが求められるのであり、したがって効率性原理は平等な税制度を求める考え方でもある[20]。このように、モートらの研究は、すべての子どもに最低限保障すべき教育水準を設定し、そのための費用を、州や地方の自主性を尊重しながら、その能力に応じた補助金を交付するという均等化の考え方に基づいていたことがわかる。

実際の連邦補助金の内容としては、平均的資産を持つ地方の経験をもとにして標準教育費を設定すること[21]、そして連邦政府のコントロールを避けるために、連邦当局に裁量権を与えないように州のニーズや能力を客観的に測定し、機械的に補助金額を算定すること[22]が提案されていた。具体的な補助金方式の研究がなされていた。

全米諮問委員会に次いで、連邦の役割、連邦の補助金に関して研究を行い、提言を行ったのが、「教育に関する諮問委員会（Advisory Committee on Education）」であった。同委員会は、1936年に職業教育に対する連邦補助金に関する研究を行うことを目的として大統領により設置されたものであったが、1937年には、連邦議会において多くの審議中の法案を抱えていたこともあって、州や地方の教育に対する連邦の関係という全体の問題についてより広く考察し、報告書を提出するように求められた委員会であった[23]。

この教育に関する諮問委員会に対して、モートとローラー（Eugene S. Lawler）によって連邦補助金の原理と方法に関する研究がなされ、報告書が提出されている[24]。同研究は、地方の権限を損なうことなくすべての州のすべての地方において最低限の標準教育費補助金を保障すること、最低限の標準

教育費補助金を支援する負担を均等化すること、税制度の改革によって地方の権限を回復すること、という3つの目的を達成するために、3つの連邦補助金のプランを具体的に提案していた。それらのプランは、標準教育費補助金方式や一律補助金の方式による連邦補助金を提案したものであった[25]。

同委員会は、1938年の報告書の中で、連邦の補助金について、連邦の命令の伴わない、そしてプロセスや支出に対する地方のコントロールを伴った一般学校支援の形態であるべきことを提言した。ただし、全米諮問委員会とは異なって、連邦の特定補助金や多くの連邦の規制も提案していた[26]。

(2) 連邦の一般教育補助金に関する法案の展開

前項で見たように、早くから連邦の一般教育補助金に関する提唱が行われていたが、実際に連邦議会において連邦の一般教育補助金を求める法案が繰り返し提案されてきた。しかしいずれも可決には至っていない。ここではその法案の概略を整理しておこう。

最初の法案は、1870年代に下院議員ホール（George Hoar）によって提案されたものでホール法案（Hoar Bill）と呼ばれていた。ホール法案は、移民の増加に伴い非識字人口の増加が新たな問題として認識されていたことを背景にして、各州に対して、非識字人口の割合に応じて補助金を配分することを規定するものであった。その資金は、土地の売却によって打ち立てられた連邦の永久基金から支出されることとなっていた[27]。また同法案は、州によって教育制度が提供されていないところでは、大統領に州の教育長を任命する権限を与え、さらに内務省長官にすべての学区教育長を任命する権限を、そして連邦政府に学校の教科書をコントロールする権限を与えるなど、連邦の権限を強める規制的な法案であった[28]。

その後、1872年にパース法案（Perce Bill）、1879年にバーンサイド法案（Burnside Bill）、1880年代のブレア法案（Blair Bills）においても同様の提案がなされた[29]。中でもブレア法案は、1864年、1886年、1888年に上院で可決されたものの、下院では一度も可決されなかった。ブレア法案の主な内容は、

学校に対する直接的な財政援助制度、非識字率に基づく資金配分、地方学区の資金の提供、州と地方学区当局者による補助金の管理、公立学校に限定した補助金、というものであった。これらは、1960年代ごろまで続く連邦の一般補助金をめぐる論点をおおよそ含むものとなっていた[30]。

次に連邦の教育一般補助金の提案がなされたのは、第一次世界大戦後の1910年代後半から1920年代にかけてであった。その最初の法案は、スミス・タウナー法案（Smith-Towner Bill）と呼ばれているもので、第一に連邦の教育省の創設、第二に非識字からの脱却、教育の機会均等、アメリカ化プログラム、物理学教育、そして教員養成のための予算充当を規定するものであった[31]。この法案は、移民に対する識字率を向上させることを中心として、教育の機会均等のための連邦の補助金を創設するとともに、連邦による教育のコントロールを強化するための教育省の設置を進めようとするものであった。

1929年以降のいわゆる大恐慌の時代には、経済の復興が喫緊の課題であり、学校制度そのものに対する援助よりも、失業している教員を雇用するための資金提供や教員給与のためのローンの提供など、緊急援助としての補助金が展開された。そのために、連邦の一般教育補助金に関する法案の提出は、中断することになった。その後、連邦の一般教育補助金に関する議会での議論が提起されたのは、1930年代後半からであり、この後、可決に至ることはなかったが、幾度も法案が提出され、連邦議会での議論が繰り返されることになった[32]。以下、主な法案とその議論の概略をまとめておこう。

第二次世界大戦後に問題になったのは、ベビーブームによる生徒数の飛躍的増大に伴う教員不足、教室不足であった。生徒数の増大に見合う教室の確保が困難なため、学級規模が増大し、また給与が低いために、十分な数の有資格教員を雇用することが難しい状況に陥った。多くの学校が、すし詰めの教室、二部授業の展開、教員不足の状況であった[33]。そのために、そうした不足を解消するための連邦の措置が求められ、1945年から1950年にかけて、一般教育補助金の法案が議会に提出され、主として上院において議論がなされていた。こうした議論により、法案が可決されるという見通しもあったよう

であるが、法案が私立学校への補助金交付を禁じる規定を含むものであったことから、カトリックグループの反対に遭い、法案が可決されることはなかったという[34]。

　宗教をめぐる論争が議員に連邦教育補助金を提案する意欲を失わせることになったようであるが、その後に新たな動きが示されるようになった。それは、連邦活動により影響を受けている地域への補助金であった[35]。これは、P.L.815、P.L.874として1950年に可決されたものであり、ランハム法（Lanham Act）によって補助金が提供されていたものを、対象となる地域を拡大させた補助金である。この補助金は、「Impact Aid」とも呼ばれているもの[36]で、連邦の軍事基地を抱える地域など、連邦の施設が存在し、そこの職員の子どもが地方学区の学校に通うことになり、その財政支出負担への援助である。P.L.815は学校建築費、P.L.874は経常費を補助対象とした。特にP.L.874は、経常費について、その使途を全く制限しないものであり、補助対象地域が広がったために、連邦の一般補助金に代わるものとして役立ったとも捉えられていた[37]。これらの補助金は、1950年に認められて以来、今日まで続く重要な連邦補助金プログラムとなっている[38]。

　「Impact Aid」法と同じ1950年に、学校建設に焦点を当てた連邦補助金を求める方向への転換があり[39]、それはアイゼンハワー大統領（Dwight D. Eisenhower）の時代にも引き継がれていった。1957年には、学校建設法（School Construction Act）として知られているマクネル法案（McConnell Bill）が提案されていた。またNEAの支持を得たマレイ・メトカルフ法案（Murray-Metcalf Bill）が1959年に提案された。これは、教員給与か学校建設どちらかに用いることができる補助金を規定するものであった[40]。NEAは、教員給与に対する連邦補助金を求めてきており、法案成立を目指した妥協の産物であった。同法案は、1960年に初めて下院を通過したものの、上院では異なる法案が可決されため、両院の法案の相違点を協議する委員会を設けて議論を継続することが必要であったが、協議会の開催が認められることはなかったという[41]。

　連邦の教育補助金を限定的に捉えようとしていたアイゼンハワー大統領に対して、ケネディー大統領（John F. Kennedy）は、連邦教育補助金を大統領

選挙の主要争点とし、そして歴代の大統領の中で初めて、連邦教育補助金を内政プログラムの中の主要な要素として位置づけ、その制定に積極的に取り組んだ大統領であった[42]。ケネディー大統領は、在任中に二度法案を提出していた。第一は、1961年の学校援助法（School Assistance Act）と呼ばれるものであり、教員給与の増額、教室建設への補助金、不景気な地域の恵まれない子どもたちへの特別補助金を内容とするものであった。第二は、1963年の国家教育改善法（National Educational Improvement Act）であった。同法案は、高等教育への連邦補助金を含む総合的な教育法であり、初等中等教育に関しては、1961年の学校援助法とほぼ同様に、教員給与の増額、教室建設、特別な教育ニーズを満たすための実験的なプロジェクトを始めることを内容とするものであった[43]。

しかし、この両法案とも成立を見ることはなかった。その要因は、宗教上の問題、すなわち私立学校、宗教学校への補助金が含まれていなかったことが、再び問題として持ち上がり、可決を阻んだようである[44]。大統領によって重要課題に位置づけられたにもかかわらず、可決に至らなかったのであり、連邦の一般教育補助金の成立はきわめて困難な状況にあったといえる。

(3) 連邦の一般教育補助金に関する論点

連邦の一般教育補助金を求める議論は、なんらかの社会的危機の出現によって促されてきたと捉えられている[45]。前項で見たように、初期の1870年代から1910年代までの連邦一般教育補助金は、移民の非識字率が問題となっていた。英語に熟達していない人々への対応が社会的に重要な課題となっていたことが連邦の補助金を求めることにつながったと言えよう。さらに、1910年代の中ごろからは、大恐慌による経済、財政の危機が連邦の補助金を必要とした。第二次世界大戦後は、1940年代後半からの教員不足、1950年代のベビーブームによる在籍者数の増大による教室不足が深刻な問題となり、連邦の一般教育補助金の法案をめぐる論争が活発となった。1957年のスプートニクショック以降は、国防に関する危機意識が連邦の補助金を求めることにも

つながった。それぞれの時期には、使途を特定した連邦教育補助金は認められてきたものの、一般教育補助金が認められることはなかったのであり、一般教育補助金を成立させるほどの危機は出現しなかったと見ることはできよう[46]。

では、連邦一般教育補助金をめぐって、何が問題になってきたのか。補助金のあり方、目標に関してみるならば、第一に、補助金の交付方式として、一律補助金方式とするのか、より貧しいところに配分する均等化方式とするのか、という点が論争となった。前者であれば、すべての州、地方学区に対して一律に補助金を交付する方式となることから、地域の貧富にかかわらず幅広く連邦補助金が交付されることから、より裕福な州、地域から支持される傾向にあった。これに対して、均等化方式は、貧困な地域に補助金交付が集中されることになることから、貧しい州、地域から支持されることになった。したがって、北東部の州から選出されている議員は一律補助金方式を、より貧しい南部の州から選出されている議員は均等化方式を支持する傾向にあった。また政府としては、補助対象が限定される均等化方式のほうがより支出を抑制できることから、均等化方式を望んでいた[47]。一律補助金方式か均等化方式かをめぐって、地域性と関わって論争がなされてきた。

第二に、補助金交付の目標に関わる問題である。この問題については、3つの対立があった。1つは、一般補助金か特定補助金かをめぐる問題である。これは、初期の頃からの問題であり、前節で見たように、フーバー大統領（Herbert C. Hoover）時代の全米諮問委員会やアイゼンハワー大統領時代の教育に関する諮問委員会においても重要な論点であった。両委員会では、特定補助金を削減し、一般補助金の制定を求める提言を行っていたが、1958年の国家防衛教育法により特定補助金プログラムが拡充されたことにも表れているように、一般補助金よりも特定補助金を求める特定補助金の支援者も少なくなく、この問題は継続するように捉えられていた。2つには、補助金の使途を全面的に州にゆだねるのか、ある程度補助金の使途を法案に書き込む、具体的には教員給与に使途を限定するのか、という問題であった。これは、補助金が州の負担軽減のために用いられるのを防ぐために、確実に教育費の増額

につながるように、教員給与などある程度その使途を指示するのかどうかをめぐる問題であった。そして3つには、教室不足の問題を克服するために学校建築に対する補助金とするのか、教員給与に対する補助金にするのか、という対立であった[48]。

第三に、補助金交付に伴う連邦コントロールの問題である。アメリカ合衆国の伝統に敏感で、アメリカ人の気質をよく知る人であれば、カリキュラム、教科書、学校の建物、教員の要件、その他学校を作り上げているあらゆる要因が、連邦政府によってコントロールされるべきである、と主張する人はいないと言われる。地方や教育機関の自律性という伝統的理想は、個人主義と結びつき、アメリカ社会に深く根ざした考え方であり、それがアメリカ合衆国の制度の大きな社会的強みでもあった[49]。したがってこの論点は、賛成論者、反対論者がはっきりと区別されるものではなく、連邦一般教育補助金の支持者も、常に、連邦コントロールを避けようとする強い願望を表明していた[50]。問題となったのは、何が避けるべき連邦コントロールと捉えるべきか、ということであった。すなわち、連邦コントロールとは、地方学区による自由な政策選択に対して連邦が制限を導入することであり、問題となるのは、地方の選択に対する望ましくない制限が連邦コントロール、望ましい制限は連邦の基準（standards）と捉えられ、その区別、バランスをいかに考えるかという問題であった[51]。これは、補助金交付により、連邦、州、地方学区の間の関係をいかに捉えるか、いかに再編するのかどうか、という問題である。

その他、連邦議会での法案の歴史の中で、連邦の一般教育補助金の成立を阻んできた要因として指摘されてきたのは、宗教上の問題、人種問題であった。

まず宗教上の問題とは、補助金の交付対象を公立学校に限定するのか、私立の宗派学校も含めるのか、という問題であった。特に、カトリック教会のグループが、連邦一般教育補助金に対して大きな影響を与えてきた。カトリック教会の立場は、一貫したものではなく、主張に変化が見られた。すなわちカトリック教会は、元々は、あらゆる連邦一般教育補助金に対して反対を表明していた。それは、公立学校に対する連邦補助金による改善が私立学校にとって脅威であること、さらには連邦の補助金が教育に対する連邦コントロー

ルをもたらすという理由から、表明された反対であった。ところが、1940年代以降、カトリック教会は連邦の補助金の対象に私立の宗派学校を含めることを求め、公立学校に限定した連邦一般補助金法案に反対する立場をとるようになった。これに対して、カトリック以外のプロテスタントなどのキリスト教系のグループは、宗派学校に対しては一切の連邦補助金を禁止することを主張していたし、NEAや州教育長官協議会（Chief State School Officers Council）など公立学校関係者は、連邦補助金を公立学校に限定すべきだとする立場をとっていた[52]。この宗教上の問題は非常に大きく、先述したように、1961年のケネディー大統領が提出した法案の成立を阻むことになった。

　人種問題に関しては、連邦政府が学校の運営に直接関わることを促した数少ない問題の1つであった。すなわち、南部諸州の黒人のための学校への資金提供と建設に連邦政府が関わってきた。そのために、連邦の教育補助金が黒人と白人の間の関係にどのような影響を持つかということが、議会での議論の主要な論争点であった。その後、連邦教育補助金における人種問題をめぐる論争は、黒人の地位向上を求める運動の展開と連動して進められることになる。その運動をリードしていた全米有色人種地位向上連盟（National Association for the Advancement of the Colored People, NAACP）は、黒人の学校の教育条件の向上の推進とともに、黒人と白人とを分離する人種分離政策の撤廃を推進する運動を展開し、人種分離政策を違憲とした1954年のブラウン判決を勝ち取ることになったが、連邦教育補助金においても、人種分離政策を採る地方学区への連邦補助金の配分を禁止することを法案に求める主張を展開した。こうした主張は、法案の成立を阻む大きな障害となった。南部諸州選出の連邦議会議員は、NAACPが主張するような人種差別撤廃を求める急進的な法案には反対であったし、また南部諸州の議員と妥協を模索して法案成立を目指していたNEAなどの連邦一般教育補助金の推進者もNAACPの提案には反対であった[53]。このように、人種問題は連邦一般補助金にとって重要な論点となっていた。

第3節
連邦教育補助金制度の発展

(1) 国家防衛教育法

　1957年にソビエトが人工衛星スプートニクの打ち上げに成功したことが、アメリカ合衆国に大きな衝撃を与え、ソビエトに対する科学技術の進歩の立ち遅れと軍備増強競争での立ち遅れが懸念され、国防に対する危機意識による科学技術力向上への関心が高まることとなった。いわゆるスプートニクショックの翌年、1958年に国家防衛教育法（National Defense Education Act, NDEA）が制定された。NDEAは、国家防衛というかなり特別な教育補助金の印象を与えるものの、これまでの連邦教育補助金の伝統を引き継ぐものであり、これまでの連邦の補助対象の範囲をより拡大した法律であった。その伝統とは、特定の目的を達成するために、地方学区、州、連邦政府が調整することを必要とする伝統であった[54]。つまり教育行財政制度の枠組みの大きな転換を求めるものではなかった。そしてNDEAの成立は、ソビエトによるスプートニクの打ち上げ成功が触媒となったが、その目的は、スプートニク打ち上げによって証明されたソビエトの科学技術の進展への単なる対応ではなく、初等中等教育に対して連邦補助金を交付することを主な目的とするものでもあった。NDEAの補助金は特定補助金であったが、それまでの職業教育の補助金と異なり、非常に幅広いプログラムを対象とするものであった[55]。初等中等教育レベルでは、職業教育という特別な領域に限定されていた連邦補助金を、後述するように、理科、数学、外国語と対象とする教科はまだ限られていたものの、普通教科をも対象とするまでに、連邦補助金の補助対象を拡充したという意味で、NEDAは画期的な法律であったと捉えることができる。したがって、NDEAが実施される中で、連邦教育補助金のあり方をめぐる議論が活発に展開されることにもなった。

　NDEAの主な内容は、第一は、学生に対する援助である。その援助は、奨

学貸与金や給付金の形でなされるものであった。第二は、初等中等レベルの州の教育を援助するさまざまなプログラムである。そのプログラムとは、理科、数学、外国語教育を強化するための補助金、学校でのガイダンス、カウンセリング、テストプログラムを強化するための補助金、そして特別な訓練を必要とする職業や国防に必要な職業において高度な技術者となるための職業教育に対する補助金であった。第三は、授業研究を行う研究者に対する援助である[56]。

初等中等教育レベルにおいて、理科、数学、外国語というアカデミックな教科を対象とした連邦補助金がスタートすることになったのであり、初等中等教育における連邦の役割が大きく拡大し、その重要性を増すことになった。それに伴い、連邦教育補助金のあり方をめぐる問題も活発となった、主要な問題として、第一に教育基準を決定する際の連邦の役割のあり方、第二に連邦補助金の形態として、特定補助金か一般補助金かをめぐる問題があった[57]。

連邦の役割に関しては、州や地方学区の当局者から、連邦補助金により州や地方の自律性が脅かされるのではないか、という懸念が投げかけられてきた問題であった。連邦の教育補助金の必要性に関しては一般的な合意はあり[58]、教育関係者の間でも、連邦補助金が教育の資金を増大させることになるということから、NDEAは、理想的ではないものの、受け入れられる政策であると捉えられていた[59]。しかし、従来よりもかなり広範囲の領域に対する補助金を交付するものであったため、その実施において、連邦の役割に対する懸念もより強まることになったと言えるであろう。

まず、補助金の執行に関わる書類事務の複雑さや会計監査など、適正な補助金の執行を保証するための連邦の規制が問題となった。NDEAの実施に携わっている州や地方の当局者にとって、会計事務、会計監査、物品購入手続は、煩わしいものであり、しかもアカウンタビリティのための必要性を反映しない無関係なものであると受け止められていた[60]。NDEAのタイトルIIIに関する規則において、地方学区のプロジェクトに対する監査についての規定がある。それによると、地方教育当局のすべての支出は、州あるいは地方当局の担当者によって監査がなされることが規定されていた。したがって、連

邦当局は、補助金執行に関する適正な事務の遂行に対する会計事務や会計監査のシステムを受け入れ、それに委ねることになった。州は、連邦当局に受け入れられるシステムを整備する責任を負うことになるが、受け入れられるべきシステムのあり方に対する認識において連邦と州との間に認識の相違があった。また連邦当局が不適切な資金の運用であると考えることと、地方学区の学校当局者が不適切であると考えることとが一致していたわけではなく、そのことを州当局者がコントロールしたり、容易に監視したりすることができるわけでもなかった[61]。このような不一致が、州や地方学区の当局者に対して、連邦が州や地方学区の自律性を脅かす存在として認識させることにつながったと見ることができる。

　会計事務、書類事務に関する連邦の規制に加えて、より重要な問題として、連邦がカリキュラムや教育指導に干渉してくるのではないか、という懸念も広がっていた。極端な意見としては、連邦政府が合衆国の教育制度をコントロールしたり、命令したり、究極的には独占したりしないようにする方法は、連邦を全面的に教育から締め出すことであるという主張もなされていた[62]。連邦が教育に関わることへの警戒感は根強いものがある。もっとも連邦教育局の当局者も、教育内容への干渉を望んでいたわけではない。連邦教育局の当局者の立場からは、政府の関心事はお金ではなく、プログラムと教育の優秀性であり、連邦の役割は、州の教育事業の改善を援助することであると認識されていた。さらに連邦の当局者には、州や地方学区の学校当局者に対して、学校のカリキュラムや教育政策を命じることを望んではいないということ、州当局者の求めに応じて初めて州への関わりを持ち、州当局者の不在のところでは地方の当局者に関わることはないという認識もあった[63]。ここにも、連邦と州、地方学区との当局者の認識の不一致が見られた。州、地方の当局者からは連邦に対する警戒感、そして連邦当局者には州、地方学区に対する支援による教育水準の向上を求める意識が見られ、それらの食い違いが生じていたと見ることができる。

　以上のような連邦の役割をめぐる問題は、補助金の形態をめぐる問題にも関わるものであった。すなわち、一般補助金か特定補助金かという問題である。

一般補助金を主張する立場は、連邦補助金が州の教育プログラムに対する一般的な援助として提供されることを求めるものであり、各州が自ら考案した広く複雑なプログラムを達成することを助けるために用いられるべきことを主張するものであった[64]。また特定補助金に関わっては、連邦政府が適切な援助領域を選んでいるかどうか、特定目的のための連邦の援助が州の教育政策を乱す傾向にあるかどうか、ということが論点とされていた。すなわち連邦政府が必要と感じる事柄が、必ずしも州において必要性が認識されていたわけではなかった。また特定補助金により、学校のカリキュラムをアンバランスにするという批判も寄せられていた。そして NDEA は、数学、理科、外国語に対する補助金を交付するものであったが、社会科学、英語、人文科学、芸術なども対象とすべきだという声が強く、特定目的に限定した補助金のあり方が問題とされていた。そして特に州の教育当局者からは、学校のカリキュラムについては州の権限であり、連邦のコントロールではなく、州のコントロールにより提供されるべきであることが、強く主張されていた[65]。

(2) 初等中等教育法

1965 年の初等中等教育法（Elementary and Secondary Education Act、以下 ESEA）の制定は、連邦教育補助金の展開の中で最も大きな転機となったものである。公立の初等中等学校の教育費に占める連邦の割合が、約 4%から約 8%に飛躍的に上昇するとともに、補助対象についても、第 1 編においては、地域が限定されたものの、教育内容については全く限定がなく、補助金の使途は地方学区の裁量であった。ESEA の制定により、初等中等教育における連邦の新たな役割が開始されたと捉えることができる。

① 初等中等教育法制定の背景

すでに見たように、初等中等教育に対する連邦の一般補助金が繰り返し求められてきたが、それらを促してきたのは、それぞれの時代の危機意識であった。移民の増加と非識字人口の増加、大恐慌による経済、財政的危機、第

二次世界大戦後のベビーブームなどによる就学人口の増大と教室、教員不足、などを克服することを目的として、教員給与や学校建設に要する州、地方学区の経費の負担軽減を意図した連邦の一般補助金に関する法案が幾度となく提案されてきた。しかしいずれも可決されることはなく連邦補助金を成立させるほどの危機ではなかったと言えよう。

　では、ESEAの制定を促したのは、どのような問題であったのか。すなわち、初等中等教育における連邦の補助金を提供するための根拠として、どのような問題が認識されるようになったのか。それは、新たな貧困問題、大都市問題、そして公民権問題であり、それらが連邦補助金の必要性に対する認識を高めることになった[66]。

　まず、1960年代において、貧困の「再発見」といわれる状況が浮かび上がった。それは、新しい貧困層の深刻な問題状況であった。かつての貧困層は、その多くは成功を夢見てアメリカ合衆国に渡ってきた移民であった。彼らは、貧しくてもそれは一時的なもので、少なくともその子どもたちにまで及ぶことはないと考え移住してきたものであったが、彼らの認識どおりに、当時のアメリカ合衆国は、熟練を要しない仕事を多く提供することができた経済の拡大期であり、社会的移動も活発な時代であったため、貧困から脱出することが可能であった。したがって、貧困層が固定されることはなかった時代であった。ところが、第二次世界大戦後のアメリカ合衆国の経済発展は、技術革新によるものであり、熟練労働を必要とするものであった。そのため、新たな貧困層は、機械化、技術革新から取り残された人々であった。かつての貧困層と異なり、社会で成功し、地位を向上させる可能性がほとんど感じられず、貧困層が固定化されることになった。所得の低さと学業成績の低さとの相関関係も明らかとなり、ここに貧困問題が教育と深く関わるようになった[67]。

　このような貧困問題は、大都市に深刻に表れるようになっていった。大都市化は、人々、仕事、経済活動が、同時並行に移動して生じたものであり、その移動は、田舎から都会への、そして都市から郊外への移動であった。その移動は、裕福な白人が都会から郊外へと移住し、逆に、貧しい黒人が田舎から都会へと流入してくるという傾向が著しかった。全米の大都市の人種

構成は、白人の割合が減少し、黒人の割合が上昇するようになった。大都市へと流れてきた黒人の家庭の子どもたちは、学校での成績向上に役立つ雑誌、本、レコード、勉強場所のような物的な環境や教育の成績をあげることが重要であるという価値観をもつ環境には、平均的な中流の白人と比べて浸る可能性があまりないという教育を受ける上で不利な状況にあった。したがって、貧しい家庭の黒人の子どもを多く抱える大都市では、特別な支援プログラムを必要としたが、そのための十分な財源がなく、大きな問題と認識されるようになった[68]。

以上のような貧困問題、大都市問題は、黒人層に最も影響を及ぼすものであり、その克服を目指す公民権運動とも密接に関係していた問題でもあった。キング牧師など優れた指導者のリーダーシップによる1960年代の公民権運動の展開が、初等中等教育法の制定を促す要因にもなったのである[69]。

結局、公民権運動の影響として捉えられることでもあるが、平等、つまり教育の機会均等を求める観点から、新たな貧困問題への認識を深め、大都市の貧しい黒人を多く抱える学校の条件の厳しさが、不平等問題として、それはもはや地方の問題ではなく、国全体の問題であるという認識が強まり、初等中等教育法の制定につながったと見ることができる。

② 初等中等教育法の内容

ESEAは、1965年の制定当時には、5つのプログラムを規定するものであった。第1編がその中心となる貧困家庭の子どもの教育に関する地方教育当局に対する補助金であった。第1編を中心に、ESEAの概略を整理しておこう。

〈第1編〉

すでに見たように、ESEAの制定を促したのは貧困問題であり、その対応策として制定されたのが、第1編である。第1編は、貧困家庭の子どもの特別な教育ニーズと貧困家庭の集中が地方教育当局の適切な教育プログラムを支援する能力に与える影響を認識し、貧困家庭の生徒たちの特別な教育ニーズを満たすことに役立つ教育プログラムを拡大し、改善するように、貧困家庭の生徒たちが集中する地域の地方教育当局に対して、財政的援助を提供する

ものである。

　補助対象は、生徒とその生徒を抱える地方学区について規定された。生徒については、年収が低所得要因（1966年で年収2,000ドルと規定されていた）を下回る家庭の5-17歳の子ども、年収2,000ドルを越えているものの社会保障法（Social Security Act）の第4編に基づく州のプログラムに依存している生徒であった。そして補助金が交付される地方学区については、上記の補助対象となる生徒が少なくとも100人、もしくは5-17歳の生徒の3％（その場合でも少なくとも10人は必要）を抱える地方学区と規定されていた。補助金額は、地方学区ごとに計算される。当該地方学区が属する州の生徒1人当たりの教育費支出額に補助対象となる生徒の数を掛け、さらに連邦の補助率（1966年については50％）を掛けた額となる。

　補助金の運用については、次のようなプログラムやプロジェクトのために補助金を用いることが規定されていた。すなわち、貧困家庭の生徒が集中している地域の教育を奪われている生徒たちの特別な教育ニーズを満たすものであること、そしてそうしたニーズを満たす方向に進展することを確実にするのに十分な規模、範囲、質を備えたものであることが規定されていた。それらは、設備の購入や学校施設の建設に用いることもできる。このように、補助対象や補助金の目的には規定が設定され、限定がなされていたものの、具体的にどのような手段、方法でその目的に迫るかについては詳細な規定はなく、緩やかな制限といってもよい内容であった。

〈第2編〉

　第2編は、学校図書、教科書、その他の印刷物である教材を購入するための補助金プログラムである。この補助金を得るためには、州はこの補助金によるプログラムを内容とするプランを連邦の長官に提出しなければならない。

〈第3編〉

　第3編は、教育センターとサービスのための補助金プログラムを規定するものであった。これは、量的にも質的にも十分に利用できていない教育サービスの提供を刺激したり、援助したりするために、そして通常の学校のプログラムのモデルとなるような初等中等教育のプログラムの開発と確立を刺激

したり、援助したりするためのものである。

　第3編が対象としたのは、地方の初等中等学校のプログラムを豊かなものにするため、そして補助的なサービスや活動を提供することにより、多様な能力やニーズの人々に多様な教育経験を提供するためにデザインされたプログラムの確立、維持、運営であった。学校教育だけでなく、成人教育も対象とするものもあった。

〈第4編〉

　第4編は、教育研究と教育研究分野での人材育成のための補助金プログラムを規定するものであった。これは、大学や研究機関、個人に対する研究活動のための補助金や研究から得られた情報の普及のための補助金、さらには教育分野における研究のための人材育成を援助するための補助金プログラムである。

〈第5編〉

　第5編は、州に対する補助金である。これは、州教育当局のリーダーシップを強化するのを刺激し、援助するための補助金プログラム、そして州の教育ニーズを確認し、それらを満たすためのプログラムの確立と改善を援助するための補助金プログラムを規定するものであった。

　ESEA の制定は、補助金業務を扱う州の役割が大きくなることにもなり、そのため州の教育当局を強化することは重要な課題ともなっていた。第5編は、そのための補助金プログラムであったと捉えることができる。

(3)　初等中等教育法以後の連邦教育補助金

　ESEA は、1965 年の制定以後、幾度となく修正されることにより、その性格が変容するとともに、多くのプログラムが加わり、非常に多様なプログラムを包含する重要な法律として、今日まで継続している。貧困家庭の生徒を対象とした第1編は、補助金の仕組みは徐々に変えられてきたものの、一貫して第1編（1981 年に制定された教育統合改善法では第1章）として最も重要なプログラムとして継続してきた。

その他、教育を受ける上で不利な立場の子どもたちを対象とした補助金としては、1967年に英語を母語としない子どもを対象としたバイリンガル教育に対する補助金が初等中等教育法第7編として設定され、また障害のある子どもを対象とした教育に対する補助金が、1975年の全障害児教育法（Education for All Handicapped Children Act）により設定され、1990年には障害者教育法（Individuals with Disabilities Act）と新たな法に再編され、今日に至っている。

　また初等中等教育法には、上記のバイリンガル教育の他にもさまざまな教育に対する補助金が付け加えられ、内容が多様化している。第1編については次章で詳細に検討するが、初等中教育法の主な変遷を辿ってみるならば、まず1981年、レーガン大統領（Ronald W. Reagan）時代に制定された教育統合改善法（Education Consolidation and Improvement Act）は、補助金額の削減と多くの特定補助金を統合した包括補助金の創設により、連邦の役割の縮小と補助金制度の効率化を図る改革がなされた。次に、1994年、クリントン大統領（William J. Clinton）時代に制定されたアメリカ学校改善法（Improving America's School Act）は、1980年代から活発になった教育改革の動向の中で、教育の改善を目指した補助金プログラムの性格を強め、成果を求めるアカウンタビリティの要素を盛り込んだ内容となった。そして、2002年、ブッシュ大統領時代に入り、NCLBが制定され、教育の成果をより明確に求め、アカウンタビリティの制度を強化した補助金制度の確立が進められていた。

　以上のような過程において、連邦教育補助金の目的、性格が大きく変容するとともに、連邦、州、地方学区の関係も変化してきている。その変遷を追う中で、アメリカ合衆国全体の学校財政制度における連邦の位置づけを検討していく。

註

1　David Spence Hill and William Alfred Fisher, *Federal Relations to Education, Report of the National Advisory Committee on Education, Part II*, Washington D.C., 1931, p.16.
2　Ibid., pp.21-23, 上原貞雄『アメリカ教育行政の研究―その中央集権化の傾向―』東海大学出版会、1971年、18-21頁。
3　David Spence Hill and William Alfred Fisher, Ibid., p.22.
4　Arvid J. Burke, *Financing Public Schools in the United States*, New York; Harper & Brothers,

Publishers, 1957, pp.383-384.
5 Ibid., p.384.
6 David Spence Hill and William Alfred Fisher, op.cit., pp.29-37.
7 Ibid., p.35.
8 Ibid., pp.37-38.
9 Arvid J.Burke, op.cit., pp.384-385.
10 David Spence Hill and William Alfred Fisher op.cit., p.54.
11 Paul R. Mort, *Federal Support for Public Education: A Report of an Investigation of Educational Need and Relative Ability of States to Support Education as They Bear on Federal Aid to Education*, New York; Bureau of Publications, Teachers College, Columbia University, 1936, pp.3-4.
12 David Spence Hill and William Alfred Fisher, op.cit., p.58.
13 Paul R. Mort, op.cit., p.5, Paul R. Mort, Walter C. Reusser, *Public School Finance: Its Background, Structure, and Operation*, New York; McGraw-Hill Book Company, Inc., 1951, p.551.
14 Paul R. Mort, Walter C. Reusser, ibid., pp.551-552.
15 National Advisory Committee on Education, *Federal Relations to Education, Part I*, Washington D.C., 1931, pp.36-39.
16 Ibid., pp.19-22.
17 Ibid., pp.30-31
18 Ibid., p.31, p.38.
19 Paul R. Mort, op.cit.
20 Ibid., pp.15-18
21 生徒1人当たり60ドルを標準教育費として算定していた。Ibid., p.20-21.
22 Ibid., pp.31-40.
23 Paul R. Mort, Eugene S. Lawler, *Principles and Methods of Distributing Federal Aid for Education, Report of the Advisory Committee on Education, Staff Study 5*, Washington D.C.,: Governmental Printing Office, 1939, iii.
24 Ibid.
25 Ibid., pp.19-28.
26 Arvid J.Burke, op.cit., pp.388-389.
27 W. Monfort Barr, *American Public School Finance*, New York: American Book Company, 1960, p.203.
28 Sydney W. Tiedt, *The Role of the Federal Government in Education*, New York: Oxford University Press, 1966, pp.19-20.
29 Ibid., pp.20-21, W. Monfort Barr, op.cit., p.203, Jesse Burkhead, *Public School Finance: Economics and Politics*, Syracuse New York; Syracuse University Press, 1964, pp.237-239.
30 Sydney W. Tiedt, op.cit., pp.21-22.
31 Jesse Burkhead, op.cit., p.239, Sydney W. Tiedt, op.cit., p.23.
32 Ibid., pp.240-250.
33 Philip Meranto, *The Politics of Federal Aid to Education in 1965*, Syracuse, New York:

Syracuse University Press, 1967, pp.14-15.
34 Jesse Burkhead, op.cit., pp.242-244.
35 Ibid., p.244.
36 Kern Alexander and Richard G. Salmon, *Public School Finance*, Boston, MA: Allyn & Bacon, 1995, p.21.
37 Jesse Burkhead, op.cit., p.244.
38 1950年以来幾度も修正され、後述する1965年に制定された初等中等教育法の修正法において含まれており、連邦教育省のプログラムとして「Impact Aid Programs」が連邦教育省のホームページに示されている。http://www.ed.gov/about/offices/list/oese/impactaid/whatisia.html（最終確認2016年1月17日）
39 Jesse Burkhead, op.cit., p.245.
40 Sydney W. Tiedt, op.cit., p.29.
41 Jesse Burkhead, op.cit., p.248.
42 Ibid., pp.248-249.
43 Sydney W. Tiedt, op.cit., pp.144-153.
44 Jesse Burkhead, op.cit., pp.248-250, Sydney W. Tiedt, op.cit., p,148, p.153.
45 Jesse Burkhead, ibid., p.250.
46 Ibid., pp.250-251.
47 Frank J. Munger, Richard F. Fenno, Jr., *National Politics and Federal Aid to Education*, Syracuse, New York: Syracuse University Press, 1962, pp.34-38.
48 Ibid., pp.38-40.
49 Sidney C. Sufrin, *Issues in Federal Aid to Education*, Syracuse, New York: Syracuse University Press,1962, p.57.
50 Frank J. Munger, Richard F. Fenno, Jr., op.cit., p.47.
51 Ibid., pp.pp.46-54.
52 Ibid., pp.54-65.
53 Ibid., pp.65-72.
54 Jesse Burkhead, op.cit., p.286.
55 Ibid., p.310.
56 国家防衛教育法の規定内容については、Sidney C. Sufrin, *Administrating the National Defense Education Act*, Syracuse New York; Syracuse University Press, 1963, p.11, pp.16-27, 参照。
57 Ibid., p.2, Jesse Burkhead, op.cit., p.287.
58 Sidney C. Sufrin, ibid., pp.66-67.
59 Ibid., p.44.
60 Ibid., pp.48-50.
61 Ibid., pp.58-60.
62 Ibid., p.12.
63 Jesse Burkhead, op.cit., pp.306-307. 連邦教育局の職員のインタビューにおいて述べられていた主張である。
64 Sidney C. Sufrin, op.cit., p.12.

65　Ibid., pp.9-10, p.51, pp.53-51, Jesse Burkhead, op.cit., p.289, 297.
66　Philip Meranto, op.cit., pp.13-41.
67　Ibid., pp.16-20.
68　Ibid., pp.20-28.
69　Ibid., pp.28-33.

第2章
初等中等教育法第1編の展開と学校財政制度における公正

第1節
貧困家庭集中地域に対する援助の徹底
——補助金運用の体制の整備（1965年から1980年まで）

(1) 制定当初の実施の混乱状況

　ESEA の第1編は、貧困家庭の生徒を多く抱える地方学区に対して、貧困家庭の生徒たちへの教育のための補助金を交付するものであった。これは、補助金の形態で言えば、一般補助金ではなく、特定補助金に属するものである。しかしながら、法律の規定内容にあいまいさがあったこともあり、初めての連邦の一般教育補助金が制定されたという捉え方もなされていた[1]。補助対象地域に制約があったものの、実際には多くの地方学区に対して補助金が交付され、補助金の使途も限定されていなかったことから、それまでの補助金と比べて考えるならば、一般的な性格を持つ大規模な補助金と捉えることができる。したがって、初期の ESEA 第1編の実施状況には混乱が生じ、その是正が課題とされるようになっていた。

初期のESEA第1編の実施状況に対しては、厳しい評価がなされていた。1972年のアメリカ研究機構（American Institute for Research）の調査は、第一に、多くの州と多くの地方教育当局が、当時の規則、ガイドライン、プログラム基準に全面的に従ってそのプログラムを実施することに失敗していたこと、第二に、資金やサービスが、アカデミックプログラムには過少配分、支援的サービス（非アカデミック）には過剰配分、補償教育サービスに対する重大なニーズのない生徒たちに対する誤った配分がされていたこと、第三に、資格のあるプログラムに参加している生徒たちに対してポジティブな影響を与えたという全米レベルの証拠がほとんどない、ということを明らかにした[2]。

　連邦の規則やガイドラインに従わない補助金の誤った活用とは、第一に、ある学区のすべての学校、あるいはある学校のすべての生徒たちに利用できるサービス、設備、備品の購入に用いられたこと、第二に、貧困家庭の集中度が高い地域に資金を集中させるのではなく、すべての貧困地域の学校に広く配分されたこと、第三に、補助対象の資格のある生徒に用いられていないこと、第四に、ESEA第1編の州資金が、ESEA第1編以外の州の教育の運営に用いられること、という4つの場合が報告されていた[3]。

　混乱をもたらした要因は、第一に法規定にあいまいさであった。すでに見たように、補助対象について明確な数値に基づき、補助金額の算定方式が規定されていたものの、補助金の運用については、貧困家庭の生徒が集中している地域の教育を奪われている子どもたちの特別な教育ニーズを満たすものであること、そしてそうしたニーズを満たす方向に進展することを確実にするのに十分な規模、範囲、質を備えたものであること、という規定になっており、抽象的な規定にとどまっていた。したがって、実際にどのように補助金を用いるかについては、明確になっていなかった。

　このようなあいまいさは、連邦コントロールに対する州や地方学区の関係者による警戒感もあり、法律の成立のための妥協の産物であった。改革の推進者は、貧困家庭の生徒のための学校教育を改善するために連邦の権限を活用しようと考えていたものの、連邦の権限の強化が州の権限の縮小を意味することもあり、そのやり方には限界があることも自覚されていた。そのため、

法規定において妥協を図ったため、補助金の運用についてのあいまいな規定が生み出される結果となった。すなわち、補助対象の生徒、補助対象の規定、補助金額について数値に基づく機械的な方式が規定され、州や地方学区の裁量の余地を与えないものであったのに対して、補助金の運用について地方学区の裁量に委ねることになった[4]。これは、連邦コントロールに対する批判に応え、ローカルコントロールに対する敬意の表れでもあったが、それに加えて、当時の主要な問題は資金不足であり、不利な立場の生徒たちを教育する方法について知識がないということではない、という信念に基づくものでもあった[5]。学校は、何をすべきかを知っており、ただそのための資源を必要としているだけである、というのが、当時の政策の背後にある主要な政治的、教育的前提であったのである[6]。

　第二の混乱の要因として挙げられるのは、補助金の配分、運用に関わる連邦や州の教育当局の組織の問題であった。ESEA 制定以前では、連邦の補助金対象は限定的であり、規模も大きくはなかったのに対して、ESEA 第 1 編は、飛躍的に補助対象が拡大し、規模も大きくなったことから、その業務遂行能力も高度化が求められたが、即座の対応には限界があり、行政組織の力量向上が課題となっていた。ESEA の制定に伴い、新しい法律が課す過度に重い責任に、連邦教育局は耐えうるのかということが、大いに不安視されており、したがって、その再編がなされることにもなった[7]。力量の問題は、州と地方学区の当局者にも当てはまることであり、ESEA の実施に必要な能力がないことが、新たな連邦の役割を促すことにもなったと捉えられていた[8]。

　以上のような力量に加えて、補償教育（compensatory education）という用語がようやく教育関係の文献に現われ始めた時期であったことからわかるように、ESEA 第 1 編が対象としていた教育は、当時としてはまだ認識が浸透していなかった新しいものであり、当局者の経験も十分ではなかった。したがって、州や地方学区の教育当局に、ESEA 第 1 編のコーディネーターを配置し、連邦の当局者と州、地方の当局者との連携を促進し、その運営を円滑に行うための行政組織の整備が図られていったのである[9]。

　結局、ESEA 制定当初の実施状況は、補助金の配分、運用に携わる当局者

の経験不足、人員不足、そして定義が不十分な目的などの要因が重なり、多様で、不完全なプログラムを生み出すことになったと評価されている[10]。

(2) 規制強化

　法律が援助することを意図していた貧しい家庭の生徒たちから、補助金プログラムが外れているという補助金の誤用というべき実施状況の証拠が蓄積されるにつれて、連邦政府による地方学区の活動の監視が強化されることになった。1981年に大幅な改正がなされるまでに、1968年、1970年、1974年、1978年の4度の改正が行われ、それらを通じて、貧困家庭の生徒を援助することへの議会の意思をより明確にする規定が設けられることになった[11]。

　規制の強化は、補助金の運用に関して、地方学区が守るべき規則やガイドラインの内容に見ることができる。例えば、「努力の維持（maintenance of effort）」が設定された。これは、地方学区における州及び地方学区の財源による収入が、前年度を下回ってはならないことを規定するものであり、負担軽減のための運用を抑制するものであった。また、補助金を受け取っている学校に配分される地方学区の資金が、同じ地方学区内の補助金を受け取っていない学校に配分される地方学区の資金と同水準であることを求める「同等（comparability）」の要件が規定された。そして、「代替ではなく、補充（supplement-not-supplant）」規定が設定され、補助金が地方学区の資金の代わりに用いられるのではなく、地方学区の資金を増大させるように用いられることを求めるものであった[12]。

　以上のような補助金運用の適正化のための規制のほかに、ESEA第1編のプログラム運営に関わって、補助金の対象として、地域や学校、生徒を適正に選定し、資金を集中させているか、補助金によるプログラム内容が適正に開発されているか、また州教育当局が監査や職員の配置、財政運営など補助金の適正な運営を行っているか、という点について、連邦当局によるさまざまな監査が行われ、ESEA第1編が法令遵守のもとで適正に運営されることに強い関心が寄せられていたと見ることができる[13]。

規則、ガイドラインの設定、連邦当局による監査など、1970年代初めの厳しい規制強化の努力が、補償教育サービスを貧困家庭の不利な立場の生徒たちに集中させることにつながった[14]。法の意図に従った補助金の運用がなされるようになったと捉えられる。補助金を配分するプロセスとしては、連邦では、貧困指標により州に対する配分を行い、州において、貧困指標により地方学区への配分を行い、地方学区では、貧困指標により補助対象の学校を選定するとともに、たいていは教育ニーズ指標により、時には貧困指標により学校への配分を行い、そして学校において、教育ニーズに基づき指導する生徒の選定を行う、というものであった[15]。こうしたプロセスの中で、1970年代中頃までに、施設、設備費への充当に関わる運用や州と地方学区の教育当局による財務運営の面で顕著な改善が見られたものの、全体として、法令、規則の遵守という点でまだまだ不適切な実態が報告されていた。ただ、その違反の実態の性質は大きく変化し、当初は、基本的で露骨な違反が目立っていたのが、1970年代中頃には、技術的、手続き的なものに変わり、そのことは、積極的に評価されるものとして、補助金運用の成熟性の表れとして解釈できるような実態が見られるようにもなっていた[16]。

　ESEA第1編の実施の経験が重ねられるにつれて、その運用に対する肯定的評価が広がっていった。例えば、補助金の基本的な考え方、目的が広く受け入れられるようになり、ESEA制定の10年後には、資金配分の規則の遵守が、まだまだ重要な関心事であるものの、もはや主要な問題とはされなくなっていったと捉えられたり[17]、連邦レベルで決定された教育目標を達成するための連邦、州、地方学区のパートナーシップが機能しうることを証明する証拠が現れ始めたと評価されたりするようになった[18]。ESEA第1編は、州の間で最も統一的な実施状況となったプログラムの1つであり、とりわけESEA第1編は、州によりプログラムの内容と運営が練り上げられ、地方学区の実施状況が監視され、州の他の教育プログラムから分離して運営されるという対応の共通性が典型的に見られたものであった[19]。連邦による規制強化の効果を見て取ることができる。

　また、ESEA第1編の効果として、数学と読みのテストの結果を見ると、補

助金の誤用が問題となっていた 1960 年代と 1970 年代初めには、テスト結果には大きな格差が見られたのに対して、補助金プログラムの実施が統一され、アカウンタビリティの要件が整備された 1970 年代後半と 1980 年代には、格差が縮小し、全体の成績も向上することになった。ESEA 第 1 編の効果が、テストの成績にも表れていたことが明らかにされていた[20]。

第 2 節
州と地方学区の裁量権の拡大（1981年から1987年まで）

　前節で見たように、ESEA 第 1 編を中心として、1965 年以降、連邦教育補助金の実施のプロセス、それを通じた連邦、州、地方学区の関係は、成熟の段階に入るとともに、多様な州の反応も生み出すことになった。成熟性について言えば、前節でも見たように、補助対象を明確にしてそこに補助金を配分すること、評価や会計を行うことなど、適正に補助金を活用することに努力が傾けられたが、それがやがて、プログラムに関わっている若者に対して、効果的なサービスを提供するために連邦補助金を活用することに努力が向けられるようになった、すなわち、ESEA の制定当初にもっぱら問題にされていた法令順守問題が基本的には解決されたと評価されていた[21]。1970 年代の末までには、教育における連邦の役割の適切さに関する論争はもはやなくなり、教育をめぐる論点が大きく変化したと言われるほどであった[22]。

　ESEA が制定された 1960 年代半ばと 1980 年代初めとの比較により、第一に、社会的、経済的条件が著しく変容したこと、第二に、1965 年以来、州教育当局がより積極的になったこと、第三に、連邦の必要条件の数と多様性が、プログラムの効果を妨げる要因になりうるほどになったこと、そして第四に、教育サービスの配分の方法についてより多くの知見を蓄積していたこと、がその特徴として認識されていた[23]。アメリカ合衆国全体の社会経済の構造的な変動に加えて、教育行財政制度における新たな問題の局面が表れていたことが指摘できよう。すなわち、州がその経験を重ねることにより力量を向上さ

せていたことと、適正な補助金の運用のために強化された連邦の規制が、プログラムの効果を妨げる要因として浮上していたことであった。連邦教育補助金の運用における成熟性の中で、その改善の犠牲として、以前は認められていた州と地方学区の教育当局の裁量が減少したことが問題として認識され、論争の焦点が、教育に関する連邦の規則に移ったと捉えられるようになっていった[24]。レーガン大統領の登場は、そうした論争に拍車を掛けることになったと言えよう。1980年代に入り、小さな政府への転換が標榜され、連邦教育補助金の見直し、縮小が実行されることにより、新たな時代を迎えることになった。

レーガン大統領の改革は、「レーガン革命」とまで言われるほどに、ラディカルな面を有していたが、新連邦主義に基づく行財政改革を断行したものであった。新連邦主義とは、最もよい政府は、最も人々に近い政府であるという信念、州と地方政府は、連邦政府によってこれまで担われてきた責任を引き受ける意思があり、その能力もあるという前提、連邦プログラムの管理が、あまりにも複雑で、あまりにも集権的で、過度に特定され、規制的であるという確信という考え方である[25]。それに基づく補助金制度改革は、連邦補助金の削減を伴うものであったが、そのあり方に関して言えば、補助金プログラムを統合し、規制緩和を行い、補助金交付のあり方をより単純化することを目的とするものであった。

公立の初等中等学校に対する連邦の補助金は、1980-81年度には約97億6,800万ドルであったのに対して、1981-82年度には約81億8,600万ドルに減少した。減少に転じたのは、1965年にESEAが制定されて以来、初めてのことであった。公立初等中等学校の全収入に占める割合についても、連邦は1980-81年度には9.2%であったのが、1981-82年度には7.4%にまで落ち込むことになった[26]。

補助金の削減とともに、1981年、ESEAが大幅に改正され、教育統合改善法（Education Consolidation and Improvement Act、以下ECIA）へと改編されることになった。第1編は第1章（Chapter1）として存続することになったが、その他のプログラムは、第2章（Chapter2）に統合された。すなわち、多くの特定補

助金が統合整理され、包括補助金（Block Grant）という新たな補助金形態への転換をもたらすものであった。

　大幅に改革されたのは、ESEA の第1編以外の多くの補助金プログラムであったが、第1編も第1章と名称が変更されただけでなく、貧困家庭の生徒に対する補助金という目的を継続させながらも、その交付のあり方に重要な改革がなされた。それは、これまでの ESEA 第1編の管理に対する連邦レベルの規定の増大傾向を反転させるものであり、規制緩和の改革であった。具体的には以下の通りである[27]。

　第一に、ESEA 第1編では、特別な支援を最も必要としている貧困家庭の生徒に補助金の運用が限定されていたのを、ECIA 第1章では、その一部は、貧困家庭のすべての生徒に運用することが認められることになった。補助金運用の限定性が緩和されたのである。

　第二に、ESEA 第1編では、連邦補助金は基礎教育ではなく補習サービスの支援のために用いられるように規則、ガイドラインが定められていたが、ECIA 第1章では、それらが緩和されることになった。具体的には、1つは、連邦補助金を受け取るためには、州と地方学区の公教育費支出を維持しなければならないという規則、すなわち「努力の維持」規定について、ECIA 第1章でも同様の規定がなされたものの、1年につき 10% までは減少させることができるようになった。2つには、補助対象の学校と補助対象ではない学校の間で、州と地方の資源を等しく配分することを求める規則、すなわち「同等」規定について、ESEA 第1編では、「同等」かどうかを判断する基準が規定され、補助対象の学校と補助対象ではない学校の間の許容できる相違が規定されていたのに対して、ECIA 第1章では、「同等」を判断する基準は規定されなくなった。その代わりに、ECIA 第1章の規則は、「同等」を証明するための書類を提出するよう求めていた。その書類は、地方学区全体の給与表、学校間の教職員配置の均等を保障する方針、学校間のカリキュラム、教材の均等を保障する方針を示せばよく、その規制としてはかなり緩和されたと言えよう。3つには、「代替ではなく、補充」規定について、ECIA 第1章では、州と地方の補償教育プログラムをこの要件から免除する規定が設けられ

た。ESEA 第 1 編では、地方学区は、補助対象の学校と補助対象ではない学校の間で、州と地方の補償教育の資源を公平に配分することが求められていたが、ECIA 第 1 章では補償教育についてはこの規定が免除されることになった。それは、自らの補償教育の資源の配分に関する州と地方の裁量権を拡大させ、そのプログラムを奨励することを意図したものであった。

第三に、保護者の参加に関する要件が緩和された。ESEA 第 1 編では、地方学区や学校レベルで、諮問協議会（advisory councils）を通じてプログラムの管理運営に保護者が参加することが規定されていた。ECIA 第 1 章では、地方学区と学校の諮問協議会に関する要件が廃止された。新しい法律での規定は、プログラムが保護者との協議の上で計画され、実施されるべきことを命じ、地方学区は ECIA 第 1 章のプログラムや活動を説明する目的で、補助対象の生徒のすべての保護者が招かれる年次の会議を開催することを命じるにとどまっていた。具体的な要件に関する規定はなく、規制緩和されていた。

第四に、評価に関する規定である。ESEA 第 1 編は、連邦によって開発された評価モデルを用いるように地方学区に要求していた。ところが、ECIA 第 1 章は、3 年に 1 度、業績が維持されているかどうかを評価するという要件は継続させていたが、地方教育当局によるプログラムとプロジェクトの評価に関する連邦の規則を制定することを禁じた。州、地方学区にゆだねられることになったのである。

以上のように、補助金プログラムを実施するための基本的な枠組みは継続させながらも、より具体的な実施上の要件については、かなり廃止され、全体として実施に関する規制緩和が進められたと言えよう。

こうした連邦の規制緩和により、州の対応に大きな相違を生み出すことになった。それは、州の役割に対する関心あるいは強力な連邦の補償教育プログラムに対する関心の度合いに左右されるものであった。例えば、地方学区の自律性の考え方が支配している州や補償教育の努力に関心のない州では、規制緩和によりあいまいとなった規定が、州のプログラムの監督を放棄する機会を提供することになった一方で、州が積極的に役割を果たし、補償教育の目的を支援する伝統を持つ州では、ECIA の制定後も、補助金の管理にほと

んど変化がなかったという実態を生み出したのであった[28]。

　規制緩和によりECIAは、ESEA第1編については解決されていた法令遵守問題を再燃させたと言われる[29]。そしてそれは、州の多様な反応を生み出すことにもなった。結局、ECIAは、公正と改善という国家的目標に対する関心を強要する連邦の権威を縮減させることになり、そのために、この目的のために活用される州レベルでの政治的サポートや技術的、官僚的専門性の相違につながっていった。すなわち、連邦の教育政策に対する州の関心の大きな相違を生み出すことになった[30]。それは、補助金プログラムの実施問題の再燃であった。

第3節
教育成果向上の促進とアカウンタビリティ制度の整備
（1988年から2001年まで）

　1988年におけるESEAの改正は、成果に関する報告を求めるものであった。これ以降、ESEAでは、教育を奪われた子どもたち（educationally deprived children）の成績に基づいて、資金が配分されるようになった[31]。アカウンタビリティ制度の整備により、成果を重視する重要な転換がなされたと捉えられる。この成果重視の傾向は、1989年の教育サミット以降の教育改革の進展により、いっそう鮮明になっていったといえる。それは、第Ⅰ部の州学校財政制度の動向と同様であった。

　成果重視のアカウンタビリティ制度の改革が、連邦の教育補助金にどのように具体化されたのか。それは、1994年のESEAの改正、すなわちアメリカ学校改善法（Improving America's Schools Act of 1994、以下IASA）の制定により実現したと言える。以下、その概要を整理しておこう。

(1) アメリカ学校改善法の制定

① 目的

　第1編は、「不利な立場の子どもたちが高い水準に到達するのを援助する」というタイトルが付され、高い水準への到達を目標とするものであることが明示されていた。そして、政策の宣言として、「すべての個人に対する高い質の教育とそうした教育を得るための公平で、平等な機会は、社会的利益であり、道徳的要請であり、そしてすべての個人の生活を改善する、ということを合衆国の政策であることを連邦議会は宣言する」と規定された（sec.1001(a)(1)）。そして、必要性の認識として、以下のようなことが規定されていた（sec.1001(b)(1)～(5)）。

(1) 不利な立場の子どもたちとその他の子どもたちとの間の成績のギャップは、この20年間に半分まで縮小したけれども、依然としてかなりのギャップが残っており、われわれの社会の多くのところで、教育の機会が欠けている。

(2) 教育改善の最も緊急の必要性は、貧困家庭の子どもたちが集中している学校にあり、そうした学校では、実質的改善がなければ、国家教育目標を達成することは可能ではなくなるであろう。

(3) 教育ニーズは、特に、次のような子どもたちに大きい。すなわち、全米で最も貧困な学校の成績の低い子どもたち、英語に習熟していない子どもたち、移民労働者の子どもたち、心身に障害のある子どもたち、インディアンの子どもたち、ネグレクトされている、義務履行を受けていない子どもたち、ファミリーリテラシサービスの必要がある幼い子どもたちやその保護者である。

(4) 第1編や他のプログラムは、貧困な学校とそうではない学校の子どもたちの間の成績のギャップを縮小することに貢献しているけれども、そうしたプログラムは、すべての子どもたちが高水準に達することを可能とするために、学校を改善するという点においてより

効果的になる必要がある。
(5) すべての生徒が国家教育目標のコア教科においてチャレンジングな水準をマスターするために、すべての生徒と学校は、コア教科を教え、学ぶことに費やす時間を最大限にする必要がある。

さらに、1988年以来の経験から得られた知見を踏まえながら（sec.1001(c)）、第1編の目的を、「学校が、チャレンジングな州の教育内容の基準に含まれる知識や技能を獲得し、チャレンジングな州の業績の基準を満たす機会を、子どもたちに提供することができるようにすること」と規定され、そのために必要なこととして、以下の9点が規定された（sec.1001(d)(1)～(9)）。

(1) すべての子どもたちに高い水準を保障し、そうした水準に子どもたちが到達するのを助けるために、州、地方教育当局、学校の努力を連携させること。
(2) 拡充され、短期で仕上げられる教育プログラムを提供すること。
(3) 学校全体の改革を促進し、子どもたちが早い学年から、効果的な授業戦略とチャレンジングな学業内容を享受できるようにすること。
(4) 教員に職能開発の機会を提供することにより、授業の質を著しく高めること。
(5) 本編のすべてのパートのサービスや他のサービスを互いに調整し、可能な範囲で、健康福祉関係のサービスとも調整すること。
(6) 保護者の参加の機会を提供すること。
(7) ニーズが最も大きな地域や学校に資源を配分すること。
(8) 州の評価システムを用いることにより、アカウンタビリティを改善すること。
(9) 生徒の業績に対するより大きな責任に見合う形で、学校と教師に対して、意思決定の権限と裁量を提供すること。

② 州の計画

　補助金を獲得しようとする州は、教育省長官に対して、地方教育当局、教職員、保護者などと協議の上、計画を提出しなければならない（sec.1111(a)(1)）。計画に盛り込まれるべき事柄が規定されていた。その内容を以下に整理しよう。

〈教育内容と業績の基準〉

　州の計画は、州や地方教育当局、学校によって用いられるチャレンジングな教育内容基準と生徒の業績基準を含むものでなければならない（sec1111(b)(1)(A)）。高い水準の達成目標を設定するように求めている。そして具体的に、教育内容基準は、生徒たちが知ることが期待され、できるようになることが期待されることを明示するものであること、体系的で厳しい内容を含むものであること、進んだ技能を教えることを奨励するものであることが求められ、業績基準は、州の教育内容基準と整合性があること、州の教育内容基準の各要素を生徒たちがどれほどマスターしているかを証明するような2段階のレベル、すなわち習熟と発展を規定するものであること、そしてより成績の低い生徒たちが習熟や発展のレベルに到達する成長に関する完全な情報を提供するために、第3の業績のレベルを規定するものであることが求められた（sec.1111(b)(1)(D)）。

〈年次的進歩（yearly progress）〉

　州の計画は、学校及び地方教育当局が毎年十分な進歩をすることを示すものを含むことが求められた。年次的進歩は、次のような方法で定義されなければならない。すなわち第一に、各地方教育当局と学校が、すべての生徒たち、とりわけ経済的に不利な立場の生徒たちや英語に制約のある生徒たちが、州の習熟と発展の業績レベルを達成するのに十分なほど継続的で実質的な毎年の改善につながるような、連邦教育省長官によって設定されたガイドラインに合致したものであること、第二に進歩をこのセクションにより実行される評価（assessment）の業績と結びつけるものであること、であった（sec.1111(b)(2)）。そして、州の計画は、州が高い質の毎年の生徒の評価、特に数学と読み、文学における評価を開発あるいは採用してきたことを証明しなければならない（sec.1111(b)(3)）。

　以上のように、評価体制を整備し、毎年の進歩を目標として掲げ、その達

成を評価することを求めていたことがわかる。

〈計画の審査と認可〉

　州の計画書は、ピュアレビューにより審査され、法律で既定されている必要条件を満たしているかどうかを確認したうえで、連邦教育省長官によって認可の可否が決定される（sec.1111(d)(1)）。

③ 地方教育当局の計画

　地方教育当局も、州教育当局に計画を提出することにより、補助金を得ることができることが規定された。それは、この法律のもとでの他のプログラムや2000年の目標：アメリカ教育法の目的と適合することが求められるとともに、さまざまな要件が規定されていた。例えば、子どもたちが州の基準を達成していることを判断したり、教室での診断、授業、学習を援助したり、生徒たちが州の基準を達成するためにどんなプロジェクトの修正が必要かを判断したりするために用いられるような評価に関して記載すること、教員の職能開発のための戦略に関して記載すること、ヘッドスタートなどの就学前教育のプログラムや英語に制約のある生徒や障害のある子ども、移民の生徒などに対するサービスとどのように統合しているかに関して記載していること、対象となる学校の地域の選定のための貧困基準を記載していること、教師が対象となる生徒をどのように選定するかに関して記載していること、学校において実施されるプログラムの性質に関する一般的な記載がなされていること、などが規定された（sec.1112(b)）。

　そして、地方教育当局の計画には、資格のある学校や保護者に学校プログラムの権限を知らせるものであること、学校プログラムに技術的援助と支援を提供するものであること、学校と協議をしながら機能するものであること、学校改善の責任を果たすものであること、健康や社会福祉のサービスと調整し、協働するものであること、私立学校に通う生徒にサービスを提供するものであること、教育を受ける上で不利な立場にある生徒のためのモデルプログラムの経験を考慮するものであること、などが求められた（sec.1112(c)）。地方教育当局から提出された計画は、州教育当局により審査され、②で見たような州

の教育内容基準、業績基準をすべての生徒が達成するのを援助するものと判断された場合に、州教育当局によって認可されることになる（sec.1112(e)）。

④ 補助対象地域

補助対象となる地域は、これまでのESEA第1編と同様に、貧困家庭の5歳から17歳の子どもの数に基づいて決定される。貧困家庭は、全米学校給食法において無償給食と減額給食を受けている家庭、要扶養児童家庭扶助（Aid to Families with Dependent Children）を受けている家庭、メディケイドプログラムで医療補助を受けている家庭となる（sec.1113(a)(5)）。

地方教育当局によって補助金が交付されるのは、50％以上（1995-96年については60％以上）の生徒が貧困家庭の生徒である補助対象地域にある学校で、50％以上（1995-96年については60％以上）の生徒が貧困家庭の子どもである学校となる（sec1114(a)(1)）。

⑤ 学校全体プログラム（schoolwide program）

補助金によるプログラムは、学校全体プログラムと称され、学校の全体的な教育を対象として、その改革を目指すプログラムに対して補助金が交付されるものと理解できる。学校全体プログラムに含まれるべき要素について、以下のように規定された（sec.1114(b)(1)）。

・州の教育内容基準と業績基準に関する生徒たちの業績についての情報に基づく総合的なニーズ評価
・学校全体の改革戦略
　　その戦略は、第一に、すべての生徒たちが州の習熟と発展のレベルを達成する機会を提供するものであること、第二に、生徒たちの成績を改善する効果的な手段に基づくものであること、第三に、職業教育と普通教科の教育との統合を含む効果的な教育の戦略を用いるものであること、第四に、当該学校のすべての生徒たちのニーズに取り組むものであること、特に補助対象となる生徒たちについて

は特別のサービスを含むものであること、第五に、そうしたニーズが満たされているかどうかを学校がどのように判断するかを示すものであること、第六に、州や地方の改善プランと調和し、それらを実施するために設計されたものであること、が求められた。

- 高度な資格を持つ専門職スタッフによる授業
- 教職員のための職能開発
- 保護者の参加を増進させるための戦略
- 就学前学校の生徒たちに対して、就学前教育プログラムから地方の初等学校プログラムへの移行を援助するためのプラン
- 個々の生徒の業績や全体的な教育プログラムに関する情報を提供し、それらを改善するために、アセスメントの活用に関する決定に教員を参加させる手段
- 基準をマスターするのに困難を経験している生徒が、効果的でタイムリーな援助を提供されることを保障する活動

　補助の資格を有する学校は、はじめに、学校における全体的な教育プログラムを改革するための総合的なプランを開発する。この総合的なプランは、上記の要素を含むものであることや資源の活用の仕方、個々の生徒の評価結果の保護者への伝え方などを盛り込むことが求められていた（sec.1114(b)(2)）。

⑥ 評価体制

IASA は、はじめて教育成果の測定とその結果による報奨の提供、サポートや制裁に関する規定を設けた法律であった。評価の仕組みやそれに基づくさまざまな措置が規定された。

〈地方教育当局による学校に対する評価〉

　地方教育当局は、州のプランに記載されている州の評定と地方教育当局のプランに記載されている追加的な尺度や指標を用いて、補助金の交付対象となっている学校が、州のプランに記載されている業績基準を満たしているかどうか、あるいは生徒が州のプランに記載されている業績基準を満たすこと

ができるように適切なプログラムを設計しているかどうかを判断すること、そしてその結果を教員や保護者、生徒、コミュニティに公表すること、さらに評価結果を学校に提供し、学校がプログラムを精錬することができるようにすることが、規定されていた（sec.1116(a)）。その評価を通じて、地方教育当局は、州の計画で定義されている十分な進歩をしていない改善を要する学校を特定することになる（sec.1116(c)）。ただし、最終決定の前に、地方教育当局は、その判断の根拠となった学校のデータを検討する機会を学校に与え、そのデータに誤りがあると学校が判断した場合には、学校がその証拠を地方教育当局に提出することができると規定されていた（sec.1116(c)(2)(B)）。

　改善を要すると認定された学校は、州の基準を満たすことができるように、生徒の成績を向上させるためのプランを発展させるあるいは修正し、それを地方教育当局に提出することが求められた。そして翌年直ちにそのプランを実行することが求められた。その他、学校は、職能開発活動を提供し、教職員のスキルを向上させることも求められた。そのために、資金の少なくとも10％は職能開発のために用いていること、あるいは効果的な職能開発活動を実行していることを証明するように求められた（sec.1116(c)(2)(A),(C),(3)）。

　地方教育当局は、改善を要する学校に対して、学校のプランの開発や修正について技術的援助を行うことになっていた（sec.1116(c)(4)）。そして技術的援助の提供によっても改善されない場合には、以下のような措置をとることが規定されていた（sec.1116(c)(5)）。

- 補助金を留保すること
- 学習の障害を取り除くために必要な健康、カウンセリング、その他の社会サービスを提供するために、関係機関と協働すること
- 学校全体プログラムを運営する学校の権限を取り消すこと
- 学校の意思決定権限を縮小すること
- 公立のチャータースクールの創設といった新たな統治体制をつくること
- 学校の教職員を再編成すること

- 生徒に、他の学校に転学することを認めること
- 州によって策定される学習機会基準や戦略を実施すること

〈州教育当局による地方教育当局に対する評価〉

　州教育当局は、毎年、地方教育当局の進歩を評価し、その評価結果を地方教育当局、教職員、保護者、生徒、地域に公表し、普及させることになっていた（sec.1116(d)(1)）。さらに州教育当局は、州の基準を満たすことができない改善を要する地方教育当局を特定し（sec.1116(d)(3)）、特定された地方教育当局は、管理する学校の成績を改善する最も可能性のある方法で自らのプランを修正（sec.1116(d)(4)）、そして、州教育当局は、求められれば、技術的その他の援助を提供することになっていた（sec.1116(d)(5)）。そうした援助に関わらず、十分な進歩を果たすことに失敗している地方教育当局に対しては、州教育当局は、以下のような措置をとることが規定されていた（sec.1116(d)(6)）。

- 補助金を留保すること
- 地方学区の職員を再編成すること
- 地方教育当局の管轄から特定の学校をはずし、そうした学校の公共的管理や監督についての新たな体制を打ち立てること
- 2000年の教育目標のもとで設定された州の学習機会の基準や戦略を実施すること
- 教育長や教育委員会の代わりに、地方教育当局の事柄を管理する管財人あるいは保管人を州教育当局が任命すること
- 地方教育当局を廃止あるいは再編すること
- 別の地方教育当局が管理する学校に転校する権利を認めること
- 州と地方との合同のプランを策定すること

　上記の州教育当局による援助は、支援のための州のシステムを通じて行われることになっていた。そのシステムとは、学校支援チームによる支援と優れた学校に対する報奨から構成されるものであった（sec.1117(a)）。

学校支援チームは、教員や専門家から構成されるもので、学校全体プログラムに関して、情報や援助を提供することを役割とするものであった。それは、学校の進歩を定期的に検証したり、教授プログラムの計画と運用の問題点を指摘したり、学校や地方教育当局に対して改善のための勧告を行ったりするものであった（sec.1117(c)(1)）。

州教育当局は、州の基準を上回る成績を上げている優れた学校を特定し、報奨を提供することが規定された。またそうした学校は、モデルとして他の学校に対して支援を提供することが期待されてもいた（sec.1117(c)(2)）。

⑦ 保護者の参加

保護者の参加について詳細な規定が設けられた。地方教育当局に対して、そして補助金を受け取るためには、保護者参加のプログラム、活動、手続を実施することが求められた（sec.1118(a)(1)）。そして、地方教育当局がそのプランの開発を行う際に保護者を参加させることが求められるとともに、保護者の参加が効果的になるように、そのあり方を評価するように求められていた（sec.1118(a)(2)）。

学校に対しても、第一に、保護者のための会議を毎年招集し、プログラムの内容や必要条件、保護者の参加の権利などを説明すること、第二に、随時会議を開いて、学校に提供される資金、通学の交通手段、生徒へのケア、家庭訪問などの情報を伝えること、第三に、プログラムの計画、検証、改善に、適宜参加させること、第四に、プログラムについての情報、学校の成績のプロフィール、生徒個々の評価結果、学校で用いられているカリキュラムの概要と解説、生徒の進歩を測定するために用いる評価の形式、達成することが期待されている習熟レベル、提案を作り上げたり、他の保護者と経験を共有したり、生徒の教育に関係する決定に適切に関与したりするために定期的な会議の機会の提供、保護者からの提案があった場合に対応すること、第五に、学校全体プログラムに満足できない場合には、そのプランに関するコメントを提出すること、を求める規定がなされていた（sec.1118(c)）。

以上のように、かなり詳細に保護者の参加の方法、参加の内容が規定され

ていた。保護者との関係が重視されていたと捉えられるであろう。

　⑧ 補助金プログラムの統合と規制緩和

　IASA は、さまざまな補助金プログラムを統合したり、調整したりすることにより、教授、学習を改善することを志向している点にも、その画期的な意義を見出すことができる。それは、IASA による補助金プログラムにとどまらず、州や地方学区の資金によって実行されている教育活動と IASA によるプログラムとの統合をも認めるものであった（sec.14301）。州、地方学区と連邦の補助金との統合という新たな補助金制度の体制を構築するものであったと評価できるであろう。

　具体的には、補助金交付に関わる手続等を簡素化し、行政上の負担を軽減するために、州や地方学区がプランや申請書を提出する手続や基準を設定することが規定された（州については、sec.14302、地方学区については sec.14305）。それは、州教育当局及び地方教育当局が、関連する補助金プログラムとも統合して、統一した申請手続きで扱うことができることを規定したものであった。特に、2000 年の目標：アメリカ教育法によるさまざまなプログラムとの関係に関して規定がなされ、同法によるさまざまなプログラム相互の統合、あるいは州、地方学区の改善プランとの統合により、州や地方学区のプランが提出されることが規定された（sec.14307）。

　また規制緩和に関しては、さらに、州、地方の教育当局の要請により、一定の条件の下で、法規定や規則上の要件を免除することができる規定も設けられた（sec.14401）。それは、免除することにより、授業の質が高まること、生徒の学業成績が改善するものであることが求められるが、そのことが認められるならば、一部の規制が特別に免除されることが可能となる規定である。重要な規制緩和の規定であったと言える。

(2) アメリカ学校改善法による制度改革

　以上のように、IASA は、それまでの連邦教育補助金の枠組みを大きく変え

るものであった。では実際に、州の教育当局者は、その実施において変化を実感していたのであろうか。州教育当局者を対象とした調査研究が、法制定から2年後の担当者の認識を明らかにしている[32]。それらをもとに実施状況を見てみよう。

① 規制緩和

IASA は、州や地方学区の負担を軽減し、より柔軟に補助金を用いることができるような制度化を図るものであった。実際に補助金運用の柔軟性が高まったと実感されていたのであろうか。州担当者に対するアンケート調査の結果は、第1編については、柔軟性がどの程度高まったかという問いに対して、「かなり高まった」が17州、「いくぶん」が15州、「全く高まっていない」が5州、「時期尚早で回答できない」が12州であった。かなり高まったという州といくぶん高まったという州とをあわせると32州となり、多くの州で柔軟性が高まったとして受け止められていたと見ることができる[33]。

では、担当者は具体的にどのように規制緩和の意味を受け止めていたのか[34]。第一に、他の連邦補助金プログラムの担当者と調整し、協働する新しい機会が増えたことが挙げられていた。「1つの傘のもとですべてのプログラムを統合して扱うことが可能となる、いまやプログラムをまたがって計画している」「われわれは、プログラムを統合し、ともに働くことができる。生徒がより成果を上げるのを援助する可能性について考えることができる。」と回答していた。

第二に、より広い範囲の地方のプログラム計画を認可できるようになったことがあげられていた。地方の多様性を認める可能性が広がったことが認識されていたのである。「法がより柔軟になっている。私は、地方学区の要求に対してよりイエスと言うであろう。われわれは、子どもたちに良いことを行わせる方法を見出すために地方学区とともに活動している」という回答がなされていた。

第三に、プログラムの管理的資金を州が統合できるようになったことが、時間、資源、スタッフを用いる点でより大きな柔軟性を州に与えたと多くの

担当者が認識していた。「スタッフが、プログラムをまたがって働くことを可能とする柔軟性をわれわれは持っている。以前は、特定のプログラムの担当者ごとに時間と努力を見なければならなかった。」資金の統合がどの程度仕事のやり方に影響を与えたかという問いに対して、第 1 編については、かなりの程度と回答したのが 28 州中 11 州、幾分と回答したのが 9 州、まったくないと回答したのが 8 州であった。多くの州で何らかの形で担当者の仕事のやり方に影響を与えていたことがわかる。

次に、地方学区と学校における柔軟性についてみてみよう。2000 年の教育目標と IASA は、高い基準にまですべての生徒を到達させる際に、行政上の要件が進歩を妨げないように、学校と地方学区での柔軟性を増大させることを意図していた。その意図は実現していたのであろうか。

州の担当者に対して、地方学区、学校にとって、以前と比べて、行政上の柔軟性を与えているとどの程度まで認識しているか、と質問したところ、第 1 編に関しては、かなりの程度という回答が 50 州中 26 州、幾分と回答したのが 18 州あり、まったくないと回答した州は 1 つもなく、時期尚早で回答できないという回答が 5 州であった[35]。州担当者が認識していた地方の行政上の柔軟性とは、第一に、資源、職員の配置、時間の活用における柔軟性である。地方学区の職員は、いくつにも分かれている連邦のプログラムに関する規則に時間と努力をかける必要がなくなった、カテゴリカルな資金が少なくなり、裁量の大きな包括的な予算となった、と捉えられていた。第二は、他のプログラムと調整し、協働させる機会であった。地方学区では、申請書を提出するのにそれほど時間をかける必要がなくなり、生徒の成績を向上させるという目的に集中することができる、地方教育当局レベルでの活動を、プログラムを統合するように再編し、プログラムのコーディネーターを置くようになったこと、プログラムごとのガイドラインや規則なしで活動し、計画をつくることができるようになったこと、などが指摘されていた。

第三は、学校全体プログラムの選択の活用度の増大であった。これは、特定の生徒のみのプログラムではなく、学校の全体的なプログラムを運営する資格を持つ学校を増大させるものである。そのために、学校の資格の要件が

緩和され、貧困家庭の生徒の割合が75％から50％に引き下げられ、さらに学校全体プログラムに他のプログラムの資金を統合する条件が緩和された。これらにより、学校全体プログラムを選択する学校を増大させることになった。その結果、地方学区は、サービスを提供すべき学校、生徒についての意思決定やアカウンタビリティに関する意思決定、さらにはプログラムの統合のやり方や学校全体プログラムによる協働のやり方に関する意思決定の権限を拡大させることになったと認識されていた。

　第四は、地方学区から学校への意思決定権の委譲であった。州の担当者は、第1編の権限が地方学区レベルから学校レベルに移行し、学校がより大きな柔軟性を持つようになり、地方学区はファシリテーターやサポーターのような役割になったと認識していた。ただ、州の担当者には、学校は、そうした権限委譲には戸惑い、それまでの規則やガイドライン、伝統的なカテゴリカルなプログラムにとらわれていると映っていたようである。

　② アカウンタビリティ

　IASAは、プログラムアカウンタビリティを州の高度な教育内容や業績基準のシステムに関連づけるための規定を設けていた。それは、連邦のプログラムと州の改革との調整を改善すること、連邦のプログラムにアカウンタビリティや継続的な改善の文化を注入することを目的としていた[36]。連邦の教育補助金のプログラムにおいて、アカウンタビリティの仕組みを設けること、それにより、連邦の補助金を通じて、生徒の成績の向上を促すことが目指されていた。そのためには、前項で見たように、生徒の学力調査などにより生徒の成績を把握すること、地方学区や学校に対して成績向上を促す仕組みを設けることなどが実現したわけである。

　では、以上のようなアカウンタビリティの制度については、どのような実施状況であったのか。①でも参照した制定2年後の州担当者に対する調査により見てみると、まだまだアカウンタビリティ制度が定着したと言える状況ではなかったようである。IASAの制定に伴い、第1編の州担当者の多く（50州中41州）は、生徒の成績に関する技術的援助について、資金提供をした、あ

るいは直接技術的援助を提供したと回答していた。したがって、アカウンタビリティ制度を定着させるための援助を提供していたことがわかる。しかし、学校が成功しているかどうかを判断する際に、補助金受領者からのフィードバックや直接自らの観察などを挙げていた州担当者が多く、生徒の成績のデータによって、プログラムの成功や失敗を描いていた担当者はほとんどなかったようである[37]。

また、州の担当者による地方学区や学校に対する監視活動（monitoring）が、IASA の制定により性格を変えることになった。1970 年代、1980 年代における監視活動は、プログラムの必要条件を伝える手段であったが、IASA においては、プログラムの効果や州の教育の優先課題に焦点を当てるものに変わることになった。州の担当者も、監視を行うのではなく、プログラムの質を改善するために、援助を提供するという意識を持つようになっていたようである。第 1 編の監視活動の実施状況は、1 年間で、半分以上の対象者に監視活動を行ったのは 7 州、2 分の 1 と 4 分の 1 の間が 20 州、4 分の 1 未満が 16 州であった。したがって、すべてのところに毎年監視活動を行うことができていないことになり、それほど頻繁に行われていたわけではないことがわかる。そして、通常のサイクルに従って行っていた州が 30 州、プログラムの必要条件を満たすうえで問題があるという情報により行っていた州が 24 州、生徒の成績に関する情報により行っていた州が 13 州であった。プログラムの成果に応じて監視活動を行っていた州は、まだ少数であったことがわかる。また新たな方法として、連邦や州のプログラムについて統一して行う統合した監視活動のための訪問が実施されるようになり、第 1 編では、24 州において実施されていた[38]。

第 4 節
アカウンタビリティ制度の強化（2002年NCLB法の制定以降）

2002 年に制定された NCLB 法は、IASA によって確立されたアカウンタビ

リティ制度をさらに強化するとともに、連邦、州、地方学区の関係において、連邦の役割をより大きなものにするものであった。かつてないほどに、教育における連邦の役割を重要なものにした法律であると捉えられる。

以下に、その特徴を、とりわけ、IASAからの変更点を中心に、整理しておこう。

(1) 目的

IASAでは、政策の宣言は規定されていたものの、法律の目的としては規定はなされていなかった。これに対して、NCLB法では、明確に目的の宣言が規定された。NCLB法第1編は、「すべての子どもたちが、高い質の教育を受け、高度な州のアカデミックな成績基準と州のアカデミックな評価による最低限の習熟に到達する公平で、平等で、重要な機会を持つことを保障すること」を目的とすると規定された（sec.1001）。第1編のタイトルは、「不利な環境にある子どものアカデミックな成績の改善」とされているものの、目的においては、すべての子どもを対象としているところに特徴がある。不利な子どもたちに対する教育の保障という性格を残しつつも、成績の向上をより重視するものとなったと捉えられる。

さらに、こうした目的を達成するための方策が規定され、その実施の進め方も具体的に示された。その内容の概略を示すならば、第一に、評価、アカウンタビリティ制度、教員の養成と研修、カリキュラム、教材を、州の高度なアカデミック基準に結びつくことを保障すること、第二に、最も貧困な学校の成績の低い生徒、英語力に制約がある生徒、移民の生徒、障害のある生徒などの教育ニーズを満たすこと、第三に、成績の高い生徒と低い子ども、特にマイノリティとマイノリティではない生徒、不利な環境にある生徒と有利な環境にある生徒の間の格差を是正すること、第四に、学校、地方教育当局、州に対して、すべての生徒のアカデミックな成績を改善することに責任を持たせるようにすること、第五に、最もニーズの大きい地方教育当局や学校に資源を集中して配分すること、第六に、アカウンタビリティ、教授と学習を

改善し、強化すること、第七に、生徒の成績に関してより大きな責任を課すことと引き換えに、より大きな権限と柔軟性を学校と教師に与えること、第八に、豊かな教育プログラムを生徒たちに提供すること、第九に、学校全体の改革を促進し、効果的で、科学的根拠のある基礎的な教育戦略と高度なアカデミックな内容に触れる機会を保障すること、第十に、教員に職能開発の機会を提供することによって、授業の質を高めること、第十一に、他のサービスと調整すること、最後に、保護者に生徒の教育に関わる機会を与えること、という12項目であった。

評価、アカウンタビリティの制度を整備すること、不利な環境にある生徒のニーズを満たすこと、格差を是正すること、権限と柔軟性を与えながら学校、地方学区、州の責任を問う体制を整備すること、教員の質の向上、保護者の参加、学校改革を推進すること、などがNCLB法の主な方策である。

(2) アカウンタビリティ制度

① IASAとNCLB法との相違点

NCLB法の制定によって、連邦教育政策が、基準と評価を強調したものからアカウンタビリティを強調したものに大きく転換したと言われている。IASAとNCLB法との最も大きな相違点の1つが、アカウンタビリティ制度であった[39]。

両者の相違点は、1つには、州がアカウンタビリティ制度を設計し、実施する際に従うべき必要条件に関する規定であった。IASAでは、学校や地方学区の業績に応じて、報酬を与えたり、制裁を課したりする規定を設けていたが、制裁を課す点において、州にかなりの裁量権が与えられていた。これに対して、NCLB法では、明確に規定がなされており、規制が強化されたと捉えられる。

2つには、アカウンタビリティ制度のアプローチの相違であった。IASAでは、補償的モデル（アプローチ）(compensatory model or approach) と呼ばれるアプローチが採用されており、そこでは、単純な平均値で成績の変動が示され、そのため、ある低い成績を他の高い成績で補うこともできるものであった。

これに対して、NCLB法では、結合的モデル（アプローチ）(conjunctive model or approach) と呼ばれるアプローチが採用されており、そこでは、あらゆる尺度の点数が生徒の到達しなければならない基準点を上回ることを求めるものである。NCLB法は、特定のサブグループの生徒も含めて、すべての生徒が、州が設定した習熟あるいは進歩の水準に到達するように援助することについて、学校、地方学区、州すべてに責任を持たせている。

以上のように、NCLB法では、州が設計するアカウンタビリティ制度の要件が法規定によって明確に示されるとともに、すべての生徒に到達目標の水準を上回ることが求められ、より徹底した制度の構築が図られたと言えよう。

より具体的には、両者の相違点は、下表の通りである[40]。

	1994年法	2001年法
評価制度	読みあるいは言語と数学について、少なくとも3学年の中で1度、テストを行う。3-5学年、6-9学年、10-12学年。	読みあるいは言語と数学について、2005-06年度までに、3学年から8学年まで、毎年1度（10-12学年は、3学年の中で1度）テストを行うこと。理科について、2007-08年度までに、3学年の中で1度テストを行う。
州全体のアカウンタビリティ制度	第1編に参加している学校、地方学区の進歩を測定するために、そのすべての生徒に対して行われる評価を用いた州の制度	第1編に参加している学校、地方学区だけでなく、すべての学校、地方学区の進歩を測定するために必要な州の制度
十分な年間の進歩 (adequate yearly progress)	州は、第1編の資金を受けている学校や地方学区に限定しうるAYP基準を設定するよう求められた。	9つの生徒のグループのそれぞれが、読みあるいは語学、そして数学において2013-14年までに、習熟あるいは優れた水準に到達しなければならない。各グループの95％がテストに参加し、参加したすべての生徒が州の成績基準を満たさなければならない。
報酬と制裁	報酬：州は、特に成功している学校と優れている教師を選び、第1編の資金を用いて、追加的支援を提供することが認められていた。制裁：多くの可能性が見出されていたが、ほとんどが、基準と評価制度が十分に実施されるまでは、措置することはできなかった。	報酬：州は、報酬を確定しなければならず、その報酬のために、第1編の資金を用いることができる。制裁：段階的な制裁を、第1編の資金を受け取っている成績の低い学校と地方学区に適用するように求められる。多くの制裁は、地方学区を通じて自動的に行われ、州は、改善措置に関係する制裁の数と範囲に関して裁量権を持つ。

② NCLB法におけるアカウンタビリティ制度の概要

〈アカウンタビリティ制度に関する規定〉

各州は、すべての地方学区、初等中等学校が、十分な年次進歩をすることを保障する点で効果的であるような、単一の州全体のアカウンタビリティ制度を発展させ、実施していることを証明することが求められている。そしてそのアカウンタビリティ制度は、第一に、アカデミックな基準とアカデミックな評価に基づき、すべての公立の初等中等学校の生徒の成績を考慮するものであること、第二に、州のアカウンタビリティ制度と同じものであること、第三に、制裁と報酬を含むものであること、を求めている (sec.1111(b)(2)(A))。

〈十分な年次進歩 (adequate yearly progress)〉

IASAにおいても規定されていたが、NCLB法では、より具体的に規定がなされた。すなわち、第一に、州内のすべての公立の初等中等学校にアカデミックの成績に関する同じ高い基準を適用するものであること、第二に、統計的に根拠が確実で、信頼できるものであること、第三に、すべての生徒にとって継続的で、実質的なアカデミックの成績の改善につながるものであること、第四に、アカデミックの成績に基づいて、公立の初等中等学校、地方教育当局、州の進歩を測定するものであること、第五に、継続的で、実質的な改善について、個別的な測定可能な年次の目的を含むものであること、その改善は、すべての公立初等中等学校の生徒の成績と、経済的に不利な立場の生徒の成績、主な人種的、民族的グループの生徒の成績、障害のある生徒の成績、英語力に制約のある生徒の成績に関するものであること、第六に、卒業率と、すべての公立の初等中等学校の生徒に対して州によって決定される少なくとも他の1つの指標を含むものであること、第七に、州の裁量で決定される他のアカデミック指標を含むものであること、が規定されている (sec.1111(b)(2)(B)(C))。

〈到達目標の規定〉

各州は、すべての生徒が、12年以内に、州の評価に基づき、州が設定した習熟の水準を達成するか上回るように、スケジュール表を設定することが求

められている（sec1111.(b)(2)(F)）。そして、毎年、測定可能な目標を設定することが求められており、その目標は、教科ごとに定められること、すべての学校と地方教育局に対して同様に設定されること、サブグループごとに個別に適用されるアカデミックの評価に基づき、州の習熟レベルを満たすか上回るために求められる単一の生徒の最低限の割合を確定するものであること、すべての生徒が州の習熟レベルを満たすか上回ることを保障するものであること、が求められている（sec1111.(b)(2)(G)）。

このように、法規定において、目標達成の時期と州ごとで設定されるべき目標の要件が明示されている。州の目標設定に規制の枠をはめるものであると言えよう。

〈アカデミックの評価〉

IASAよりも実施すべき評価テストの規定が増加している。2007-2008年度から理科に関するテストを行うこと、遅くとも2005-2006年度からは、第3学年から第8学年において、毎年、州のアカデミックな教育内容の基準と生徒の成績基準に対する生徒の到達度を測定することが規定された。また州の裁量により、数学、読みや言語、理科以外の教科で州がアカデミックな教育内容の基準と生徒の成績基準を設定している教科について、生徒の習熟を測定することも規定された（sec1111.(b)(3)(C)）。

〈評価結果に基づく学校、地方学区への対応〉

テストによる測定に基づき、目標すなわち年次的進歩を達成しているかどうかが確認され、達成していない学校、地方学区に対して、その改善のための措置が規定されている。NCLB法は、IASAよりも徹底した内容になっている。

まず、学校に関する手続を見ていく。改善の必要があると認定されるのは、NCLB法、IASAともに、2年続けて年次的進歩を達成していない学校である。そして、IASAでは3年であったが、NCLB法では4年続けて、年次的進歩を達成しない学校に対しては、改善のための措置がとられる。さらにNCLB法で新たに追加されたことであるが、それでも達成されない場合には、5年目に学校再構築（restructuring）を計画し、翌年以降にそれを実施していくことが

規定された（sec1116(b)）。

　改善の必要があると認定された学校に対しては、NCLB法では、2年間の学校プランを3ヶ月以内に策定し、それを実施していくことが求められる。そのプランは、第一に、科学的調査研究の結果に基づき、学校におけるコアアカデミック教科を強化し、改善を要する学校の認定の原因となった教科の改善に取り組む戦略を含むものであること、第二に、すべての生徒が州の習熟レベルに到達することを保障する最も可能性の大きい方針と実践を採用していること、第三に、教員や校長の職能開発のために学校に提供される資金の少なくとも10％を用いることを保障するものであること、第四に、改善を要する学校の状態から抜け出すために、上記の資金をどのように用いるかを示すものであること、第五に、すべての生徒について、継続的で実質的な進歩のために、特別な、毎年の測定可能な目標を設定するものであること、第六に、保護者にも理解できる言葉で、学校の状況について保護者にどのように周知させるのかを示すものであること、第七に、学校、地方教育当局、州教育当局の責任を明確にするものであること、第八に、保護者の学校への参加についての効果的な戦略を含むものであること、第九に、学校の始業前や放課後、夏休みなどでの活動を含むものであること、第十に、教員のメンタープログラムを含むものであること、が規定されている（sec1116(b)(3)）。

　次に上記のプランの実施によっても年次的進歩を達成するか上回ることができない場合には、改善のための措置がとられることになる。それは、第一に、年次的進歩の達成の失敗に関係するスタッフを入れ替えること、第二に、すべての関係するスタッフに対する職能開発をしながら、科学的調査研究に基づき、成績の低い生徒の成績を改善し、学校が年次的進歩を達成することを可能とする新しいカリキュラムを編成し、実施すること、第三に、学校での経営の権限を大きく縮小すること、第四に、外部の専門家を配置し、学校が年次的進歩の達成に向けて進歩するように、上記のプランに基づき、助言をすること、第五に、学校の年数や日数を拡大すること、第六に、学校内部の組織構造を再編すること、を内容とするものである（sec1116(b)(7)(C)(iv)）。

　さらに上記の措置によっても年次的進歩を達成できない場合には、学校

の再編が行われることになる。具体的には、次のいずれかの措置がとられる。すなわち、第一に、公立のチャータースクールとして再開すること、第二に、すべてのあるいは大部分のスタッフを入れ替えること、第三に、実績のある民間企業などの団体と契約を結び、公立学校の運営を委託すること、第四に、学校の運営を州教育当局に委任すること、第五に、その他、根本的な改革を行い、生徒の成績を向上させ、学校が年次的進歩を達成するような学校の管理運営を再編する取り組み、を内容とするものである（sec1116.(b)(8)）。

　地方学区に対しても、学校と同様に、年次的進歩を2年続けて達成できない場合に、改善を要する地方学区として認定され、認定された地方学区は、改善のためのプランを提出するように求められる。そのプランは、第一に、学校でのコアアカデミックプログラムを強化する科学的研究に基づく戦略を含んでいること、第二に、州の成績基準を達成する点で生徒の成績を改善する可能性が最も大きい行動を確定するものであること、第三に、資金の最低10％は用いて、職能開発のニーズに取り組むものであること、第四に、生徒のグループごとに、特定の測定可能な成績の目標を含むものであること、第五に、基本的な教授と学習のニーズに取り組み、改善を要する地方学区になった要因を含んだ成績の低い生徒の学業の問題に取り組むものであること、第六に、学校の始業前、放課後、夏休み中などの活動を含むものであること、州教育当局と地方教育当局の責任を明確にするものであること、学校での保護者の効果的な参加を促す戦略をふくむものであること、を内容とするものである（sec1116.(c)(7)）。

　さらに、改善を要すると認定された後に、プランの実施にもかかわらず、2年続けて年次的進歩を達成できない地方学区に対して、学校と同様に、改善の措置がとられる。その措置は、第一に、プログラムの資金交付を延期あるいは行政的資金を縮小すること、第二に、州と地方学区のアカデミック内容と成績基準に基づき、適切な職能開発の提供を含みながら、新しいカリキュラムを編成し、全面的に実施すること、第三に、失敗に関係している地方教育当局の職員を入れ替えること、第四に、特定の学校を地方教育当局の管轄からはずし、別の公共の管理や指導のための新たな体制を設立すること、第

五に、教育長と教育委員会の代わりに地方教育当局の業務を担当する収入役や管財人を任命すること、第六に、地方教育当局を廃止するか再編すること、第七に、生徒に対して、地方教育当局によって運営されている学校から、別の教育当局によって運営されている業績の高い学校に転校する権利を与えるものであること、が規定されている（sec1116.(c)(10)(C)）。

〈保護者の参加〉

アカウンタビリティを果たすためには、保護者に対してきちんと説明し、またさまざまな意見、提案を受ける体制を整えておくことが必要である。NCLB法では、IASAと同様の保護者参加の規定を継続している。さらに加えて、補助金の交付手続のあらゆるところで、保護者への説明など保護者に関わる規定が設けられている。すなわち、州の計画における報告手続の中で保護者の知る権利についての規定（sec.1111(h)(6)）、地方教育当局の計画における保護者参加の規定（sec.1112(g)）、改善を要する学校の認定手続きにおける保護者への説明に関する規定（sec.1116(b)(6)）、改善を要する地方教育当局の認定手続における保護者への説明に関する規定（sec.1116(c)(6)）、がある。

以上のように、保護者への説明、保護者の参加が、あらゆる手続きにおいて制度化されたと言える。

(3) 連邦、州、地方学区の関係

これまで見てきたNCLB法でのアカウンタビリティ制度の規定は、これまでのアメリカ合衆国の学校財政制度における連邦、州、地方学区の関係に大きな変更を迫るものと捉えられる。それは、連邦政府の役割の強化である。すなわち、これまでは州や地方学区の裁量にゆだねられていたような事柄に対して、具体的に規定が設けられ、州や地方学区に対して規制の枠組みが連邦によって設定されることになった。その傾向は、IASAにおいても見られたわけであるが、NCLB法ではより徹底され、州、地方学区の判断を縛る具体的な措置が規定されることになった。

連邦教育省の役割としては、これまでは特定の補助金プログラムの要件に

従っているかどうかを監視することであったのが、NCLB法では、州のアカウンタビリティ計画を監視することに役割が変化している。つまり、目標の設定、評価すなわちテストの体制、目標に達成できない場合の措置などが、法において規定されるとともに、その実施において、常にアカウンタビリティ計画の実施状況、目標の達成状況を監視することになっている。しかも、第1編は、不利な立場の生徒に対する援助であることから、そのためのプログラムが適正に実施されているかどうかの監視であったのが、NCLB法では、すべての生徒たちを対象としたアカウンタビリティを求めるものであることから、不利な立場の生徒たちに限定されず、学校教育の全体の成果を監視することに役割が広がることになった。またIASAと異なり、実施のための期限が厳しく設定され、州への規制がより厳しいものとなっている。

　連邦教育省の役割の変化は、州の役割の変化につながっていく。すなわち、地方学区において連邦が設定した要件が実施されるように規制する役割が強まることになったといえる。目標の設定、教育内容の設定、テストの実施、テストの結果に基づく対応については、州が地方学区に対して実施させていくことになる。これらは、伝統的にローカルコントロールにより地方学区に委ねられてきた事柄であり、その意味で大きな転換であったと捉えられる。(2)で整理したように、目標達成できなかった学校、地方学区に対して、カリキュラムや人事について、その権限を奪い、強制的に変更させるような枠組みが設定されており、連邦、州の権限を強めることにより、目標達成を実現しようとする制度が整えられることになった。

　このように、NCLB法は、連邦、州、地方学区の関係を大きく転換させようとするものであったと言える。

(4) NCLB法の実施状況

〈州の実施体制の整備状況〉

　2003年3月段階において、IASAの第1編の必要条件に従っていると教育省に全面的に認められたのは、わずかに21州にとどまっていた[41]。法への

遵守を求める規制力が弱く設定されていたために、連邦政府は、連邦の役割の拡大に対する州と地方学区の反対を避けることができたと言われているが[42]、それにより、必要条件の遵守を徹底することができなかったようである。NCLB法の制定によって、連邦による規制が強化されることになったものの、2003年の6月の段階で、教育省によって全面的に必要条件に従っていると認められたのは、わずかに11州であった。IASAでは認められていた州の中で、15州がNCLB法の下では不完全と捉えられることになった[43]。州において、法の求める必要条件、とりわけアカウンタビリティ制度を整備することは、順調に進んでいたわけではなかったことがわかる。NCLB法は、州の能力への配慮が十分でなく、その能力以上のことを州に要求していると捉えられている[44]。2007年9月1日現在でも、全面的に認可されたのが13州、勧告を伴って全面的に認可されたのが11州、認可が期待されるのが8州、そして認可が保留されているのが20州もあり、まだまだ制度の整備が十分ではない州が多いことがわかる[45]。

　NCLB法のもとでのアカウンタビリティ制度の整備状況をより詳しく見ると、2003年3月現在で、41州が、アカウンタビリティ制度の申請を行っていたが、比較的整備が進んでいる事柄となかなか進んでいない事柄があった。比較的進んでいたのは、アカデミックの評価に基づくアカウンタビリティ制度の整備であり、41州の内33州が最終案を決定しており、原案の提案中が3州、原案の作成中が5州であった。

　これに対して、整備があまり進んでいないのは、年次的進歩の決定に関わるアカウンタビリティ制度の整備、制度の妥当性、信頼性を高める整備であった。前者については、1) アカウンタビリティ制度が、すべての生徒、公立学校、地方教育当局が、2013-14年度までに習熟レベルに達することを期待すること、2) アカウンタビリティ制度が、すべての生徒、公立学校、地方教育当局が年次的進歩を達成しているかどうかを判断する方法を持っていること、3) アカウンタビリティ制度が、出発点を設定していること、4) アカウンタビリティ制度が、州全体の毎年の測定可能な目標を設定していること、5) アカウンタビリティ制度が、中間目標を設定していること、という5点を内容とす

るものであり、1) は、最終案の決定が 22 州、提案中が 13 州、作成中が 6 州、2) は、最終案の決定が 18 州、提案中が 13 州、作成中が 10 州、3) は、最終案の決定が 19 州、提案中が 13 州、作成中が 9 州、4) は、最終案の決定が 17 州、提案中が 14 州、作成中が 10 州、5) は、最終案の決定が 16 州、提案中が 15 州、作成中が 10 州、という状況であった。

後者については、1) アカウンタビリティ制度が、信頼できる判断を生み出すこと、2) アカウンタビリティ制度が、妥当な判断を生み出すこと、3) 州が、評価や生徒数の変化に取り組むためのプランを持っていること、という 3 点を内容とするものであり、1) は、最終案の決定が 22 州、提案中が 9 州、作成中が 10 州、2) は、最終案の決定が 21 州、提案中が 9 州、作成中が 11 州、3) は、最終案の決定が 22 州、提案中が 8 州、作成中が 11 州、という状況であった。

以上のように、十分に制度が整備されない中で、テストによる評価は実施されていくことになる。

〈州のテスト評価制度の実施状況〉

2003 年度までには、すべての州が、読み、数学、理科の教育内容基準を定めており、テストによる評価をする体制は整えられているが、2004-05 年度においては、すべての学年で NCLB 法の必要条件を達成するためのテストは実施されていたわけではなかった。すなわち第 3 学年から第 8 学年の中ですべての学年で読み、数学のテストを実施していたのは、28 州にとどまっていた[46]。

また NCLB 法は、すべての生徒が州の評価制度に加わるように求めており、95％の生徒が参加することを必要条件として規定している。したがって、障害のある生徒、英語力に制約のある生徒もテストを受け、評価制度に参加できるように特別な配慮が必要となる。まず障害のある生徒に対しては、1990 年に制定された障害者教育法により、州は、障害のある子どもに対する配慮を行うことが義務づけられており、それらに従って、評価制度も運営される。まず、州は、障害のある生徒に対して必要な便宜（accommodation）を図ることが求められる。IDEA は、学校のアカウンタビリティの目的にとって妥当な点

数を生み出す便宜のみを生徒が活用するように、便宜のガイドラインを設定することが義務づけられている。便宜とは、4つに分類され、第一は、指示を繰り返す、はっきりと声に出して読む、などの説明の工夫、第二は、書物の中の答えにマークする、参考補助者の利用、コンピューターの活用、などの対応、第三は、時間を延長したり休憩を増やしたりする、などの時間管理、第四に、勉強室、特別な照明、別室、などの環境整備、である。次に、障害のある生徒に対しても、同じ到達基準に基づいて同じ評価を受けるが、その方法を別の方法で行う代替評価（Alternate Assessment）がある。さらに到達基準も代替のものを用いて、別の評価方法をとる代替評価がある[47]。このようにして、障害のある生徒も州の評価体制の中に組み込んでいくことが、各州において取り組まれている。

以上のような障害のある生徒に対する評価の実施状況を見ると、2004-05年度において、便宜を図りながら評価を行うことは、すべての州において実施されていた。そして同じ到達基準に基づき別の評価を行う代替評価を実施していたのは44州、別の到達基準に基づき別の評価を行う代替評価を実施していたのは、24州であった[48]。

英語力に制約のある生徒に対しても、評価体制に組み込まれることが求められる。2004-05年度において、すべての州において、何らかの便宜を図りながら、英語力に制約のある生徒についても評価を実施している。そこでの便宜は、辞書の使用を認める、英語で問題を朗読する、別室での実施、指示の朗読や説明、時間の延長、小グループや個別の実施、などである[49]。

〈評価結果の状況〉

テストの結果に基づく測定により、州が設定する年次的進歩を達成しているかどうかが評価される。その結果を見ると[50]、2003-04年度において、全米の学校の約75％が年次的進歩を達成していた。地方学区についても、71％が達成していた。その割合は、州によってかなり多様であった。学校についてみれば、ウィスコンシン州では95％の学校が達成していたのに対して、アラバマ州とフロリダ州では、23％の学校しか達成していなかった。地方学区についても、アーカンソー州とデラウエア州では、すべての地方学区が達成

していたのに対して、アラバマ州、ウエストバージニア州、フロリダ州では、達成していた地方学区は10%にも満たない状況であった。

　学校の特徴で見るならば、貧困率の高い学校、マイノリティの多い学校、大都市にある学校ほど、年次的進歩を達成しない学校の割合が高くなっていた。貧困やマイノリティといった不利な状況を克服しているとは言えない結果であり、格差を解消するという目標は、この数値を見る限り、2003-04年度においては、まだ達成されていないと捉えられる。年次的進歩を達成していない学校の中で、すべての生徒がその水準に達していない学校が33%、2つかそれ以上のサブグループの生徒が達成していない学校が18%、ただ一つのサブグループの生徒だけが達成していない学校が23%という状況であった。ただ一つのサブグループの生徒だけが達成していない学校で、未達成となったサブグループは、障害のある生徒、英語力に制約のある生徒、貧困家庭の生徒、マイノリティの生徒であった。生徒の属性で見れば、障害のある生徒、英語力に制約のある生徒、アフリカ系の生徒が、最も年次的進歩を達成できない傾向にあった。

　NCLB法の目的である成績の格差是正は、達成されていたのであろうか。2002-03年度から2004-05年度の2年間に、全米で見るとわずかに縮小したと評価できる状況であった。すなわち、調査対象となっていた35州の中で、読みについては22州において、数学では20州において、格差が縮小しており、多くの州で格差是正の効果が表れていたと捉えられる。また平均で見ると、習熟レベルを上回っている生徒の割合について、貧困家庭の生徒の割合とすべての生徒の割合の差が、読みに関しては、2002-03年度で12.5、2003-04年度で12.1、2004-05年度で11.7、数学に関しては、2002-03年度で12.1、2003-04年度で13.0、2004-05年度で11.0、となっており、わずかではあるが、格差は縮小していたといえる[51]。

〈評価結果に基づく改善、再編の実施状況〉

　2年続けて年次的進歩を達成できない学校は、改善を要する学校と認定される。全米の学校の中で改善を要する学校と認定されたのは、2004-05年度において11,617校（13%）、2005-06年度において11,648校（12%）で

あった[52]。これらは、第1編の補助対象の学校と補助対象でない学校の両方を含むすべての学校の数を示している。第1編の補助対象となっている学校の中だけで見るならば、2004-05年度において9,333校（第1編の補助対象学校全体の中の18%）、2005-06年度においては、9,808校（18%）であった[53]。

　このような改善を要する学校と認定された学校に対して、学校の改善を支援する体制が整備される。その主な措置は2つあり、1つは、学校改善のためのサポートチームを組織すること、もう1つは、学校改善に関わる専門家の学校への派遣である。学校サポートチームは、最も一般的な支援の方法であり、2004-05年度において、37州が何らかの形のサポートチームを通じて、改善を要する学校に対する支援を提供していた。サポートチームの構成は、州により多様であるが、教育関係者がメンバーになることが一般的であり、カリキュラム、授業方法、データ分析、特別支援、低成績の学校での改善戦略の実施に関する専門家が関わっている。またどのレベルに位置づけられているかを見ると、37州のうち24州において、州教育当局の職員から構成されており、州の組織と位置づけられるところが最も多くなっている。また州の管轄下にある地域の教育組織にサポートチームを位置づけているところが6州あった。その他、4州において地方学区の責任とされていた。地方学区のチームは、州によって委任されており、州は、チームの職員のトレーニングや学校への適切な配置を監視し、十分な職員が配置されない場合には、補充の職員を派遣することになっていた。したがって、州が何らかの形で学校に対する支援に関わっていたと言える[54]。次に、専門家の派遣については、29州において、教育の専門家に、改善を要する学校を援助することに従事させていた。多くの州が、退職した教員や学校管理者に依存していた。財政の専門家など他の領域の専門家を選んでいる州もあった[55]。

　以上のような体制において、実際に州によって提供される援助を見ると、最も提供されているのが、ニーズに基づく援助である。すなわち、そうした援助においては、州は認定された学校の特別なニーズに州のサポートを適合させるように努力することになる。2004-05年度において、19州において行われていた。次に多いのが、ニーズの評価を実施したり、改善戦略を実施す

る方法を決定したりする計画の過程に関わる援助である。これは、17 州において行われていた[56]。

　援助を受け取っている学校は、ほとんどの領域で、必要としている技術的援助を受け取っていると答え、そしてそれがそのニーズを満たしていると答えていた。ただ、障害のある生徒に対するサービスを改善するための技術的援助、英語力に制約のある生徒に対するサービスを改善するための技術的援助を必要としていると報告している学校については、十分な援助を受けていないと感じている学校が少なくないようである。障害のある生徒に対するサービス改善を必要としている学校の中で、約 30％が必要な援助を受けていないと答えており、また援助を受けている学校の約 25％が、その援助がニーズを満たすのに十分だと満足はしていないと答えていた。英語力に制約のある生徒に対するサービス改善を必要としている学校の中で、約 3 分の 1 が必要な援助を受けていないと答えており、援助を受けている学校の約 3 分の 1 が、その援助がニーズを満たすのに十分だとは満足しないと答えていた[57]。

　上記のような援助によっても改善されない場合、学校に対して改善措置の実施段階に入り、州や地方学区からさまざまな介入がなされることになる。それらを列挙すると以下のようになる[58]。カッコ内は、2004-05 年度における第 1 編の学校の中で実施している学校の割合である。

- 新しい研究に基づくカリキュラムあるいは授業プログラムの実施（89％）
- 学校レベルのマネジメントの権限の著しい縮小（27％）
- 学校に対する助言を行うように外部の専門家に委任（59％）
- 学校の就学日数の延長（45％）
- 就学年限の延長（35％）
- 学校の内部組織の再編（21％）
- 学校の低い成績に関連して、学校職員を置き換える（7％）

　以上のような実施状況であった。ほとんどの学校に対して、カリキュラム

や授業の改善に関して介入がなされていることがわかる。

　次に、改善を要する地方学区と認定された場合の措置について見てみよう。2004-05年度及び2005-06年度において、改善を要する地方学区と認定されたのは、全米の地方学区の中の約10％の地方学区であった[59]。州ごとに見ると、大きな違いが見られた。2005-06年度において、認定された地方学区がまったくないという州が11州あったのに対して、アイダホ州ではすべての地方学区が改善を要すると認定され、コロンビア地区で90％、サウスカロライナ州で79％の地方学区が改善を要すると認定されていた[60]。またこれらの地方学区に在籍していた生徒数の割合は、全生徒数の約26％であり、4人に1人が改善を要する地方学区内の学校に通っていたということになる[61]。

〈学校選択、補償教育サービスの実施状況〉

　改善措置によっても年次的進歩を達成できない場合には、その学校の生徒には他の成績の良い学校に転校する選択権が与えられる。そうした学校選択の権限が生徒に認められた学校の数は、2002-03年度で5,100校、2003-04年度で4,600校、2004-05年度で6,200校にのぼった。そしてそうした学校に在籍していた生徒数は、2002-03年度で1,535,000人、2003-04年度で2,752,000人、2004-05年度で5,201,000人となっていた。ところが、その中で実際に学校選択を行った生徒は、それぞれ18,000人、32,000人、48,000人といずれも該当生徒の中で1％前後しか学校選択を行使していなかった[62]。

　学校選択を実施する際に地方学区が直面する課題があった。その主なものは、転校していく代替の学校の収容定員の問題、教室不足、選択のプログラムを策定するのに必要な時間、地方学区内に代替の学校がない、代替の学校への交通手段、が問題となっていた[63]。

　また保護者が、学校選択権が与えられるのにもかかわらず、その権利を行使しない理由は、代替の学校に特別なプログラムがないこと、学校選択提供の認定を受けた学校の教職員と良好な関係を持っていること、保護者は、学校が改善を要する状態になっていることについて非難していないこと、転校が一時的なものになるかもしれないことに不安を感じていること、その他、通学が徒歩からバス通学になること、放課後の子どものケアが、現在の学校よ

りも遠くなること、兄弟姉妹で通う学校が異なることを望まない、といったことが学校選択権を行使しない理由として挙げられていた[64]。

権利を持つ生徒が学校選択を利用しない場合には、補償教育サービスを受けることができる。補償教育サービスは、その多くが、放課後の個別的な学習指導である。その提供者は、民間の業者が多くなっている。2003年度で民間業者が60％、地方学区や公立学校が33％であったのが、2007年度では民間業者が86％、地方学区や公立学校が11%と推移してきており、民間が増え、公立が少なくなっている傾向にある[65]。このサービスを受け取っている生徒は、学校選択よりもはるかに多くなっている。補償教育サービスを提供している学校は、2002-03年度で800校、2003-04年度で2,500校であった。そして該当する生徒数で実際にサービスを受け取っている生徒数は、2002-03年度で592,000人中42,000人、7％、2003-04年度で1,331,000人中258,000人、19％、2004-05年度で2,397,000人中446,000人、19％であった[66]。

註

1　Philip Meranto, *The Politics of Federal Aid to Eduaction in 1965*, Syracuse, New York: Syracuse University Press, 1967, p.3.
2　Michael J. Wargo, *ESEA Title I: A Reanalysis and Synthesis of Evaluation Date from Fiscal Year 1965 through 1970*, Palo Alto, California: American Institutes for Research, 1972, p.9.
3　*Is It Helping Poor Children? Title I of ESEA. A Report*, New York, N.Y.: National Association for the Advancement of Colored People and Washington, D.C.: Washington Research Project, 1969, p.5.
4　Jerome T. Murphy, "Title I of ESEA : The Politics of Implementing Federal Education Reform", *Harvard Educational Review, Vol.41, No.1*, 1971, p.39
5　John F. Jennings, "Title I : Legislative History and Promise", *Phi Delta Kappan, Vol.81, No.1*, 2000, p.518.
6　John F Hughes, Anne O. Hughes, *Equal Education: A New National Strategy*, Bloomington: Indiana University Press, 1972, p.135.
7　Stephen K. Bailey and Edith K. Mosher, *ESEA: The Office of Education Administers a Law*, Syracuse, New York: Syracuse University Press, 1968, pp.72-97.
8　John F Hughes, Anne O. Hughes, op.cit., p.141
9　Ibid., pp.38-44.
10　Paul Peterson, Barry Rabe, and Kenneth Wong, "The Maturation of Redistributive Programs", in Allan R Odden ed., *Education Policy Implementation*, Albany, New York: State University of New York Press, 1991, pp.67-69.

11 Ibid., p.69.
12 Ibid., p.70.
13 Harold R. Winslow, *Trends in Management of ESEA Title I : A Perspective from Compliance Review*, Menclc, California: Stanford Research Institute, Educational Policy Research Center, ED186532, 1979. なお、ここで活用されているのは、保健教育福祉省（Department of Health, Education and Wealth）の監査機関によるプログラムの監査、連邦教育局によるプログラムレビュー、そして会計検査院（General Accounting Office）による監査の結果である。
14 Paul Peterson, Barry Rabe, and Kenneth Wong, op.cit., p.73.
15 Robert J. Goettel, "Federal Assistance to National Target Groups: The ESEA Title I Experience", in Michael Timpane ed., *The Federal Interest in Financing Schooling*, Cambridge, Massachusetts: Ballinger Publishing Company, 1978, p.189.
16 Harold R. Winslow, op.cit., p.102.
17 Robert J. Goettel, op.cit., p.184.
18 Ibid., pp.204-205.
19 ESEA第1編のほか、全障害児教育法、不利な立場にある生徒のための職業教育プログラムが、州の統一的な対応を求めたものとされていた。逆に、州により多様な対応となっていたのは、ESEA第6編、第7編、職業教育プログラムであった。Mary T. Moore et al., *The Interaction of Federal and Related State Education Programs Volume I*, Princeton, New Jersey: Educational Testing Service, Division of Education Policy Research and Services, 1983, p.92.
20 Geoffrey D. Borman, "National Efforts to Bring Reform to Scale in High-Poverty Schools: Outcomes and Implications", *Review of Research in Education 29*, 2005, pp.9-10.
21 Milbrey Wallin McLaughlin, "States and the New Federalism", *Harvard Educational Review*, Vol.52, No.4, 1982, p.566.
22 Advisory Commission on Intergovernmental Relations, *The Federal Role in the Federal System: The Dynamics of Growth, Intergovernmentalizing the Classroom: Federal Involvement in Elementary and Secondary Education, A Commission Report A-81*, Washington D.C., March, 1981, p.61.
23 Brenda J. Turnbull, Marshall S. Smith, Alan L. Ginsburg, "Issues for a New Administration: The Federal Role in Education", *American Journal of Education*, Vol.89, August 1981, pp.403-409.
24 Ibid., pp.61-62.
25 Milbrey Wallin McLaughlin, op.cit., p.564.
26 National Center for Education Statistics, *Digest of Education Statistics*, 2007, Table162.
27 以下のECIA制定による変更点の記述は、次の文献による。Beatrice F. Birman and Others, *The Current Operation of the Chapter1 Program, Final Report from the National Assessment of Chapter1*, Washington, D.C.: Office of Educational Research and Improvement, U.S. Department of Education, 1987, pp.118-132.
28 Milbrey Wallin McLaughlin, op.cit., pp.572-573.
29 Ibid., pp.574-575.

30　Ibid., pp.579-581.
31　Janet Y. Thomas, Kevin P. Brady, "The Elementary and Secondary Education Act at 40: Equity Accountability, and the Evolving Federal Role in Public Education", *Review of Research in Education 29*, 2005, p.54.
32　Leslie M. Anderson, Brenda J. Turnbull, *Living in Interesting Time: Early State Implementation of New Federal Education Law*, Washington D.C.: Policy Studies Associates Inc., ED426512, 1998.
33　Ibid., p.11.
34　Ibid., pp.12-14.
35　Ibid., p.23.
36　Ibid., p.37.
37　Ibid., pp.37-42.
38　Ibid., pp.46-54.
39　Scott Marion, Carole White, Dale Carlson, William J. Erpenbach, Stanley Rabinowitz, Jan Sheinker, *Making Valid and Reliable Decision in Determinig Adequate Yearly Progress. A Paper in Series: Implementing the State Accountability System Requirements under the No Child Left Behind Act of 2001*, Washington D.C.: Council of Chief State School Officers, 2002, ED479976, pp.5-11.
40　Ibid., pp.56.
41　Gail L. Sunderman, Jimmy Kim, *Expansion Federal Power in American Education: Federal-State Relationships under the "No Child Left Behind Act", Year One*, Cambridge, Massachusetts: Civil Right Project at Harvard University, 2004, p.22.
42　Gail L. Sunderman, Gary Orfield, "Domesticating a Revolution: No Child Left Behind Reforms and State Administrative Response", *Harvard Educational Review* 76(4), 2006, p.532.
43　Gail L. Sunderman, Jimmy Kim, 2004, op.cit., p.26.
44　Gail L. Sunderman, Jimmy Kim, 2006, op.cit., pp.543-545.
45　Stephanie Stullich, Elizabeth Eisner, Joseph McCrary, *National Assessment of Title I, Final Report, Volume I: Implementation(NCEE2008-4012)*, Washington, D.C.: National Center for Education Evaluation and Regional Assistance, Institute of Education Sciences, U.S. Department of Education, 2007, pp.49-50.
46　U.S. Department of Education, Office of Planning, Evaluation and Policy Development, Policy and Program Studies Service, *State and Local Implementation of the No Child Left Behind Act Volume III—Accountability under NCLB: Interim Report*, Washington, D.C., 2007, pp.10-12.
47　Candace Cortiella, *NCLB and IDEA: What Parents of Students with Disabilities Need Know and Do*, Minneapolis, Minnesota: University of Minnesota, National Center on Educational Outcomes, 2006, pp.13-15.
48　U.S. Department of Education, Office of Planning, Evaluation and Policy Development, Policy and Program Studies Service, op.cit., pp.13-14.
49　Ibid., pp.15-16.
50　以下の評価結果の記述は、ibid., pp.35-50、に基づいている。

51　Stephanie Stullich, Elizabeth Eisner, Joseph McCrary, op.cit., p.36.
52　2004-05年度については、U.S. Department of Education, Office of Planning, Evaluation and Policy Development, Policy and Program Studies Service, op.cit.,p.52、2005-06年度については、Stephanie Stullich, Elizabeth Eisner, Joseph McCrary, op.cit., p.58を参照。
53　同上。
54　U.S. Department of Education, Office of Planning, Evaluation and Policy Development, Policy and Program Studies Service, op.cit., pp.74-75.
55　Ibid., pp.75-76.
56　Ibid., pp.77-78.
57　Ibid., pp.80-87.
58　Ibid., p.100, Stephanie Stullich, Elizabeth Eisner, Joseph McCrary, op.cit., p.81.
59　2004-05年度では1,511の地方学区（U.S. Department of Education, Office of Planning, Evaluation and Policy Development, Policy and Program Studies Service, op.cit., p.53）、2005-06年度では1,574の地方学区（Stephanie Stullich, Elizabeth Eisner, Joseph McCrary, op.cit., p.62）が、それぞれ認定されていた。
60　Stephanie Stullich, Elizabeth Eisner, Joseph McCrary, op.cit., p.64.
61　2004-05年度については、U.S. Department of Education, Office of Planning, Evaluation and Policy Development, Policy and Program Studies Service, op.cit., p.53、2005-06年度については、Stephanie Stullich, Elizabeth Eisner, Joseph McCrary, op.cit., p.62、を参照。
62　U.S. Department of Education, Office of Planning, Evaluation and Policy Development, Policy and Program Studies Service, *TitleI Accountability and School Improvement from 2001 to 2004*, Washington, D.C., 2006, pp.15-17, Stephanie Stullich, Elizabeth Eisner, Joseph McCrary, 2007, op.cit., pp.88-90.
63　U.S. Department of Education, Office of Planning, Evaluation and Policy Development, Policy and Program Studies Service, 2006, op.cit., p.23.
64　Ibid., p.25.
65　Stephanie Stullich, Elizabeth Eisner, Joseph McCrary, op.cit., pp.99-102.
66　U.S. Department of Education, Office of Planning, Evaluation and Policy Development, Policy and Program Studies Service, 2006, op.cit., p.28、Stephanie Stullich, Elizabeth Eisner, Joseph McCrary, op.cit., p.88.

第3章
学校財政制度における公正と連邦教育補助金制度

　連邦政府は、合衆国憲法上、教育に関する権限を有さないにもかかわらず、その教育に対する関与の歴史は長く、その影響は、年々大きくなってきている。そうした歴史は、常に連邦の教育における役割について吟味がなされ、厳しい議論が積み重なりながら、推移してきたものである。したがってそれは、国の教育に対する関与のあり方、とりわけ補助金制度のあり方に対する貴重な示唆を与えるものと捉えられる。もちろん州の制度と異なり、教育について責任を負わない連邦の制度の場合には、違憲性が争われることはなく、したがって、その制度が公正であるかどうか、適切であるかどうかが、法的に問題にされることはない。

　しかし、州の学校財政制度の公正と同様の視点で、その適否を論じることはできる。問題となるのは、何故に、国の補助金が求められるのか、それはどのような理念により、どのような方法で提供されるべきなのか、そしてそれは、州の補助金で問題となってきた公正とどのような関係があるのか、これらを検討していくことが必要となる。

　連邦の教育補助金制度に関する歴史を概観すると、大きく捉えるならば、初等中等教育法の制定が最も重要な転換点であったといえる。制定以前を前史と捉え、初等中等教育法の制定により、本格的な連邦の教育補助金が始

まったと見ることができる。画期となったのは、連邦教育補助金制度が、学校財政制度における公正の観点から見て、その実現を理念としていたかどうかであったと指摘できる。

初等中等教育法制定以前の連邦教育補助金あるいは否決された法案などは、特定の教育領域における特定の目的に対する補助金であったり、州への援助であったり、教室不足、教員不足など十分な条件を整備することを目的とするものであったりと、教育制度の整備、教育条件の整備を目指すものであり、必ずしも公正の理念に支えられたものではなかったと言える。したがって、連邦教育補助金に関する法案が幾度も提案されながら、多くの政治的障害を乗り越えることができなかったものと捉えることができるであろう。

1965年の初等中等教育法は、貧困家庭の生徒に対して教育を保障するという教育の機会均等の理念に基づくものであった。貧困家庭の生徒が、教育を受ける上で不利な条件にあるという認識のもとに、貧困家庭の生徒を多く抱える地方学区に対して、その特別な教育のニーズに対応した教育を実施するための補助金を交付することを目的とする法律であった。しかも、貧困家庭の生徒を直接に補助対象とするのではなく、補助金交付の対象は、貧困家庭の生徒が集中する地方学区であり、地域の経済的に不利な条件の解消をも目指すものであった。地方学区が、貧困家庭の生徒に対して、特別な教育を提供することができるように補助金を交付するものであり、教育のインプットの充実を目指した補助金であった。

1960年代半ばは、州レベルでの学校財政制度改革がまだ着手されていない時代であり、貧しい地域の地方学区と豊かな地域の地方学区との間に、生徒1人当たりの教育費支出に大きな格差が存在していた時代であった。したがって、連邦の初等中等教育法による補助金は、その格差是正にも一定の効果が期待できるものでもあった。補助対象は、貧困家庭の生徒であったが、そうした生徒を多く抱える地方学区の財政的負担を軽減するものでもあったと言える。

学校財政制度における公正の観点から見るならば、貧困家庭の生徒に対して特別な教育の保障を求めているだけであり、どのような状態を目指すのか、

公正であることを具体的に求めるものではなかった。インプットとしての教育の保障を地方学区に対して求めたものであり、その結果に対しては特別な関心を払うものではなかった。初等中等教育法第1編の初期の実施状況を見ると、補助対象である貧困家庭の生徒のために補助金が運用されるようにさまざまな規制が強化されており、補助対象の生徒に特別な教育を受ける機会が提供されることを目指したものであった。機会の平等を求める公正の考え方であったと言えるが、機会の平等に関しても、具体的にどのような状態を目指すのか、到達目標が明示されたものではなかった。

　1980年代以降の展開を見ると、改善という理念が登場することになる。1981年の教育統合改善法は、補助金の手続の改善であり、それにより教育の改善を究極的に目指すという考え方であった。それは、規制緩和であり、州や地方学区の裁量を拡大することにより、より効率的に補助金の目的の達成を目指そうとするものであった。そして、1990年代に入り、教育の成果に対する関心が高まったことに応じて、単に教育の機会が提供されることを求めるのではなく、生徒の学業成績における格差の解消を目指す考え方による連邦教育補助金の改革がなされた。

　NCLB法では、貧困家庭の生徒、英語力に制約のある生徒、障害のある生徒に対して特別な配慮をしながらも、同じ基準による到達目標をすべての生徒が達成することが目標として設定された。特別なニーズのある生徒の教育保障に補助金交付の対象を限定するとともに、教育の成果にも焦点を当て、他の生徒との学業成績の格差の是正、全体の学業成績の向上を促す仕組みを制度化するものであった。特別な教育の保障、成果の向上、教育成果における格差の是正を、連邦教育補助金制度における公正概念の要素として捉えることができる。

　教育機会の保障から教育成果の保障に公正の考え方が転換したと言える。そして補助金に伴うアカウンタビリティの制度が、補助金の適正な運用を求めるものから、教育の成果、具体的には学業成績の向上を求めるものへと転換していった。すなわち、財政的なアカウンタビリティから教育的なアカウンタビリティへの転換がなされたと言えよう。

以上のような公正概念は、連邦教育補助金制度それ自体に対するものではなく、それが補助対象とし、目標としていた考え方を示すものであり、州の学校財政制度のように、制度のあり方を検討する基準ではなかった。学校財政制度における公正の観点から、連邦教育補助金制度を捉えるとするならば、連邦教育補助金が、州の学校財政制度の公正にどのような関わりを持っていたのかを考えることが必要である。

　1965年から1980年の時期では、初等中等教育法第1編の実施は、通常の教育とは切り離し、補助対象の生徒に対して、特別な教育が提供されることを求めるものであり、法の遵守がなされるように、規制が整備され、厳しく適用されていた時代であった。したがって、地方学区間の均等化を図っていたこの時期の州の学校財政制度改革とは、別個に展開されていたと言えよう。州における経済的に不利な立場の生徒に対する補償教育を充実させるように刺激を与えた影響はあったと思われるが、学校財政制度における公正問題として取り組まれていた地域格差の是正については、直接ねらいとするものではなかった。

　次に、1981年から1987年の時期には、連邦教育補助金は、規制緩和され、効率化が図られるとともに、補助金額の縮小がなされた。この時期は、州においても、平等を目指す公正問題に対する関心が薄れていた時期であり、1983年の危機に立つ国家に端を発する教育改革への関心、特に卓越性への関心、教育水準の向上への関心が強まり、そのための施策が積極的に展開された時期であった。

　1988年以降、アカウンタビリティ制度の整備、強化がなされた時期になると、連邦教育補助金と州の学校財政制度改革が連動して取り組まれるようになったと捉えられる。1989年以降の州における学校財政制度訴訟の第三の波の時期以降は、公正の問題において、教育成果への関心が高まり、適切性の考え方が導入されるようになると、地域間に均等に教育資源が配分されるだけでなく、教育のニーズに対応し、教育成果を高めるような教育資源の配分として公正が捉えられ、アカウンタビリティの整備と学校財政制度の改革とが連動して行われるようになる。そして、1994年のアメリカ学校改善法、

2002年のNCLB法により、州のアカウンタビリティ制度の整備を促すことが初等中等教育法第1編の重要なねらいとなり、州における学校財政制度の公正のための改革と連邦教育補助金のねらいが、一体のものとなる関係が構築されていったと言える。教育を受ける上で不利な立場の生徒の教育水準を向上させることに関心を払う適切性の考え方に基づく公正の追求において、連邦と州、地方学区の関係が密接となり、連携が強化されるようになったと言える。このことは、長嶺も指摘しているように、テスト政策や教育財政政策において、連邦や州の影響力が強まったと見ることができる[1]。

　最後に、連邦教育補助金の展開から、教育における連邦の役割を整理するならば、それは必要な財源保障ということになる。財源保障の対象は、教育を受ける上で不利な立場にある生徒の教育への財源保障である。その方法は、対象となる生徒の教育に限定した特定補助金の交付である。この役割を継続しながら、適切性による学校財政制度改革と関連して、新たな連邦の役割が求められるようになっている。すなわち、NCLB法においてアカウンタビリティ制度の整備を求めることにより、州、地方学区に教育成果の向上を促す役割を果たすようになっている。さらに、制度化はまだ図られていないが、適切性による学校財政制度改革と関連して、新たな連邦の役割が議論されている。それは、連邦レベルでの標準教育費補助金方式の創設である。それは、州間の不均等を対象とし、連邦が設定する標準教育費を確保できない州に対

連邦教育補助金の展開

時　期	初等中等教育法制定以前	初等中等教育法制定以降	
		1965年から1980年	1981年から現在、将来
目　的	特定の教育の振興	教育の機会均等 公正の実現	国家教育目標の実現 「適切性」による公正の実現
補助金の対象	特定の教育プログラム	教育を受ける上で不利な立場にある子どもの教育	すべての子どもの高い教育成果の達成を実現する教育
補助金の方式	特定補助金	特定補助金	特定補助金、一般補助金
補助金交付の対象	地方学区	地方学区	地方学区、州
州、地方学区との関係	権限委任	規制	規制緩和、アカウンタビリティ

して、その差額を交付する補助金方式の提案である。適切性の視点から全米全体で学校財政制度のあり方を考える時、州を対象とした連邦教育補助金の創設が議論されるようになっている[2]。

註

1 長嶺宏作「アメリカ連邦政策の教育改革」北野秋男編著前掲書、27–51 頁。
2 Heln F. Ladd, Rosemary Chalk, and Janet S. Hansen, eds., *Making Money Matter: Financing America's Schools*, Washington D.C.: National Academy Press, 1999, pp.258-261.

終章
学校財政制度における公正概念とその制度化の課題

　学校財政制度を構築する際に拠り所とすべき原理を究明することが、本書の課題であった。本書で検討してきたアメリカ合衆国における学校財政制度をめぐる議論や制度改革の展開から、その論点を整理するならば、学校財政制度の適否を判断する原理をめぐる問題、すなわち学校財政制度における「公正」概念の問題と、その原理を具体化する方法をめぐる問題、すなわち制度化をめぐる問題がある。前者については、第一に教育費の格差の問題がある。教育費の格差は、地域間の格差、学校間や子ども間の格差が問題となる。第二に、教育費の水準の問題がある。どの程度の教育費を提供すればよいのか、教育費水準の合理性を判断する考え方が問われることになる。第三は、教育費と教育成果との関連の問題がある。教育費と教育成果を直結させて捉えるのか、教育のプロセスを重視するのかが問題となる。

　後者については、第一に、権限関係の問題がある。連邦、州、地方学区の中で、それぞれどのような役割を持ち、意思決定に関わるのか、中央と地方との関係のあり方の問題である。第二に、補助金方式の問題がある。どの方式を選択するのが望ましいのか、そのあり方が問題となる。第三に、教育費の算定方法の問題がある。保障すべき教育費水準をどのように算定すべきか、その方法が問題となる。第四に、成果や適否の検証とその改善方策の問題で

ある。学校財政制度の適否をどのように評価し、改善に結びつけるのか、その方法が問題となる。以下に、その内容をまとめておこう。

第1節
学校財政制度における公正概念

(1) 教育機会の平等論

　学校財政制度の適否は、財政によって支えられる教育機会のあり方によって判断される。教育機会を示すものが、教育費であり、したがって、どの程度の教育費が、どのように配分されているかが、問題となる。その判断基準となるのが、公正概念である。学校財政制度が公正であると判断されるためには、教育費が公正に配分されることが求められる。

　したがって、教育費が公正に配分されることを求める学校財政制度の公正は、教育機会の平等に関する理論に基づき、検討されなければならない。平等論は、平等の基準として理に適うものは何かを論じるものである。どのような考え方に基づいて、何を平等として捉えるのか、どのような格差を不平等として捉え、その是正を求めるのかが問題となる。平等論において共通しているのは、自分の力ではどうにもならない格差は不平等であるとする考え方であり、個人のコントロールを越えた環境要因によって生み出された不平等は、是正の対象とされるものである。個人の目的を達成するために必要となる基本財の分配の平等化を求める基本財平等論（ロールズ）、自由意思の実現のために必要となる合理的手段としての資源の公平な分配を求める資源平等論（ドゥオーキン）、目的創出の能力の格差をも視野に入れた潜在能力平等論（セン）、好機へのアクセスの平等を求めるアクセス平等論（コーエン）、人々に共有されるべき適切な条件を整備することを求める制度的資源平等論（スキャンロン）などが提起されている[1]。

　以上の議論から明らかなように、平等論は、個人の特性や個人の意思、選

択をも視野に入れて、平等を論じている。平等論として、どこまでを個人の責任とし、どこまでを不平等として是正の対象と捉えるのか、その認識の問題である。したがって、教育機会の平等について考えるならば、一律の教育条件の均等化を図るのではなく、子どもの特性に応じて、どのような特性の子どもであっても、その意思に従って選択を行うことができるように、選択した結果に対して自己の責任として納得することができる公正な条件を整備することが求められる。

白石裕は、アメリカ合衆国における学校財政制度訴訟の法理を検討する中で、平等保護論と最小限保障論とが、対立的に展開しながら、平行して論じられ、教育機会の平等原理に関する基本的見解を構成していることを明らかにしている。白石の整理によれば、平等保護論は、資源の公正な配分を求める論であり、最小限保障論は、個人の権利剥奪の救済を求める論である[2]。白石は、両者の統一的把握を提案しているが、上で見た平等論の展開は、その方向に進んでいる。

問題となるのは、権利剥奪の状況にある子どもにとっても公正といえる条件は何か、ということである。それは救済ではなく、個人の自由意思による選択にとって公正な条件を構築することである。その条件こそが、学校財政制度における公正と言えるであろう。ベルンとシュティーフェル、オッデンとパイカスの学校財政制度における公正に関する分析枠組みは、その条件を明らかにし、現実にそれが実現しているかどうかを評価するためのものである。彼らの分析枠組みは、固定的ではなく、理論的に深化が見られる。

ベルンとシュティーフェル、オッデンとパイカスの分析枠組みは、州レベルの学校財政制度の公正の程度を量的に測定するための概念である。それは、誰にとっての（子どもか納税者か）、何についての（インプット、プロセス、アウトプットあるいはアウトカム）、どのような原理に基づく（水平的公正、垂直的公正、財政中立性、教育効果）、どの程度の公正なのか（さまざまな分析手法による量的測定）、を明らかにするものである。当初（ベルン・シュティーフェルは1984年、オッデン・パイカスは1992年）は、インプット、すなわち地方学区の生徒1人当たりの教育費を対象として、水平的公正と財政中立性の原理に基づく公

正概念が中心であったと捉えられる。その観点は、地方学区の生徒1人当たりの教育費が、どの程度の格差があるのか、どの程度分散しているのかを問題にする水平的公正と、地方学区の生徒1人当たりの教育費と地方学区の生徒1人当たりの財産評価額との間にどの程度の相関があるのかを問題にする財政中立性であった。これらについては、測定方法も明確である。

　ところが、垂直的公正については、考え方は明確であるものの、どのような状態であれば垂直的公正が実現したと捉えられるのか、理論的にも深められておらず、測定方法も確立はされていなかったと言える。ベルンとシュティーフェルは、垂直的公正について、子どもたちの間の合理的な相違は何か、合理的な相違が定義されたならば、その相違に対して教育のインプット、プロセス、アウトプットやアウトカムが、どのように異なるべきか、そして理想的な状況に比べて、実際の状況の公正が、どのように測定されるべきか、という問いに答えなければならない、と述べていた[3]。オッデンとパイカスも、垂直的公正の考え方を明確に示しつつも、その測定方法については、水平的公正の測定方法の援用にとどまっていた。すなわち、特別な支援を要する生徒に配慮した教育費を算定、すなわち生徒数の算定において、特別な支援を要する生徒を1ではなく、それを上回る例えば1.5、2というように加重して生徒総数を算出したうえで教育費を算定する、あるいは特別な支援を要する生徒に対する特定補助金を除外したうえで地方学区の生徒1人当たりの教育費を算定した上で、地方学区間の生徒1人当たりの教育について、水平的公正と同様の方法で測定するやり方を提案していた[4]。生徒の特性とそれによる多様性を捉えきれてはいなかったと言えよう。

　以上のように、当初の公正概念は、水平的公正の原則に基づき、一律に教育費の均等化を求める考え方と、財政中立性の原則に基づき、教育費の格差ではなく、教育費と地域の財産との相関関係を断ち切ることを求める考え方であった。生徒にとっての公正の条件として、地方学区における生徒1人当たりの教育費に格差がないこと、地方学区の財産に起因する生徒1人当たりの教育費の格差がないことであり、垂直的公正の考え方が示されていたものの、生徒の特性や選択を視野に入れた公正については、理論的には深まりが

(2) 教育費支出の水準の「適切性」

　以上のような公正概念に転換を求めたのが、「適切性」である。「適切性」は、すべての子どもに対して、適切な教育が提供されていること、そしてそのための財源保障がなされていることを求める概念である。第2章でもみたように、「適切性」は、「相対的ではなく絶対的なアウトプット基準を十分に満たす資源のレベル」[5]、「州到達度テストの最低合格成績というような何らかの教育成果を達成するのに十分な（あるいは適切な）資源」[6]と定義され、教育の成果をも問う概念である。また生徒の教育を受ける機会に着目し、特に不利な立場にある生徒の教育機会に焦点を当てて、「適切に規定された知識や技能のレベルを獲得する効果的な機会を生徒に保障するのに十分な資源」とも定義されている[7]。

　「適切性」は、すべての生徒に対して、適切な教育を提供することを求めるものである。「適切な教育」とは、高い水準の教育目標に到達することを可能とする教育である。高い水準の教育とは、連邦政府が1994年に定めた2000年までの国家的な教育目標にも示されていたように、現代経済での生産的な職につくことができるようにする教育と捉えられる。したがって、すべての子どもに「適切な教育」を提供することを目標とすることは、社会的、経済的に不利な立場にある生徒、あるいは身体的、情緒的、知的な障害のある生徒、英語を母語としない生徒など、教育を受ける上で不利な立場にある生徒に対しては、「適切な教育」を提供するために、必然的に、より多くの資源が配分されることを求めることになる。これは、権利剥奪に対する救済にとどまらない、高い目標実現のためのより積極的な資源配分を求める考え方である。

(3) 教育費と教育成果との関連

　学校財政制度における公正を捉えるとき、教育費と教育成果との関連をい

かに位置づけるかが、重要な課題となる。それは、インプットとアウトプット、アウトカムとをどのように捉えるか、という問題である。それは、教育の結果を明確にして、公正の概念に位置づけるかどうかが問われる。教育機会の平等、「適切性」との関連で重要なことは、子どもに何を保障するかということであり、そこにアウトプット、アウトカムである教育成果を位置づけることである。それは、最低限として位置づけるか、到達目標として高い水準で位置づけるか、いずれの場合でも、教育の結果を位置づけることにより、単なる財政制度ではなく、教育を実施する学校の財政制度の適否を評価する上で欠かせないことである。

　問題は、その位置づけのあり方である。地域の実態、子どもの実態に応じて、到達すべき目標を明確にし、そのことを公正概念の中に適切に位置づけることが必要である。それは、具体的にではなく、抽象的に、理念的に示されるべきであり、その具体化を図ることができる学校財政制度の整備を促す内容とすべきである。

　以上三点にわたって論じてきたが、それらをまとめるならば、学校財政制度における公正概念は、すべての子どもに一律に格差のない平等な教育費の配分を求めたり、地域の貧富の要因を取り除く教育費の配分を求めたり、子どもの特性にかかわりない平等論に基づく考え方から、子どもの特性を踏まえ、特に不利な立場にある子どもにとって公正と言いうる条件として、「適切な教育」のための財源保障を提起する考え方へと深化していると捉えることができる。学校財政制度が公正であると判断されるための条件として、「適切な教育」すなわち「適切性」をどのように定義し、そのために必要な財源、教育費をどのように算定するかが問題となる。好機へのアクセスの平等という視点から捉えるならば、好機へのアクセスを可能とする教育を実現するために必要な費用はどの程度なのか、適切な教育費の額によって示されなければならない。「適切性」の定義とそのために必要な費用の算定が明らかにされなければならない。それが、平等にすべき対象とその根拠となる。

　学校財政制度に関する議論が「適切性」をめぐって展開されるにつれて、

教育費と教育成果との関連を問う議論にも深まりがみられるようになったと言える。少なくとも、単純に両者を直結させることには限界があり、両者の間をつなぐプロセスを重視することがいっそう求められるようになったと言える。後述するように、「適切性」の費用を算定する研究においては、専門家による判断や成功モデルに基づくなど教育のプロセスを重視する傾向を見ることができる。「適切性」の観点からは、教育費と教育成果との関連を否定し、インセンティブを重視する考え方は否定されるべきものとなったと言える。そして到達目標を盛り込んだ公正概念の構築を進めていくべきである。

第2節 公正実現のために必要な学校財政の制度的条件

(1) 中央と地方との関係

　前節で検討した基本原理に基づき、実際に制度化を図る際に、中央と地方との関係が重要となる。すなわち、その制度において、中央と地方が、アメリカ合衆国では、連邦、州、地方学区がそれぞれどのような役割を担い、どのような関係をもてばよいのかが問われなければならない。それは、学校財政制度を構築する上での中心テーマである。

　① 州と地方学区との関係
　アメリカ合衆国における学校財政制度において中心となるのが、州と地方学区との関係である。教育に関する責任は州にあり、州の憲法において、その州内の教育に関する基本的な規定が定められている。州内のすべての子どもたちに、無償で、適切な教育を提供することが、州の責任として規定されている。その上で、実際に学校を設置し、教育を実施していく責任、権限が、地方学区に法的に委任され、地方学区の組織、権限などが、州法において規定されている。

それぞれの役割を素描するならば、地方学区は、学校の設置管理とそれに必要な財源確保とその執行を担うのに対して、州は、州全体の学校財政制度が適切なものとなるように、目標設定とその評価、そして財源保障と支援を担うことになる。州による財源保障と支援は、目標に達成することが困難な地方学区や特別なニーズを持つ生徒たちを対象として提供されるものである。

両者の関係は、州全体の教育機会の平等、適切性の実現のための州の役割と、学校を設置管理し、教育を実施する地方学区や学校の自主性、自律性とが、それぞれの州において、どのような関係として具現化されているかが問われなければならない。それは、目標設定やアカウンタビリティ制度、補助金制度とそれらに伴う州の規制のあり方として問われるものである。

州と地方学区との関係について、その動向をみるならば、州の役割、州レベルでの議論の重要性がますます増大している。公立の初等中等学校の教育費に占める州と地方学区との負担割合は、全米の平均ではほぼ同程度の傾向が継続しているが、州による相違に着目するならば、以前であれば、州中心の州と地方中心の州の相違が明確であったのが、州の負担割合が極端に小さい州はなくなり、多様性が徐々に薄れつつある。多様性が薄れ、州への財源、権限の集権化が傾向としてみられる。教育機会の平等と適切性の実現のためには、中央レベルでの財源保障が必要である。いかなる方法で財源保障されるべきかが次に問題となる。この点については、後述する。

② 連邦と州、地方学区との関係

学校財政制度における連邦の役割について考えるならば、提案されただけで実現しなかった法案の考え方も含めるならば、一般的な財源保障、教育を受ける上で不利な立場の子どもに対する援助、教育成果の向上に対する支援ということになる。そして、連邦の教育補助金をめぐる論争から明らかなように、連邦による州、地方学区、学校に対する規制のあり方が常に問題になってきた。とりわけ、教育の内容への関わりについては、常に警戒されてきた。連邦の教育における役割は、限定的に捉えられ、平等の観点から、教育を受ける上で不利な立場の子どもに対する教育への援助を中心とするもの

であった。

　1990年代以降、連邦の補助金と州、地方学区の取り組みとの関係は、より連動するようになったと言える。これは、1983年以降、全米的な教育改革が進行し、教育成果の向上を目指した取り組みが促したものである。州の学校財政制度の改革における適切性が、学校財政制度と教育改革との連動をもたらしたのと同じように、連邦補助金、とりわけ初等中等教育法第1編は、教育改革との結びつきを強めるにつれて、貧困家庭の子どもなど特別な支援を要する子どもの教育保障という機会均等の理念が、教育成果の向上、アカウンタビリティ制度の整備という目標を伴うようになり、その結果、連邦補助金が、州レベルの教育改革、学校財政制度改革と結合するようになり、教育全体への連邦の関わりが明確になったと言える。また第II部第3章でみたように、州レベルにおいて、その教育費支出の「適切性」を問う議論も提起されている。それは、連邦による州の教育費支出の「適切性」のための財源保障の役割を担う必要性が高まってきていると見ることができる。

　連邦、州、地方学区の結びつきが強まる中で、連邦の役割は、教育目標の設定、アカウンタビリティ制度の整備と評価の条件の設定とそれを促す補助金の交付ということになる。連邦による目標設定、基準設定の意義が高まり、それに伴い、連邦補助金の目的も明確となり、州が取り組む教育改革、学校財政制度改革を促進する性格が強まったと評価できる。

③ 中央・地方関係の特徴

　州と地方学区との関係、連邦と州、地方学区との関係の動向をみるならば、徐々に集権的傾向が強まっていることが分かる。集権化を促したのは、教育機会の平等と適切な教育のための財源保障という理念であった。最低限の水準の保障や相対的な格差の是正という考え方から、適切な教育の実現、水準の高い教育成果の達成という考え方へと目標が移るにつれて、州による財源保障の傾向が強まっている。また連邦の場合には、財源保障というよりも補助金の交付と捉える方が適当であるが、それは、地方学区を対象にして補助金の使途も限定したものであったのが、貧困地域に対する補助という考え方

に加えて、適切な教育の保障、教育成果の向上を目標とするにつれて、補助金の使途に対する規制が緩和されるとともに、州に対する補助金交付という傾向が強まり、州と地方学区に対する影響も増大してきている。

しかしそうした傾向の中においても、地方学区の財源と財政の権限が全面的に奪われることは、ハワイ州を除いてなされておらず、その自律性は、制約を受けつつも、守られている。連邦の影響が大きくなったとはいえ、連邦の教育に関する権限が確立されることはなく、州の教育に関する権限についての制度原理は尊重され、維持されてきている。

このように、アメリカ合衆国では、地方自治を尊重しつつ、中央における財源保障と教育成果向上の支援を強化するという点に、中央・地方関係の特徴を見出すことができる。地方自治の尊重は、教育の自主性を尊重することを意図するものであり、そのために必要な財源の保障と支援を制度化することが中央政府の役割と捉えることができる。学校財政制度における中央地方関係は、教育の自主性とそのために必要な条件整備との関係を表すものと言えよう。

(2) 補助金方式

学校財政制度における公正を実現するためには、補助金は不可欠である。州と連邦において、教育機会の平等や適切な教育のための財源保障を目的とした補助金が創設され、交付されてきた。

補助金の形態は、その使途を限定しない一般補助金と使途を限定する特定補助金に分けられる。また特定補助金として交付されていたものを一括して交付する包括補助金という形態もある。これは一般補助金と特定補助金の中間に位置するものである。州においては、特定補助金も交付されているが、基本的には、一般補助金が中心である。これに対して、連邦では特定補助金が基本であり、包括補助金も交付されてきているが、一般補助金については、その交付を求める考え方は強く打ちだされてきたものの、州のような形での一般補助金は交付されてきていない。

州の一般補助金は、4つの形態に分類されている。すなわち、一律補助金方式、標準教育費補助金方式、税基盤保障補助金方式、全額州負担制度方式である。これらの補助金方式の目的を整理するならば、一律補助金方式は、地方学区に対する財源保障を目的とするものであり、その方式によっては、地方学区のニーズに対応させる方式もある。標準教育費補助金方式は、地方学区の均等化を目的としつつ、そのねらいは、すべての地方学区に標準教育費を保障することであり、最低限の教育費水準を保障しようとするものである。標準教育費の水準を高く設定するならば、教育費の均等化が一層促進されることになる。税基盤保障補助金方式も均等化を目的とするものであるが、均等化の対象は、地方学区の財政力である。すなわち税率が同じであれば、同じ税収を得られるようにするものであり、課税対象の財産評価価値を均等にする方式である。最後に、全額州負担制度方式は、地方学区間の教育費格差を全面的に解消することを目的とするものであり、州において必要な財源を保障し、教育費を支出する方式である。

　さらに、補助金方式において、地方学区との関係がどのように捉えられるかが問題となる。一律補助金方式の場合は、地方学区の財政力にかかわらず交付されるものであり、地方学区の財政運営に規制が設定されるものではないことから、その権限を制約するものではない。標準教育費補助金方式の場合、州による相違はあるが、標準教育費補助金を得るために必要な地方学区の財産税の税率が州によって設定されるが、標準教育費を超える教育費を得ようとすることに対して、地方学区の意思決定を、無制限とは限らないものの、尊重する方式が一般的である。税基盤保障補助金方式の場合は、地方学区の財産税率の決定権は、全面的に尊重されるものである。そして全額州負担制度方式は、地方学区の財産税収を否定するものであり、地方学区の権限は著しく制約される方式である。

　以上のように、一般補助金では、財源保障と均等化を目的とする。さらに財源保障は、最低限の教育費の保障なのか、全面的な教育費の保障なのか、均等化については、教育費の均等化なのか財政力の均等化なのか、というように区分することができる。そしてそれぞれの補助金方式の中で、地方学区

の裁量権をどの程度尊重するかによっても、そのあり方が異なってくる。アメリカ合衆国では、州ごとで多様な補助金制度の方式が存在しているのである。

　連邦の補助金は、特定補助金の方式となる。その政策目的を実現させるために補助金の使途を限定したものである。連邦の補助金は、貧困家庭の子ども、英語を母語としない子ども、障害のある子どもなど、教育を受ける上で不利な立場にある子どものための教育を充実させ、教育の機会均等を目的とするもの、教育の条件整備や教育の質の改善を目的とするものに大きく分けて捉えることができる。貧困家庭の子どもを対象とした初等中等教育法第1編を例にすると、当初は、使途をかなり詳細に限定し、必要条件も厳しく設定されていたのが、徐々に規制緩和され、州や地方学区の裁量にゆだねられる度合いが高まってきている。そして、1990年代以降、教育の質の向上、教育成果の向上という目的と貧困家庭の子どもへの教育の保障という目的が、結びつき始め、NCLBでは、かなり強力に推進されるようになった。これは、教育に対する連邦の規制に対する警戒感とともに、実際の教育の成果を上げて、政策目的を実現するためには、地方学区や学校の裁量にゆだねる方が、より効果があると認識されるようになったためと捉えられる。

　州における特定補助金も、補償教育のための補助金、障害児教育のための補助金、バイリンガル教育のための補助金などが主なものであり、連邦の補助金と同様の目的をもったものである。

　特定補助金の場合は、教育を受ける上で不利な立場にある子どもを対象とした教育の機会均等や教育の条件整備、教育成果の向上といった政策目的の実現をねらいとしたものであり、より特化した目的の実現を目指したものとなる。またその中でも、補助金を受け取る州や地方学区の裁量を認め、規制を緩和する傾向にある。

　補助金方式に関しては、どの方式を選択すべきかが問題となる。それは、実現しようとする政策目的、財源保障の必要性及び中央と地方との役割分担のあり方とに応じて、どの方式を選択することが最も適切かをめぐる問題である。

(3) 財源保障すべき費用の算定方法

　地方学区や学校、個々の子どもに対して、どの程度の教育費を保障すべきなのか、その根拠と算定方法が、学校財政制度における重要な要素となる。アメリカ合衆国においては、子ども1人当たりの教育費の算定は、地方学区の権限とされるのが伝統的であったが、州補助金の増大に伴い、州補助金額により、その水準が左右される度合いが大きくなる。

　州の補助金の中で、保障すべき費用の算定が議論となるのは、標準教育費補助金方式である。州がすべての地方学区に保障する標準教育費をどの程度の水準にするかが、州議会における重要なテーマとなる。1970年代80年代ごろまでは、それは、州議会において、予算の範囲の中で政治的な議論により決定されるのが一般的であった。これに対して、教育成果の向上を目指した教育改革が進展し、「適切性」が課題となるにつれ、標準教育費の算定について、「適切性」のための費用算定について、根拠、データをもとにした費用算定の研究が活発となり、政治的な議論ではなく、研究成果に基づく根拠やデータをもとにした、あるいは専門家の判断による費用算定が進められるようになっている。

　財源保障すべき費用を算定する方法は、前年度の費用の踏襲や議会での予算審議を通じての政治的な決定に基づくのか、到達すべき教育目標のために必要な費用を、一定の科学的根拠や専門家の合理的な判断に基づくのか、その意思決定が必要となる。「公正」の実現という学校財政制度の理念によるならば、教育目標にすべての子どもが到達するために必要な費用を算定し、その財源保障することが求められるであろう。教育の成果を視野に入れて「公正」を捉えることを目指すべきであることから、教育成果と教育費との関連の研究は、必要条件として捉えるべきである。

　ここで問題となるのは、研究方法である。すなわち、「適切性」として追求する教育成果とそのために必要な教育費用との関連を、どのような方法によって明らかにするか、ということである。高い教育成果を上げている学区や学校の実績に基づいたり、専門家の判断に基づいたり、統計的手法を用いたり、

さまざまな方法を取り入れながら、信頼性、妥当性が実証される研究方法を構築していくことが必要である。教育の自主性を尊重しようとするならば、統計的手法のように実際の成果と教育費とを直結させるのではなく、教育のプロセスを想定し、必要な資源を整備するための費用の算定を重視することが求められる。

(4) 教育成果の向上策

　財政制度には、資金を適正に用いているかどうかを検証し、報告する監査が制度化されている。それとは別に、投入した公費に見合った成果を上げているかどうかを問うアカウンタビリティ制度が、アメリカ合衆国では整備されている。それは、資金をどのように用いたのか、それによりどのような成果があったのか、求められている成果が上がっているのか、説明し、その結果に責任を負う制度である。資金を適正かつ効率的に運用しているかどうかを問うだけでなく、教育改革の進展とともに、教育成果の向上が求められるようになるにつれ、教育成果を測定し、その結果に応じた措置をとる制度が、アカウンタビリティ制度として整備されるようになっている。

　以上の制度は、学校財政制度における資金運用のプロセスに関わるものである。それは、第一に、制度の適切さを検証し、責任を問い、必要な改善を図る制度であり、第二に、実際に資金を活用し、教育を実施する学校経営に関わる制度である。前者に関しては、目標設定とその評価制度を整備すること、後者に関しては、学校の裁量権に委ねる制度を整備することが求められる。

第3節
まとめと今後の研究課題

(1) まとめ

　アメリカ合衆国における学校財政制度をめぐる議論及びそれに支えられた制度改革の展開を踏まえると、学校財政制度に必要な基本原理について、次のように整理できる。

　学校財政制度には「公正」が求められる。その概念は、複合的であり、平等、適切性がその要素となる。アメリカ合衆国においてその緻密化と総合化が図られてきている。学校財政制度における「公正」は、教育機会の平等に対する財政保障を目指すものである。教育機会の平等は、第一に教育成果、到達目標の問題である。子どもや地域のニーズに合った適切な目標設定とその判定方法が問題となる。第二に教育費水準の問題である。目標を達成するのに適切な教育費水準であることが必要となる。それは、教育の成果を上げるのに必要な教育費を意味する。第三に地域格差の問題である。アメリカ合衆国の場合、地方学区間の格差が問題とされる。格差は、教育費水準、地方教育当局の財政力について問題となる。これらの問題は、どのような目標を設定し、その達成のためにどの程度の教育費水準が必要なのか、どの程度まで格差が是正されるべきなのかが、課題となる。

　以上のような課題は、研究成果に基づきながらも、実際の学校財政制度の整備と改革を通じて、取り組まれるべき問題である。したがって、学校財政制度に求められるのは、そうした課題に取り組むことができる体制が整備されていることである。それは、学校の設置者が、必要で適切な教育費水準を決定する権限と財源とを等しく持つこと、そして学校財政制度が「公正」であることを検証する仕組みを整備することを必要とするものである。前者は、中央のレベルでの財源保障と格差是正の補助金方式、学校設置者レベルでの適切な教育費水準の決定と必要な財源の確保、運用という財政制度を整備す

ることである。後者は、中央レベルでの教育費水準の適切性、学校設置者間の格差、教育成果の達成について、検証する制度を整備することである。

(2) 今後の研究課題

　学校財政制度が適切であるかどうかを評価する研究の枠組みと研究方法について、今後の研究課題が残されている。その焦点は、教育のプロセス、教育の成果の観点からの学校財政制度の適切さの評価のあり方である。アメリカ合衆国における学校財政制度に関する研究では、適切さを判断する研究枠組みとして、「公正」の概念とそれを測定する枠組みが構築され、その精緻化が図られてきている。ただそれは、あらゆる状況において適用できる絶対的なものではなく、さまざまな条件を考慮して、状況に応じて判断することができるように、多面的に捉えることができるようにされているものである。特に、教育のプロセスと教育の成果、「適切性」に関する判断基準は、あいまいであり、重要な研究課題が残されている。

　アメリカ合衆国での研究枠組みの限界は、「公正」、またその一要素としての「適切性」を数量化によって測定しようとしている点にある。教育のプロセスやその成果は、さまざまな要因によって左右されるものであり、その条件を緻密に考慮して測定しようとしても、一定の限界を持つことは避けられない。また数量化できない教育の成果もあるのであり、したがって、教育の成果と投入された教育費との関係を分析しようとしても、一定の知見を得ることは難しいと言わなければならない。このように考えるならば、オッデンとパイカスによって構築された学校財政制度の公正に関する研究枠組みは、水平的公正、財政中立性の原則に関しては、州レベルでの公正の測定において有効性が見出されるものの、生徒のニーズを考慮する垂直的公正やそれとも密接に関わる教育成果の公正、「適切性」の測定に関しては、水平的公正の測定手段の援用にとどまり、明快な判断を下すことが困難である。

　教育のプロセスや教育の成果の観点から学校財政制度の公正、適切性を判断しようとするならば、実際に教育が行われている場に可能な限り近いとこ

ろでその判断を行うことが必要である。その方法も、一律の数量化を指向するのではなく、実際に行われる教育に即して、必要で十分な費用が確保され、目標達成のために効率的に運用されているかどうかを、きめ細かく評価していくことが必要とされるであろう。そのために必要となることは、どのような費目にどの程度の資金が、どのように用いられたのか、その基礎情報を整備し、各学校、各地方学区において明らかにすることである[8]。

結局、教育の成果をどのように評価し、その結果をどのように活用しようとするのか、学校財政に関する価値判断が重要となる。単純にペーパー試験の結果に限定するのではなく、教育の達成目標とその成果を多面的に捉えるとともに、結果だけでなく、そのプロセスや要因を分析し、求められる責任を学校や地方学区が果たしているかどうかを評価するシステムの確立が必要である。学校財政制度に関する研究は、設定されるべき目標の基礎となる価値の問題やその成果の問い方を探究すべきであり、最終的には、その方法の開発とともに、議論を行い、適切さを判断し、意思決定していく場としてのシステム開発の研究を進めていくことが必要となるであろう。

註

1 井上彰「平等主義と責任―資源平等論から制度的平等論へ―」佐伯啓思・松原隆一郎編著『〈新しい市場社会〉の構想―信頼と公正の経済社会像―』新生社、2002年、275-333頁。
2 白石裕『教育機会の平等と財政保障―アメリカ学校財政制度訴訟の動向と法理―』多賀出版、1996年、153-161頁。
3 Robert Berne and Leanna Stiefel, *The Measurement of Equity in School Finance: Conceptual, Methodological, and Empirical Dimensions*, Baltimore, Maryland; The Johns Hopkins University Press, 1984, p.35.
4 Allan R. Odden, Lawrence O. Picus, *School Finance: A Policy Perspective*, New York, New York; McGraw-Hill, Inc., 1992, pp.61-63.
5 Robert Bern, Lenna Stiefel, "Concepts of School Finance Equity: 1970 to the Present", in Heln F. Ladd, Rosemary Chalk, and Janet S. Hansen, eds., *Equity and Adequacy in Education Finance: Issues and Perspectives*, Washington D.C.: National Academy Press, 1999, p.22.
6 William H. Clune, "Educational Adequacy: A Theory and Its Remedies", *University of Michigan Journal of Law Reform*, Vol.28, No.3, 1995, p.481.
7 James W. Guthrie, Richard Rothstein, "A New Millennium and A Likely New Era of Education Finance", in Stephen Chaikind, William J. Fowler edit., *Education Finance in the*

New Millennium, Larchmont, New York: Eye on Education, Inc., 2001, pp.103-104.

8 そのような関心からまとめられた文献として、Lawrence O. Picus, James L. Wattenbarger, eds., *Where Does the Money Go? : Resource Allocation in Elementary and Secondary Schools*, Thousand Oaks, California: Corwin Press, Inc., 1996、がある。

参考文献

新井秀明「70年代アメリカにおける公立学校財政制度改革構想の特徴と問題点—セラノ判決（1971年）と関わって—」関西教育行政学会『教育行財政研究』第10号、1982年、65頁-76頁。

井上彰「平等主義と責任—資源平等論から制度的平等論へ」佐伯啓思・松原隆一郎編著『〈新しい市場社会〉の構想—信頼と公正の経済社会像—』新生社、2002年、275頁-333頁。

岩永定「アメリカにおける教育アカウンタビリティ論とその諸政策」中島直忠編著『教育行政学の課題』教育開発研究所、1992年、447頁-474頁。

上原貞雄『アメリカ教育行政の研究—その中央集権化の傾向—』東海大学出版会、1971年。

小川正人「アメリカ教育財政制度に関する一考察—'70年代教育財政制度改革の制度的背景と改革の展開—」『東京大学教育学部教育行政学研究室紀要』第2号、1981年、53頁-70頁。

小川正人「アメリカの1980年代教育財政訴訟と州教育財政改革」九州大学教育学部教育行政学研究室『教育行政学研究』第8号、1993年、77頁-93頁

押上玲奈「アメリカ合衆国の学校財政における"アデクアシー（Adequacy）"概念に関する一考察」『東京大学大学院教育学研究科紀要』第44巻、2004年、359頁-367頁。

神山正弘「アメリカにおける教育財政研究の成立と展開—20世紀前半における制度と理論—」『東京大学教育学部教育行政学研究室紀要』第1号、1980年、59頁-83頁。

北野秋男編著『現代アメリカの教育アセスメント行政の展開—マサチューセッツ州（MCASテスト）を中心に—』東信堂、2009年。

白石裕『教育機会の平等と財政保障—アメリカ学校財政制度訴訟の動向と法理—』多賀出版、1996年。

白石裕『教育の質の平等を求めて—アメリカ・アディクアシー学校財政制度訴訟の動向と法理』協同出版、2014年。

髙見茂「アメリカ初等・中等教育におけるアカウンタビリティ（Accountability）の問題」『京都大学教育学部紀要』第28巻、1982年、255頁-266頁。

長嶺宏作「マサチューセッツ州の教育財政改革」北野秋男編著『現代アメリカの教育アセスメント行政の展開—マサチューセッツ州（MCASテスト）を中心に—』東信堂、2009年。

本多正人「80年代アメリカ教育財政改革訴訟の意義と問題」九州大学教育学部教育行政学研究室『教育行政学研究』第8号、1993年、59頁-76頁。

山下晃一「アメリカにおける教育アカウンタビリティの今日的課題」関西教育行政学会『教育行財政研究』第25号、1998年、43頁-53頁。

Abrams, Lisa M., *Teachers' View on High-Stakes Testing: Implications for the Classroom, Policy Brief*, ED483722, 2004.

Advisory Commission on Intergovernmental Relations, *The Federal Role in the Federal System: The Dynamics of Growth, Intergovernmentalizing the Classroom: Federal Involvement in Elementary and Secondary Education, A Commission Report A-81*, Washington D.C., March, 1981.

Alexander, Kern; and Jordan, K. Forbis edit., *Constitution Reform of School Finance*, Lexington, Massachusetts: Lexington Books, D.C.Heath and Company, 1972.

Alexander, Kern; Salmon, Richard G., *Public School Finance*, Boston: Allyn and Bacon, 1995.

Amrein, Audrey L.; Berliner, David C., 'High-Stakes Testing, Uncertainty, and Student Learning', *Education Policy Analysis Archives*, 10(18), 2002.

Anderson, Leslie M.; Turnbull, Brenda J., *Living in Interesting Time: Early State Implementation of New Federal Education Law*, Washington D.C.: Policy Studies Associates Inc., ED426512, 1998.

Augenblick & Myers, Inc., *A Procedure for Clculating a Base Cost Figure and an Adjustment for At-risk Pupils that could be used in the Illinois School Finance System prepared for The Education Funding Advisory Board*, June 2001.

Bailey, Stephen K.; and Mosher, Edith K., *ESEA: The Office of Education Administers a Law*, Syracuse, New York: Syracuse University Press, 1968.

Baker, Bruce D., "Evaluating the Reliability, Validity and Usefulness of Education Cost Studies", *Journal of Education Finance*, 32(2), 2006, pp.170-201.

Baker, Bruce D.; and Green, Preston C., "Conceptions of Equity and Adequacy in School Finance", in Helen F. Ladd and Edward B. Fiske eds., *Handbook of Research in Education Finance and Policy*, New York; Routledge, 2008.

Barr, W. Monfort, *American Public School Finance*, New York: American Book Company, 1960

Benson, Charles S., "Definitions of Equity in School Finance in Texas, New Jersey, and Kentucky", *Harvard Journal on Legislation* 28(2), 1991, pp.401-421.

Berne, Robert and Stiefel, Leanna, *The Measurement of Equity in School Finance: Conceptual, Methodological, and Empirical Dimensions*, Baltimore, MD: Johns Hopkins University Press, 1984.

Bern, Robert; Lenna Stiefel, "Concepts of School Finance Equity: 1970 to the Present", in Heln F. Ladd, Rosemary Chalk, and Janet S. Hansen, eds., *Equity and Adequacy in Education Finance: Issues and Perspectives*, Washington D.C.: National Academy Press, 1999.

Bern, Robert; Lenna Stiefel, "Issues in School Site-Based Financing in Large Cities in the United States", in Margaret E. Goertz, Allan Odden, *School-Based Financing*, Thousand Oaks; California, Corwin Press, Inc., A Sage Publications Company, 1999.

Berne, Robert; Picus, Lawrence O., *Outcome Equity in Education*, Thousand Oaks, CA: Corwin Press Inc., A Sage Publications Company, 1994.

Birman, Beatrice F. and Others, *The Current Operation of the Chapter 1 Program, Final Report from the National Assessment of Chapter1*, Washington, D.C.: Office of Educational Research and Improvement, U.S. Department of Education, 1987.

Bliss, James R.; Firestone, William A.; Richards, Craig E., eds, *Rethinking Effective Schools: Research and Practice*, Englewood Cliffs, NJ: Prentice Hall, Inc., 1991.

Borman, Geoffrey D., "National Efforts to Bring Reform to Scale in High-Poverty Schools: Outcomes and Implications", *Review of Research in Education* 29, 2005, pp. 1-27.

Bradley, Clyde; Beckwith, John, "Are Illinois Boards of Education Losing Authority?", Presented at the Annual Conference of American Education Finance Association, Austin, Texas, 2000, March.

Brown, Lawrence, et al., *School Finance Reform in the Seventies: Achievements and Failures*, Washington: Technical Analysis Paper, Office of the Assistant Secretary for Planning and Evaluation, Department of Health, Education and Welfare and Killalea Associates, Inc., 1977.

Burke, Arvid J., *Financing Public Schools in the United States*, New York; Harper & Brothers, Publishers, 1957.

Burkhead, Jesse, *Public School Finance: Economics and Politics*, Syracuse New York; Syracuse University Press, 1964.

Burtless, Gary, ed., *Does Money Matter? : The Effect of School Resources on Student Achievement and Adult Success*, Washington D.C.: Brookings Institution Press, 1996.

California State Department of Education, *California Schools beyond Serrano: A Report on Assembly Bill 65 of 1977*, 1979.

Carroll, Stephen J., *The Search for equity in School Finance: Result from Five States*, Santa Monica, CA: Rand Corporation. R-2348-NIE., 1979.

Chaikind, Stephen; Fowler, William J. edit., *Education Finance in the New Millennium*, Eye on Education, Inc., Larchmont, New York, 2001.

Chambers, Jay G.; Parrish, Thomas B.; Levin, Jesse D.; Smith, James R.; Guthrie, James W.; Seder, Rich C.; Taylor, Lori, *The New York Adequacy Study: "Determing the Cost of Providing All Children in New York an Adequate Education" Volume 1 — Final Report*, American Institutes for Research, Management Analysis and Planning Inc., March, 2004.

Chan, Lionel, "School-Based Budgeting: A Cost-Benefit Model", ED422628, 1997.

Clark, Catherine, "Reginal School Taxing Units: The Texas Experience", *Journal of Education Finance* 21(1), 1995, pp.87-102.

Clune, William H., "Educational Adequacy: A Theory and Its Remedies", *University of Michigan Journal of Law Reform*, 28(3), 1995, pp.481-491.

Conley, David T., Rooney, Kathryn C., *Washington Adequacy Funding Study*, Oregon: Educational Policy Improvement Center, 2007

Coons, John E.; Clune, William H. III; Sugarman Stephen D., *Private Wealth and Public Education*, Cambridge, Massachusetts: The Belknap Press of Harvard University Press, 1970.

Cortiella, Candace, *NCLB and IDEA: What Parents of Students with Disabilities Need Know and Do*, Minneapolis, Minnesota: University of Minnesota, National Center on Educational Outcomes, 2006.

Cubberley, Ellwood P., *School Finance and Their Apportionment*, New York: Teachers College, Columbia University, 1906.

Cubberley, Ellwood P., *Public education in the United States : A Study and Interpretation of American Educational History*, Boston : Houghton Mifflin, 1947

Duncombe, William, "Responding to the Charge of Alchemy: Strategies for Evaluating the Reliability and Validity of Costing-Out Research", *Journal of Education Finance*, 32(2), 2006, pp.137-169.

Elmore, Richard F.; and McLaurin, Milbrey Wallin, *Reform and Retrenchment: The Politics of California School Finance Reform*, Ballinger Publishing Company, 1982.

Enrich, Peter, "Leaving Equality Behind: New Diercions in School Finance Reform", *Vanderbilt Law Review* 48, 1995, pp.101-194.

Evers, Williamson M.; and Paul Clopton, "High-Spending, Low-Performing School Districts", in Eric A. Hanushek, ed., *Courting Failure : How School Finance Lawsuits Exploit Judges' Good Intentions and Harm Our Children*, Stanford, California : Education Next Books, 2006.

Fast, Ellen Forte; and Hebbler, Steve, *A Framework for Examing Validity in State Accountability Systems*, Washington, DC: Council of Chief State School Office, 2004.

Fenster, Mark J., *An Assessment of "Middle" Stakes Educational Accountability: The Case of Kentucky*, ED398280, 1996.

Fermanich, Mark; Mangan, Michelle Turner; Odden, Allan; Picus, Lawrence O.; Gross, Betheny; Rudo, Zena, *Washington Learns: Successful District Study, Final Report*, Prepared for Washington Learns, 2006

Fowler, William J., ed., *Developments in School Finance 1997*, Washington D.C.: U.S. Department of Education, National Center for Education Statistics, 1998.

Friedman, Lee S., Wiseman, Michael, "Understanding the Equity Consequences of School-Finance Reform", *Harvard Educational Review*, 48(2), 1978, pp.194-226.

Fuhrman, Susan H., edit., *Designing Coherent Education Policy: Improving the System*, San Francisco: Jossey-Bass, 1993.

Garms, Walter I., "Measuring the Equity of School Finance Systems", *Journal of Education Finance* 4(2), 1979, pp.415-435.

Goertz, Margaret, "School Finance Reform in New Jersey: The Saga Continues", *Journal of Education Finance*, 18(4), 1993, pp.346-365.

Goertz, Margaret E.; Odden, Allan, *School-Based Financing*, Thousand Oaks; California, Corwin Press, Inc., A Sage Publications Company, 1999.

Goertz, Margaret; and Edwards, Malik, "In Search of Excellence for All: The Courts and New Jersey School Finance Reform", *Journal of Education Finance* 25(1), 1999, pp.5-32.

Goettel, Robert J., "Federal Assistance to National Target Groups: The ESEA Title I Experience", in Michael Timpane ed., *The Federal Interest in Financing Schooling*, Cambridge,

Massachusetts: Ballinger Publishing Company, 1978.

Gold, Steven D.; Smith, David M.; Lawton, Stephen B., eds., *Public School Finance Programs of the United States and Canada 1993-94*, New York: The Nelson A. Rockefeller Institute of Government, 1995.

Greenwald, Rob,; Hedges, L.V.; and Laine, R., " The Effect of School Resources on Student Achievement", *Review of Educational Research*, 66(3), 1996.

Grissmer, David; Flanagan, Ann; Williamson, Stephanie; "Does Money Matter for Minority and Disadvantaged Students? Assessing the New Empirical Evidence", in William J. Fowler, ed., *Developments in School Finance 1997*, Washington D.C.: U.S. Department of Education, National Center for Education Statistics, 1998.

Grissmer, David, "Research Directions for Understanding the Relationship of Educational Resources to Eduational Outcomes", in Stephen Chaikind, William J. Fowler, eds., *Education Finance in the New Millennium: AEFA 2001 Yearbook*, Larchmont: NY, 2001.

Guthrie, James W. ed., *School Finance Policies and Practices-The 1980's: A Decade of Conflict*, Ballinger Publishing Company, 1980.

Guthrie, James W.; Richard Rothstein, " Enabling " Adequacy" to Achieve Reality: Translating Adequacy into State School Finance Distribution Arrangements", in Heln F. Ladd, Rosemary Chalk, and Janet S. Hansen, eds., *Equity and Adequacy in Education Finance: Issues and Perspectives*, Washington D.C.: National Academy Press, 1999.

Guthrie, James W.; Rothstein, Richard, "A New Millennium and A Likely New Era of Education Finance", in Stephen Chaikind, William J. Fowler edit., *Education Finance in the New Millennium*, Eye on Education, Inc., Larchmont, New York, 2001.

Hanushek, Eric, "The Impact of Differential Expenditures on School Performance", *Educational Reseacher*, 18(4), 1989, pp.45-51,p.62.

Hanushek, Eric, *Making Schools Work : Improving Performance and Controlling Cost*, Washington D.C. : The Brookings Institution, 1994.

Hanushek, Eric A., ed., *Courting Failure : How School Finance Lawsuits Exploit Judges' Good Intentions and Harm Our Children*, Stanford, California : Education Next Books, 2006.

Hanushek, Eric A., "Science Violated: Spending Projections and the "Costing Out" of an Adequate Education", in Eric A. Hanushek, ed., *Courting Failure : How School Finance Lawsuits Exploit Judges' Good Intentions and Harm Our Children*, Stanford, California : Education Next Books, 2006.

Hanushek, Eric A., "The Alchemy of "Costing Out" an Adequate Education", in Martin R. West, Paul E. Peterson edits., *School Money Trials: The Legal Pursuit of Educational Adequacy*, Washington D.C.: The Brookings Institution, 2007.

Hanushek, Eric A.; and Raymond, Margaret E.; "Lessons about the Design of State Accountability Systems", in Paul E. Peterson, Martin R. West ed., *No Child Left Behind ?* , Washington D.C.: Brookings Institution Press, 2003.

Hedges, Larry V.; Laine, Richard D.; Greenwald, Rob, " Does Money Matter ? : A Meta-Analysis of Studies of the Effects of Differential School Inputs on Student Outcomes", *Educational Researcher*, 23 (3), 1994.

Heise, Michael, " State Constitutions, School Finance Litigation, and the " Third Wave": From Equity to Adequacy ", *Temple Law Review*, 68(3), 1995, pp.1151-1176.

Hendrie, Caroline, "N.J. Finance Law Ties Funding and Standards", *Education Week*, January 15, 1997.

Hickrod, G. Alan; and Hubbard, Ben C., "The 1973 School Finance Reform in Illinois Quo Jure? Quo Vadis? ", *Journal of Education Finance* 4, 1978, pp.412-432.

Hickrod, G. Alan, Hubbard, Ben C., Thomas Wei-Chi Yang, " The 1973 Reform of the Illinois General Purpose Educational Grant-in-Aid: A Description and an Evaluation", in Office of Education (DHEW), *Selected Papers in School Finance: 1974*, 1974.

Hill, David Spence; and Fisher, William Alfred, *Federal Relations to Education, Report of the National Advisory Committee on Education, PartII*, Washington D.C., 1931.

Hirth, Marilyn A., "Systemic Reform, Equity, and School Finance Reform: Essential Policy Linkage", *Educational Policy*, 10(4), 1996, pp.468-479.

Hughes, John F.; Hughes, Anne O., *Equal Education: A New National Strategy*, Bloomington: Indiana University Press, 1972.

Jacobson, Stephen L; Berne, Robert, eds., *Reforming Education: The Emerging Systemic Approach*, Thousand Oaks: Corwin Press, 1993.

Jennings, John F., "Title Ⅰ: Legislative History and Promise", *Phi Delta Kappan*, 81(1), 2000.

Johns, R. L.; Morphet, E. L., *Problems and Issues in Public School Finance : An Analysis and Summary of Significant Research and Experience*, New York; The Bureau of Publications Teachers College, Columbia University, 1952.

Johns, Thomas L., comp., *Public school finance programs, 1968-69*, Washington, D.C. : U.S. Department of Health, Education, and Welfare, Office of Education, 1969.

Johns, Roe L.; Morphet, Edgar L., *The Economics and Financing of Education : A Systems Approach, second edition*, Englewood Cliffs : New Jersey, Prentice-Hall, Inc., 1969.

Johns, Roe L., *Full State Funding of Education: Evolution and Implication*, University of Pittsburgh Press, 1973.

Ladd, Helen F., ed., *Holding Schools Accountable: Performance-Based Reform in Education*, Washington D.C.: The Brookings Institution, 1996.

Ladd, Heln F.; Chalk, Rosemary; and Hansen, Janet S., eds., *Equity and Adequacy in Education Finance: Issues and Perspectives*, Washington D.C.: National Academy Press, 1999.

Ladd, Heln F.; Chalk, Rosemary; and Hansen, Janet S., eds., *Making Money Matter: Financing America's Schools*, Washington D.C.: National Academy Press, 1999.

Levine, Gail F., "Meeting the Third Wave: Legislative Approaches to Recent Judicial School Finance Rulings", *Harvard Journal on Legislation*, 28(2), 1991, pp.507-542.

Librera, William L.; Rosenberg, Richard; Yut'se, Thomas, *Biennial Report on the Cost of Providing a Thorough and Efficient Education*, New Jersey: New Jersey State Department of Education,

2002.

Marion, Scott; White, Carole; Carlson, Dale; Erpenbach, William J.; Rabinowitz, Stanley; Sheinker, Jan, *Making Valid and Reliable Decision in Determinig Adequate Yearly Progress. A Paper in Series: Implementing the State Accountability System Requirements under the No Child Left Behind Act of 2001*, Washington D.C.: Council of Chief State School Officers, ED479976, 2002.

Marzano, Robert J., *Models of Standards Implementation: Implications for the Classroom*, ED427088, 1998.

McLaughlin, Milbrey, Wallin, "States and the New Federalism", *Harvard Educational Review*, 52(4), 1982, pp.564-583.

McMahon, Walter W.; and Geske, Terry G., ed., *Financing Education: Overcoming Inefficiency and Inequity*, Chicago: University of Illinois Press, 1982.

McMaster, Donald; Sinkin, Judy G., *Money and Education: A Guide to Illinois School Finance*, ED273 014, 1979.

McNeil, Linda M., "Creating New Inequalities: Contradictions of Reform", *Phi Delta Kappan*, 81(10), 2000, pp.728-734.

Meranto, Philip, *The Politics of Federal Aid to Education in 1965*, Syracuse, New York: Syracuse University Press, 1967.

Mockler, John B. and Hayward, Gerald, "School Finance in California: Pre-Serrano to the Present", *Journal of Education Finance* 4, 1978, pp. 386-401.

Mohrman, Susan Albers; Wholstetter, Priscilla; and Associates, *School-Based Management: Organizing for High Performace*, San Francisco, CA: Jossey-Bass Publishers, 1994.

Monk, David H.; Walberg, Herbert J., Margaret C. Wang, *Improving Educational Productivity*, Greenwich, Connecticut: Information Age Publishing Inc., 2001.

Moore, Mary T. et al., *The Interaction of Federal and Related State Education Programs Volume I*, Princeton, New Jersey: Educational Testing Service, Division of Education Policy Research and Services, 1983.

Morphet, Edger L., "Some Effects of Finance Policies and Practices on the Public School Program", *The Phi Delta Kappan*, September, 1951, pp.5-44.

Morphet, Edger L.; and Lindman Erick L., *Public school finance programs of the forty-eight states*, Washington, D.C. : U.S. Department of Health, Education, and Welfare, Office of Education, 1953.

Morrison, Henry C., *School Revenue*, Chicago: Illinois, The University of Chicago Press, 1930.

Mort , Paul R., *The Measurement of Educational Need*, New York: Teachers College Press, 1925.

Mort, Paul R., *Federal Support for Public Education: A Report of an Investigation of Educational Need and Relative Ability of States to Support Education as They Bear on Federal Aid to Education*, New York; Bureau of Publications, Teachers College, Columbia University, 1936.

Mort, Paul R.; Lawler, Eugene S., *Principles and Methods of Distributing Federal Aid for Education, Report of the Advisory Committee on Education, Staff Study 5*, Washington D.C.,: Governmental

Printing Office, 1939.

Mort, Paul R.; Reusser, Walter C., *Public School Finance: Its Background, Structure, and Operation, Second Edition*, New York: McGraw-Hill Book Company, Inc., 1951.

Munger, Frank J.; Fenno, Richard F., Jr., *National Politics and Federal Aid to Education*, Syracuse, New York: Syracuse University Press, 1962.

Murphy, Jerome T., "Title I of ESEA : The Politics of Implementing Federal Education Reform", *Harvard Educational Review*, 41(1), 1971.

Murphy, Joseph. ed., *The Educational Reform Movement of the 1980s*, Berkeley: McCutchan Publishing Corporation, 1990.

National Advisory Committee on Education, *Federal Relations to Education, Part I*, Washington D.C.

National Center for Education Statistics, *Public School Finance Programs of the U.S. and Canada 1998-99*, WashingtonD.C.

National Center for Education Statistics, *Mini-Digest of Education Statistics, 2003*, Washington, D.C. : U.S. Department of Education, Institute of Education Sciences, 2004.

New York State Commission on the Quality, Cost, and Financing of Elementary and Secondary Education, *The Fleischman Report: On the Quality, Cost, and Financing of Elementary and Secondary Education*, New York: The Viking Press, 1973.

Odden, Allan; and Web, L. Dean, eds., *School Finance and School Improvement: Linkages for 1980s*, Cambridge: Ballinger Publishing Company, 1983.

Odden, Allan R., ed., *Education Policy Implementation*, Albany, New York: State University of New York Press, 1991.

Odden, Allan R., ed., *Rethinking School Finance : An Agenda for the 1990s*, Sanfrancisco, Carifornia : Jossey-Bass Publishers, 1992.

Odden, Allan, "School-Based Financing in North America", in Margaret E. Goertz, Allan Odden, *School-Based Financing*, Thousand Oaks; California, Corwin Press, Inc., A Sage Publications Company, 1999.

Odden, Allan, "Equity and Adequacy in School Finance Today, *Phi Delta Kappan*, 85(2), 2003, pp.120-125.

Odden, Allan R.; Picus, Lawrence O., *School Finance: A Policy Perspective*, New York: McGraw-Hill Inc., 1992.

Odden, Allan R.; and Clune, William H., "School Finance System: Aging Structures in Need of Renovation", *Educational Evaluation and Policy Analysis*, 20(3), 1998, pp.157-177.

Odden, Allan and Bush, Carolyn, *Financing Schools for High Performance*, San Francisco, CA: Jossey-Bass Inc., Publishers, 1998.

Odden, Allan R.; and Picus, Lawrence O., *School Finance : A Policy Perspective, Second Edition*, New York: McGraw Hill Companies, Inc., 2000.

Odden, Allan R.; Picus, Lawrence O., *School Finance: A Policy Perspective Third Edition*, New York: McGraw-Hill Companies Inc., 2004.

Odden, Allan: Picus, Lawrence O.; Mangan, Michelle Turner; Fermanich, Mark, *An Evidenced-Based Approach to School Finance Adequacy in Washington*, Prepared for the K-12 Advisory Committee of Washington Learns, 2006.

Odden, Allan R.; and Picus, Lawrence O., *School Finance: A Policy Perspective, Fourth Edition*, New York: McGraw-Hill,Inc., 2008.

Ogawa, Rodney T.; White, Paula A.. " School-Based Management: An Overview", in Susan Albers Mohrman, Priscilla Wholstetter, and Associates, *School-Based Management: Organizing for High Performance*, San Francisco, CA: Jossey-Bass Publishers, 1994.

Peternick, Lauri; and Sherman, Joel, "Site-based Budgeting in Fort Worth, Texas", *Journal of Education Finance* 23(4), 1998.

Peterson, Paul; Rabe, Barry; and Wong, Kenneth, "The Maturation of Redistributive Programs", in Allan R Odden ed., *Education Policy Implementation*, Albany, New York: State University of New York Press, 1991.

Picus, Lawrence O.; and Toenjes, Lawrence A., "Texas School Finance: Assessing the Equity Impact of Multiple Reforms", *Journal of Texas Public Education* 2(3), 1994, pp.39-62.

Picus, Lawrence O., "Cadillacs or Chevrolets ?: The Evolution of State Control over School Finance in California", *Journal of Education Finance* 17(1), 1991, pp. 33-59.

Picus, Lawrence O., "An Update on California School Finance 1992-93: What Does the Future Hold ? ", *Journal of Education Finance* 18(2), 1992, pp.142-162.

Picus, Lawrence O.; and Hertert, Linda, "A School Finance Dilemma for Texas: Achieving Equity in a Time of Fiscal Constraint", *Texas Researcher* 4, 1993, pp.1-27.

Picus, Lawrence O.; and Hertert, Linda, "Three Strikes and You're Out: Texas School Finance After Edgewood III ", *Journal of Education Finance* 18(4), 1993, pp.366-389.

Picus, Lawrence O.; James L. Wattenbarger, edits., *Where Does the Money Go?* , Thousand Oaks: Corwin Press, Inc., 1996.

Picus, Lawrence O., "Site-Based Management: A Nuts and Bolts Approach for School Administrators", in Margaret E. Goertz, Allan Odden, *School-Based Financing*, Thousand Oaks; California, Corwin Press, Inc., A Sage Publications Company, 1999.

President's Commission on School Finance, *Schools, People, & Money: The Need for Educational Reform*, Washington, D.C., 1972.

Raymond, Margaret E.; & Hanushek, Eric A., 'High-Stakes Research', *Education Next* 3(3), 2003, pp.48-55.

Rebell, Michael A., " Professional Rigor, Public Engagement and Judicial Review: A Proposal for Enhancing the Validity of Education Adequacy ", *Teachers College Record* 109, 2007, pp.1303-1373.

Reischauer, Robert D. and Hartman, Robert W., *Reforming School Finance*, Washington D.C.: The Brookings Institution, 1973.

Rice, Jennifer King, "Illuminating the Black Box: The Evolving Role of Education Productivity Research", in Stephen Chaikind, William J. Fowler, eds., *Education Finance in the New*

Millennium, Eye on Education, Inc., Larchmont, New York, 2001.

Rossmiller, Richard A., "Full State Funding: An Analysis and Critique", in Kern Alexander and K. Forbis Jordan edit., *Constitution Reform of School Finance*, Lexington, Massachusetts: Lexington Books, D.C.Heath and Company, 1972, pp.43-72.

Rubenstein, Ross; Stiefel, Leanna; Schwartz, Amy Ellen; Amor, Hella Bel Hadj, "Distinguishing Good Schools From Bad in Principle and Practice: A Comparison of Four Methods", in William J. Fowler, Jr. ed., *Developments in School Finance: 2003*, 2004.

Schwartz, Amy Ellen; and Stiefel, Leanna, " Measuring School Efficiency: Lessons from Economics, Implications for Practice", in David H. Monk, Herbert J. Walberg, Margaret C. Wang, *Improving Educational Productivity*, Greenwich, Connecticut: Information Age Publishing Inc., 2001.

Strayer, George D.; Haig, Robert M., *The Financing of Education in the State of New York, Report of the Educational Finance Inquiry Commission*, New York, 1923.

Strickland, Kate, " The School Finance Reform Movement, A History and Prognosis: Will Massachusetts Join the Third Wave of Reform？", *Boston College Law Review*, 32, September 1991, pp.1105-1177.

Stringfield, Sam; Rose, Steven M.; Smith, Lana eds., *Bold Plans for School Restructuring: The New American Schools Designs*, Mahwah, NJ: Lawrence Erlbaum, 1996.

Stullich, Stephanie; Eisner, Elizabeth; McCrary, Joseph, *National Assessment of Title* Ⅰ, *Final Report, Volume* Ⅰ：*Implementation(NCEE2008-4012)*, Washington, D.C.: National Center for Education Evaluation and Regional Assistance, Institute of Education Sciences, U.S. Department of Education, 2007.

Sufrin, Sidney C., *Issues in Federal Aid to Education*, Syracuse, New York: Syracuse University Press, 1962.

Sufrin, Sidney C., *Administrating the National Defense Education Act*, Syracuse New York; Syracuse University Press, 1963.

Sunderman, Gail L.; Kim, Jimmy, *Expansion of Federal Power in American Education: Federal-State Relationships under the "No Child Left Behind Act", Year One*, Cambridge, Massachusetts: Civil Right Project at Harvard University, 2004.

Sunderman, Gail L.; Orfield, Gary, "Domesticating a Revolution: No Child Left Behind Reforms and State Administrative Response", *Harvard Educational Review* 76(4), 2006, pp.526-556.

Sunderman, Harold; and Hinely, Reg, "Toward Equality of Educational Opportunity: A Case Study and Projection", *Journal of Education Finance* 4(4), 1979, pp.436-450.

Taylor, Corrine, "Does Money Matter? An Empirical Study Introducing Resource Costs and Student Needs to Educational Production Function Analysis", in William J. Fowler, ed., *Developments in School Finance 1997*, Washington D.C.: U.S. Department of Education, National Center for Education Statistics, 1998.

Taylor, Corrine, "The Relationship Between Student Performance and School Expenditures: A

Review of the Literature and New Evidence Using Better Data", in David H. Monk, Herbert J. Walberg, Margaret C. Wang, *Improving Educational Productivity*, Greenwich, Connecticut: Information Age Publishing Inc., 2001.

Theobald, Neil D.; Faith Hanna, *Ample Provision for Whom ? The Impact of School Finance Reform on Adequacy and Equity in Washington*, ED 331167, 1991.

Thomas, Janet Y.; Brady, Kevin P., "The Elementary and Secondary Education Act at 40: Equity Accountability, and the Evolving Federal Role in Public Education", *Review of Research in Education 29*, 2005, pp.51-67.

Thomas, Stephen B.; and Walker, Billy Don, "Texas Public School Finance", *Journal of Education Finance* 8(2), 1982, pp.223-281.

Thro, William E., "The Third Wave: The Impact of the Montana, Kentucky, and Texas Decisions on the Future of Public School Finance Reform Litigation", *Journal of Law & Education*, 19(2), 1990, pp.219-250.

Tiedt, Sydney W., *The Role of the Federal Government in Education*, New York: Oxford University Press, 1966.

Timpane, Michael, ed., *The Federal Interest in Financing Schooling*, Cambridge, Massachusetts: Ballinger Publishing Company, 1978.

Toenjes, Lawrence A., "Structural Change to Texas' School Finance Formula", *Journal of Education Finance* 17(2), 1991, pp. 224-254.

Turnbull, Brenda J.; Smith, Marshall S.; Ginsburg, Alan L., "Issues for a New Administration: The Federal Role in Education", *American Journal of Education*, 89(4), 1981, pp.396-427.

Underwood, Juli K., "School Finance Adequacy as Vertical Equity", *University of Michigan Journal of Law Reform*, 28(3), 1995, pp.493-519.

Updegraff, Harlan, *Rural School Survey of New York State; Financial Support*, Ithaca: New York, by the author, 1922.

U.S. Department of Education, Office of Planning, Evaluation and Policy Development, Policy and Program Studies Service, *Title* I *Accountability and School Improvement from 2001 to 2004*, Washington, D.C., 2006.

U.S. Department of Education, Office of Planning, Evaluation and Policy Development, Policy and Program Studies Service, *State and Local Implementation of the No Child Left Behind Act Volume* III—*Accountability under NCLB: Interim Report*, Washington, D.C., 2007.

Verstegen, Deborgh A., "Equity in State Education Finance: A Response to Rodriguez", *Journal of Education Finance* 12(3),1987, pp.315-330.

Verstegen, Deborah A., " The New Wave of School Finance Litigation", *Phi Delta Kappan*, 76(3), 1994, pp.243-250.

Verstegen, Deborah A. and Whitney, Terry, " From Courthouse to Schoolhouses: Emerging Judicial Theories of Adequacy and Equity ", *Educational Policy*, 11(3), 1997, pp.330-352.

Verstegen, Deborah A., "Financing the New Adequacy: Towards New Models of State Education Finance Systems that Support Standards Based Reform", *Journal of Education Finance* 27(3),

2002, pp.768-779.

Walberg, Herbert J., "High-Poverty, High-Performance Schools, Districts and States" in Eric A. Hanushek, ed., *Courting Failure : How School Finance Lawsuits Exploit Judges' Good Intentions and Harm Our Children*, Stanford, California : Education Next Books, 2006.

Walker, Billy D., "Special Report: Texas School Finance Update", *Journal of Education Finance* 10(4), 1985, pp.504-516.

Walker, Billy D.; and Thompson, John D., "Special Report: Edgewood I.S.D v. Kirby", *Journal of Education Finance* 14(3), 1989, pp. 426-434.

Walker, Billy D.; and Thompson, John D., "Special Report: The Texas Supreme Court and Edgewood I.S.D v. Kirby", *Journal of Education Finance* 15(3), 1990, pp.414-428.

Ward, James Gordon, "An Inquiry into the Normative Foundations of American Public Finance", *Journal of Education Finance* 12(4),1987, pp.463-477.

Wargo, Michael J., *ESEA Title I : A Reanalysis and Synthesis of Evaluation Date from Fiscal Year 1965 through 1970*, Palo Alto, California: American Institutes for Research, 1972.

Washington Office of the State Superintendent of Public Instruction, *Citizen's Handbook on the Organization and Financing of the Washington Public School Systems. Revised*, ED 208474, 1981.

Washington Research Project, Washington, DC.; National Association for the Advancement of Colored People, New York, NY *Is It Helping Poor Children? Title I of ESEA. A Report*, ED036600, 1969.

West, Martin R.; Peterson, Paul E., edits, *School Money Trials: The Legal Pursuit of Educational Adequacy*, Washington D.C.: The Brookings Institution, 2007.

Wenglinsky, Harold, "School District Exenditures, School Resources and Student Achievement: Modeling the Production Function", in William J. Fowler, ed., *Developments in School Finance 1997*, Washington D.C.: U.S. Department of Education, National Center for Education Statistics, 1998.

Winslow, Harold R., *Trends in Management of ESEA Title I : A Perspective from Compliance Review*, Menclc, California: Stanford Research Institute, Educational Policy Research Center, ED186532, 1979.

Wise Arthur E., *Rich Schools, Poor Schools: The Promise of Equal Educational Opportunity*, Chicago: University of Chicago Press, 1967.

Wise, Arthur E., "Minimum Educational Adequacy: Beyond School Finance Reform", *Journal of Education Finance* 1, 1976, pp.468-483.

Wise, Arthur E., "Educational Adequacy: A Concept in Search of Meaning", *Journal of Education Finance* 8(3), 1983, pp.300-315.

Wohlstetter, Priscilla; Kirk, Amy Van, *School-Based Budgeting: Organizing for High Performance*, ED384953, 1995.

あとがき

　本書は、京都大学に提出した博士学位請求論文「学校財政制度における公正とその制度化に関する研究―アメリカ合衆国学校財政制度改革の検討を中心に―」(平成25年11月25日に博士（教育学）授与）をもとにして、若干の加筆修正をしてまとめたものである。

　筆者が、これまでアメリカの学校財政制度に関して発表してきた論文は、以下の通りである。

- 「アメリカ合衆国連邦政府（教育局）の役割の拡大―初等中等教育法第1編に着目して―」関西教育行政学会『教育行財政研究』第15号、1988年4月、166頁-175頁。
- 「アメリカにおける連邦教育補助金制度改革―1981年教育統合改善法制定の意義―」『京都大学教育学部紀要』第37号、1991年3月、279頁-287頁。
- 「アメリカにおける学校財政改革」兵庫教育大学学校教育研究会『教育研究論叢』第2号、1994年3月、157頁-172頁。
- 「アメリカ合衆国州学校財政制度における財政コントロール」『日本教育行政学会年報』第22号、1996年9月、84頁-96頁。
- 「アメリカ合衆国カリフォルニア州における学校財政制度」『兵庫教育大学研究紀要』第17巻、1997年2月、49頁-58頁。
- 「アメリカ合衆国フロリダ州における学校財政制度―集権的学校財政制度の特徴とその問題点―」関西教育行政学会『教育行財政研究』第24号、1997年3月、13頁-23頁。
- 「アメリカ合衆国ヴァーモント州における学校財政制度―1997年教育機会均等法の制定に注目して―」『兵庫教育大学研究紀要』第18巻、

1998 年 2 月、71 頁–78 頁。
- 「アメリカ合衆国テキサス州における学校財政制度」『兵庫教育大学研究紀要』第 20 巻、2000 年 2 月、33 頁–41 頁。
- 「アメリカ合衆国における 1990 年代州学校財政制度改革」『兵庫教育大学研究紀要』第 21 巻、2001 年 2 月、1 頁–10 頁。
- 「アメリカ合衆国学校財政制度における『公正』概念と『適切性』概念」兵庫教育大学学校教育研究会『教育研究論叢』第 3 号、2001 年 3 月、69 頁–85 頁。
- 「アメリカ合衆国における学校財政制度と教育成果との関係に関する考察」兵庫教育大学学校教育研究会『教育研究論叢』第 4 号、2002 年 12 月、1 頁–18 頁。
- 「アメリカ合衆国ニュージャージー州における学校財政制度改革」『兵庫教育大学研究紀要』第 23 巻、2003 年 3 月、11 頁–18 頁。
- 「『適切性』に基づく標準教育費の算定方法―イリノイ州における学校財政制度改革に注目して―」兵庫教育大学学校教育研究会『教育研究論叢』第 5 号、2004 年 3 月、45 頁–60 頁。
- 「アメリカ合衆国におけるアカウンタビリティ制度の整備と学校改革」兵庫教育大学学校教育研究会『教育研究論叢』第 7 号、2006 年 3 月、43 頁–70 頁。
- 「アメリカ学校財政制度研究と義務教育財政システム」日本教育行政学会研究推進委員会編『地方政治と教育行財政改革』福村出版、2012 年。

　既発表論文を下敷きにまとめたところも少なくないが、その多くが博士論文において初めて発表したものであり、審査の過程で指摘された意見を参考にして博士論文に加筆修正することにより、本書をまとめるに至った。

　卒業論文を提出してから 30 年もかけて、ようやくなんとか形にすることができた。あまりにも年月を費やすことになってしまったが、それは、ひとえに、筆者の怠学、浅学、そして研究能力の未熟さのためである。そんな筆者が、なんとか研究者の道を歩み、本書をまとめることができたのは、多くの

先生方からご指導、ご支援をいただいたおかげである。

　まず博士論文をまとめるにあたっては、京都大学の高見茂先生、杉本均先生、南部広孝先生には、論文の審査過程において、貴重なご意見を頂戴した。感謝申し上げたい。ご指摘いただいたことに十分に応えられていないが、今後の課題とさせていただきたい。

　次に感謝を申し上げなければならないのは、兵庫教育大学勤務時代にお世話になった先生方である。本書の大部分は、兵庫教育大学勤務時代にまとめたものである。清水俊彦先生、加治佐哲也先生をはじめ、多くの教育学関係の先生方と交流し、ご指導いただけたことは、よい刺激となり、研究環境としてたいへん恵まれていたと思う。特に清水先生のご指導の下で、助手として6年余りも勤務することができたことが、大学教員としての職能開発を図る上でたいへん貴重であった。また助手時代に、在外研究の機会に恵まれ、南カリフォルニア大学においてパイカス教授のご指導を受けながら、アメリカでの研究状況にじかに触れることができたことは、研究を飛躍的に進展させることになった。

　未熟な筆者に研究のイロハを叩きこんでいただき、その基礎を養ってくださったのは、大学院生時代にご指導いただいた高木英明先生と白石裕先生である。学問研究の厳しさを肌で感じさせていただくことができたことは、大きな財産となり、そのおかげで、曲がりなりにも今日まで研究を続けてくることができたように思う。とりわけ白石先生からは、研究テーマについて多くの示唆をいただき、学ばせていただいた。両先生の学恩に少しでも応えることができるように、これからも精進していきたい。

　そして学部3回生の冬に大学院進学の道があることを筆者に示してくださったのが、堀内孜先生である。大学に入学した当初は、研究者の道を歩むことになるとは夢にも思っていなかった筆者にとって、堀内先生との出会いは、人生の大きな転機となった。公私にわたり常に叱咤激励していただいたが、そのことにより、研究に行き詰まった時や挫折して不安感に苛まれている時であっても、何とか踏ん張り、乗り切る力を与えていただいたように思う。現在、堀内先生の後任として、京都連合教職大学院で教育、研究に従事させて

いただいている。次の世代の育成に努めることにより、先生からいただいた御恩を少しずつ返していきたいと思う。

　その他、学会やさまざまな研究会、共同研究などでの多くの先生方、先輩や後輩の研究者との交流は、当初は、しんどさしか感じなかったところが、時を経るにつれて、この上ない楽しさへと変わってきた。とりわけ、関西教育行政学会では、月例会において、多くの先生方に文字通り揉まれることにより、鍛えていただいた。筆者が初めて学会発表を行ったのは同学会であり、卒業論文のとても拙く、頼りない研究発表に3時間も辛抱強く付き合って下さり、温かい励ましをいただいたことが、研究生活の出発点であった。このような研究の場を今後も大切にしていきたい。

　以上のように振り返ってみると、筆者はいかに恵まれた環境の中で研究生活を送ってきたか、その幸運を思わずにはいられない。その環境を生かし切れていない自らの非力さを恥じ入るばかりである。今日の大学の置かれた状況を考えると、筆者のようなキャリアを歩むことは不可能である。しかしマイペースでゆったりと長年にわたって取り組んできたことにより、いろいろなことが見えるようになってきた。まだうまく表現することはできないが、ささやかではあってもその意義を発信できるように努めたいと思う。

　なお刊行にあたっては、日本学術振興会科学研究費補助金（研究成果公開促進費）の交付を受けることができた。補助金に見合った研究成果が見られるかどうか、甚だ心もとないが、厳しいご批判をいただきながら、補助金の費用対効果を高めるべく、今後も努力していきたい。

　最後になったが、㈱東信堂の下田勝司社長、向井智央氏には、本書の編集・校正の作業などでたいへんお世話になった。心から御礼申し上げたい。

事項索引

【ア】

アカウンタビリティ　44, 85, 102, 149-161, 164-166, 169-171, 174, 175, 177, 188-190, 233, 246, 248, 249, 251, 257, 270-272, 281, 282, 287
Achieve Inc.　158
アボットII判決　92, 95
アボットIII判決　97, 98
アボットIV判決　105
アボットV判決　105
アボットプラン　106
アメリカ学校改善法（Improving America's School Act）　220, 233, 234, 243, 271
アメリカ教員連盟　160

【イ】

一律補助金方式　23-25, 284
イリノイ州　47, 71, 73, 107
イリノイ州学習基準　107, 108, 112
Impact Aid　207

【ウ】

ヴァウチャー制　166

【エ】

エジウッドI判決　55, 57, 69
エジウッドII判決　57, 58
エジウッドIII判決　58, 59
エジウッド判決　65

【カ】

下院法65（1977年、カリフォルニア州）　42, 43
下院法72（1984年、テキサス州）　56

学区財政力均等化補助金方式（district power equalizing）　6, 34, 39, 40, 48, 71, 73, 76
学校、国民、そして資金：教育改革の必要性（Schools, People, & Money: The Need for Educational Reform）　37
学校財政制度　123
学校財政制度改革　32, 40, 53, 54, 57, 60, 65, 70, 94, 107, 111, 117, 149, 188
学校財政制度訴訟　29-31, 40, 50, 68, 94, 116
　第一の波　31, 48, 117
　第二の波　32, 50, 117, 120
　第三の波　32, 53-55, 90, 93, 117
学校財政に関する大統領委員会（President's Commission on School Finance）　36, 37
学校パフォーマンス評定プロセス（School Performance Rating Process, SPRP）（マサチューセッツ州）　171-172
学校を基礎にした経営（school-based management, SBM）　148, 149, 171, 181, 187
学校を基礎にした財政運営（school-based financing あるいは school site-based financing）　181-190
学校を基礎にした予算編成（site-based budgeting）　186, 187
合衆国憲法修正第14条　30, 31, 46, 48
カリフォルニア州　33, 41, 71

【キ】

機会均等　74
危機に立つ国家　84, 118, 142, 150, 271
基準に基づく改革運動（standards-based reform

movement） 150, 188
基準による教育 151
教育改革（運動） 84, 85, 88, 89, 94, 118, 149, 158, 233, 271, 282
教育機会の均等化 37
教育機会の平等概念 32
教育機会の平等論 275
教育サミット 151, 233
教育条項 32, 50, 117, 120, 121
教育統合改善法（Education Consolidation and Improvement Act、ECIA） 220, 230, 270
教育における緊急性に関する委員会（Commission on the Emergency in Education） 202
教育に関する諮問委員会（Advisory Committee on Education） 204
教育に関する全米諮問委員会（National Advisory Committee on Education） 202
教育の機会均等 30, 54, 71, 116
強制徴収措置（recapture） 39, 40
均等化補助金（方式） 23-25, 29, 34, 35

【ク】
組み合わせ方式 72, 94

【ケ】
ケンタッキー州 90, 94, 175, 184
ケンタッキー州教育改革法（KERA） 94, 175, 184
ケンタッキー州教育結果情報制度（Kentucky Instructional Results Information System, KIRIS） 175

【コ】
コアカリキュラム基準（ニュージャージー州） 99, 101, 102
効果ある学校の研究（effective schools research） 88, 89
公正 53, 65, 66, 67-77, 116-123, 132, 138, 188-191, 268-273, 274-280, 288-290
公正の程度の測定方法 74-75, 118

国家の教育目標（National Goals for Education） 86
国家防衛教育法（National Defense Education Act, NDEA） 212-215

【サ】
最小限保障論 68, 116, 276
財政中立性（fiscal neutrality） 6, 31, 41, 50, 54, 61, 65, 66, 68-71, 73-75, 93, 118, 122, 276, 277
財政保障論 32

【シ】
資源費用モデル（a Resource Cost Model, RCM） 109, 124
実証的研究に基づく算定 126
質の高い教育法（Quality Education Act of 1990, QEA）（ニュージャージー州） 95-97
州アカウンタビリティテスト制度（Commonwealth Accountability Testing System, CATS）（ケンタッキー州） 175
収入制限（revenue limit） 42, 43, 71, 73
上院法90（1972年、カリフォルニア州） 41, 42
上院法7（1993年、テキサス州） 61
障害者教育法（Individuals with Disabilities Act） 220, 258
初等中等教育の質、費用、財政に関するニューヨーク州委員（New York State Commission on the Quality, Cost, and Financing of Elementary and Secondary Education, ESEA） 36
初等中等教育法（Elementary and Secondary Education Act, ESEA） 87, 215
初等中等教育法第1編 30, 224, 270, 271, 282
新連邦主義 230

【ス】
垂直的公正 74, 75, 118, 120, 121, 122, 276, 277
水平的公正 74, 75, 118, 121, 122, 276, 277
スプートニクショック 208, 212
スミス・ヒューズ法（Smith-Hughes Act） 201, 202

【セ】

税基盤保障補助金方式（Guaranteed tax based programs） 40, 94, 95, 284
成功している学区（学校）に基づく算定 127
税負担の均等化 38
絶対的剥奪論 32
セラノ判決（1971年） 41, 48, 65, 69
セラノ第二判決（1976年） 42, 69
全額州負担制度方式（Full State Funding） 17, 29, 34-39, 53, 71, 73, 76, 284
全障害児教育法（Education for All Handicapped Children Act） 220
全体学校改革（Whole School Reform, WSR） 105, 106, 126
全米有色人種地位向上連盟（National Association for the Advancement of the Colored People, NAACP） 211
専門家の判断（professional judgment）による算定 124

【ソ】

総合教育改善財政法（Comprehensive Educational Improvement and Financing Act of 1996, CEIFA）（ニュージャージー州） 99, 101
相対的剥奪論 32

【タ】

体系的改革（systemic reform） 85, 148
代替ではなく、補充（supplement-not-supplant） 227, 231

【テ】

提案13（proposition 13）（1978年、カリフォルニア州） 43, 44
提案4（proposition 4）（1979年、カリフォルニア州） 43, 44
テキサス州 33, 45, 55, 65, 71, 72, 186
「適切性（adequacy）」（論） 6, 32, 53, 90, 93, 94, 109, 111, 112, 116, 117, 119-132, 138, 139, 188, 271-273, 278, 282, 286, 289
適切な教育（adequate education） 91, 93, 111, 117, 138, 139, 278

【ト】

同等（comparability） 227, 231
どの子どもも置き去りにしない法（No Child Left Behind Act, NCLB） 5, 30, 87, 247-264, 270, 272
努力の維持（maintenance of effort） 227, 231

【ニ】

2000年の目標：アメリカ教育法（Goals 2000: Educate America Act） 86, 151, 237, 243
ニュージャージー州 92, 95
ニューヨーク州 125

【ハ】

パーセンテージ均等化補助金方式 16, 27, 39, 40
ハッチ法（Hatch Act） 201
ハワイ州 29, 34

【ヒ】

費用関数研究による算定 128
費用算定研究（costing-out study） 123
費用の算定 109, 111, 124, 129, 130, 131
標準教育費プログラム 63
標準教育費補助金（foundation program） 15, 26, 35, 39, 42, 43, 56, 66, 71, 73, 76, 94, 99, 114, 116, 272, 284
平等（論） 120, 121
平等保護条項 30-32, 41, 48, 69, 117
平等保護論 68, 116, 276

【フ】

フライシュマン報告（Fleischman Report） 36, 37
ブラウン判決 30, 211
フロリダ州 165

【ヘ】

ヘッドスタートプロジェクト 30

【ホ】
包括補助金　231

【マ】
マクニス判決　48
マサチューセッツ州　168
マサチューセッツ州教育改革法（Massachusetts Education Reform Act）　169

【ミ】
ミシガン州　159

【モ】
モリル法（Morrill Act）　200

【ラ】
ランハム法（Lanham Act）　207

【レ】
連邦の一般教育補助金　202, 205

【ロ】
ローカルコントロール　32, 38, 46, 48, 54, 111, 120, 149, 226, 256
ローズ判決　90
ロドリゲス判決　45, 46, 65, 116, 118

【ワ】
ワイオミング州　124
ワシントン州　50, 71, 72, 127

人 名 索 引

【ア】
アイゼンハワー大統領（Dwight D. Eisenhower） 207, 209
アウゲンブリック（John Augenblick） 112, 113, 115
アップデグラフ（Harlan Updegraff） 16
アレキサンダー（Kern Alexander） 67
アンダーウッド（Juli K. Underwood） 120, 121

【ウ】
上原貞雄 8
ウェングリンスキ（Harold Wenglinsky） 146
ウォルステッター（Priscilla Wohlstetter） 184

【エ】
エンリッチ（Peter Enrich） 120

【オ】
オッデン（Allan R. Odden） 6, 54, 118, 119, 121, 123, 127, 148, 182, 189, 276, 289

【カ】
ガスリー（James W. Guthrie） 119
カバリー（Ellwood P. Cubberley） 12, 14

【キ】
キャロル（Stephen J. Carroll） 73

【ク】
クーンズ（John E. Coons） 6, 31, 34, 39
グリーン（Preston C. Green） 121
グリーンバルド（Rob Greenwald） 145
クリントン大統領（William J. Clinton） 220
クルーン（William H. Clune） 6, 119, 123, 148

【ケ】
ケネディー大統領（John F. Kenndy） 208

【シ】
シュガーマン（Stephen D. Sugarman） 6
シュティーフェル（Leanna Stiefel） 6, 74, 118, 119, 121, 276
白石裕 8, 68, 276

【ス】
ストレイヤー（George D. Strayer） 15, 204

【タ】
ダンコンブ（William Duncombe） 128, 131
タイラー（Corrine Taylor） 146

【チ】
チェンバー（Jay Chamber） 124

【ハ】
パイカス（Lawrence O. Picus） 6, 118, 119, 121, 127, 183, 184, 189, 276, 289
ハヌシェク（Eric. A. Hanushek） 130, 142, 143, 144
パリッシュ（Thomas Parrish） 124

【フ】
フーバー大統領（Herbert C. Hoover） 209

【ヘ】
ベイカー（Bruce D. Baker） 121, 131
ヘイグ（Robert M. Haig） 15, 204
ヘジス（Larry V. Hedges） 144, 145

ベルン（Robert Berne） 6, 74, 118, 119, 121, 276

【マ】

マイヤーズ（John Myers） 112, 113, 115

【モ】

モート（Paul R. Mort） 16, 203
モーマン（Susan A. Mohrman） 184
モリソン（Henry C. Morrison） 17, 29, 35

【ラ】

ライス（Jennifer King Rice） 145, 147

【レ】

レーガン大統領（Ronald W. Reagan） 220, 230

【ロ】

ローラー（Eugene S. Lawler） 204
ロスタイン（Richard Rothstein） 119

【ワ】

ワイズ（Arthur E. Wise） 6, 31

著者略歴

竺沙知章（ちくさ　ともあき）

　1962 年京都府生まれ
　1986 年 3 月京都教育大学卒業
　1989 年 3 月京都大学大学院教育学研究科修士課程修了
　1991 年 9 月京都大学大学院教育学研究科博士課程中途退学
　1991 年 10 月兵庫教育大学学校教育学部助手
　1998 年 4 月兵庫教育大学学校教育学部助教授
　2011 年 4 月京都教育大学大学院連合教職実践研究科教授

主要著書

　『開かれた教育委員会と学校の自律性』ぎょうせい、2001 年（共著）
　『現代公教育経営学』学術図書出版社、2002 年（共著）
　『公教育経営の展開』東京書籍、2011 年（共著）
　『地方政治と教育行財政改革――転換期の変容をどう見るか』福村出版、2012 年（共著）

アメリカ学校財政制度の公正化

2016 年 2 月 28 日　初版第 1 刷発行　　　〔検印省略〕

＊定価はカバーに表示してあります

著者©竺沙知章　発行者　下田勝司　　　　印刷・製本　中央精版印刷

東京都文京区向丘 1-20-6　郵便振替 00110-6-37828
〒 113-0023　TEL 03-3818-5521（代）FAX 03-3818-5514
　　　　　　　株式会社　発行所　東信堂
E-Mail tk203444@fsinet.or.jp　URL http://www.toshindo-pub.com/

Published by TOSHINDO PUBLISHING CO.,LTD.
1-20-6, Mukougaoka, Bunkyo-ku, Tokyo, 113-0023, Japan

ISBN978-4-7989-1333-9 C3037 Copyright　©2016 CHIKUSA, Tomoaki

東信堂

アメリカ公立学校の社会史——コモンスクールからNCLB法まで	W・J・リース著 小川佳万・浅沼茂監訳	四六〇〇円
アメリカ 間違いがまかり通っている時代——公立学校の企業型改革への批判と解決法	D・ラヴィッチ著 末藤美津子訳	三八〇〇円
教育による社会的正義の実現——(1945-1980) アメリカの挑戦	D・ラヴィッチ著 末藤美津子訳	五六〇〇円
学校改革抗争の100年——20世紀アメリカ教育史	D・ラヴィッチ著 末藤・宮本・佐藤訳	六四〇〇円
[増補版]現代アメリカ公民教育におけるサービス・ラーニング	唐木清志	四六〇〇円
現代アメリカにおける学力形成論の展開——スタンダードに基づくカリキュラムの設計	石井英真	四六〇〇円
アメリカ学校財政制度の公正化	竺沙知章	三四〇〇円
現代アメリカの教育アセスメント行政の展開——マサチューセッツ州〈MCASテスト〉を中心に	北野秋男編	四八〇〇円
ハーバード・プロジェクト・ゼロの芸術認知理論とその実践——内なる知性とクリエイティビティを育むハワード・ガードナーの教育戦略	池内慈朗	六五〇〇円
アメリカにおける学校認証評価の現代的展開	浜田博文編著	二八〇〇円
アメリカにおける多文化的歴史カリキュラム	桐谷正信	三六〇〇円
EUにおける中国系移民の教育エスノグラフィ	山本須美子	四五〇〇円
現代ドイツ政治・社会学習論	大友秀明	五二〇〇円
現代教育制度改革への提言 上・下——「事実教授」の展開過程の分析	日本教育制度学会編	各二八〇〇円
現代日本の教育課題——二一世紀の方向性を探る	村田翼夫・上田学編著	二八〇〇円
人格形成概念の誕生——近代アメリカの教育概念史	田中智志	三六〇〇円
社会性概念の構築——アメリカ進歩主義教育の概念史	田中智志	三八〇〇円
グローバルな学びへ——協同と刷新の教育	田中智志編著	二〇〇〇円
学びを支える活動へ——存在論の深みから	田中智志編著	二〇〇〇円
教育の共生体へ——ボディ・エデュケーショナルの思想圏	田中智志	三五〇〇円
社会形成力育成カリキュラムの研究	西村公孝	六五〇〇円
社会科は「不確実性」で活性化する	吉永潤	二四〇〇円
君は自分と通話できるケータイを持っているか——未来を開くコミュニケーション型授業の提案	小西正雄	二〇〇〇円
教育文化人間論——「現代の諸課題と学校教育」講義 知の逍遥/論の越境	小西正雄	二四〇〇円

〒113-0023 東京都文京区向丘1-20-6
TEL 03-3818-5521 FAX 03-3818-5514 振替 00110-6-37828
Email tk203444@fsinet.or.jp URL:http://www.toshindo-pub.com/

※定価:表示価格(本体)+税

東信堂

転換期を読み解く——時評・書評集	潮木守一	二六〇〇円
大学再生への具体像〔第2版〕	潮木守一	二四〇〇円
フンボルト理念の終焉？——現代大学の新次元	潮木守一	二五〇〇円
いくさの響きを聞きながら——横須賀そしてベルリン	潮木守一	二四〇〇円
大学教育の思想——学士課程教育のデザイン	絹川正吉	二八〇〇円
国立大学法人の形成	大﨑仁	二六〇〇円
国立大学・法人化の行方——自立と格差のはざまで	天野郁夫	三六〇〇円
大学は社会の希望か——大学改革の実態からその先を読む	江原武一	二〇〇〇円
転換期日本の大学改革——アメリカと日本	江原武一	三六〇〇円
大学の管理運営改革——日本の行方と諸外国の動向	杉本均	三六〇〇円
新自由主義大学改革——国際機関と各国の動向	細井克彦編集代表	三八〇〇円
新興国家の世界大学戦略	米澤彰純監訳	四八〇〇円
世界水準をめざすアジア・中南米と日本		
東京帝国大学の真実	舘昭	二〇〇〇円
日本近代大学形成の検証と洞察		
原理・原則を踏まえた大学改革を——場当たり策からの脱却こそグローバル化の条件	舘昭	一〇〇〇円
改めて「大学制度とは何か」を問う	舘昭	一〇〇〇円
原点に立ち返っての大学改革——ドイツと日本	金子勉	四二〇〇円
大学理念と大学改革		
大学の責務	立川明・坂本辰朗・D.井上比呂子訳著	三八〇〇円
私立大学マネジメント	丸山文裕	三三〇〇円
私立大学の経営と拡大・再編——一九八〇年代後半以降の動態	両角亜希子	四七〇〇円
大学事務職員のための高等教育システム論〔新版〕——より良い大学経営専門職となるために	㈳私立大学連盟編	四二〇〇円
高等教育における視学委員制度の研究	山本眞一	一六〇〇円
認証評価制度のルーツを探る	林透	三八〇〇円
戦後日本産業界の大学教育要求	飯吉弘子	五四〇〇円
イギリスの大学——対位線の転移による質的転換	秦由美子	五八〇〇円
経済団体の教育言説と現代の教養論		
韓国大学改革のダイナミズム——ワールドクラス〈WCU〉への挑戦	馬越徹	二七〇〇円

〒113-0023 東京都文京区向丘1-20-6
TEL 03-3818-5521　FAX03-3818-5514　振替 00110-6-37828
Email tk203444@fsinet.or.jp　URL:http://www.toshindo-pub.com/

※定価：表示価格（本体）+税

東信堂

比較教育学事典	日本比較教育学会編	一二〇〇〇円
比較教育学の地平を拓く	山田肖子編著/森下稔	四六〇〇円
比較教育学——越境のレッスン	馬越徹	三六〇〇円
比較教育学——伝統・挑戦・新しいパラダイムを求めて——持続可能な社会のための比較教育学の最前線	M・ブレイ編著/馬越徹・大塚豊監訳	三八〇〇円
国際教育開発の研究射程	北村友人著	二八〇〇円
国際教育開発の再検討——途上国の基礎教育普及に向けて	小川啓一・西村幹子・北村友人編著	二四〇〇円
発展途上国の保育と国際協力	浜野隆編著	三八〇〇円
トランスナショナル高等教育の国際比較——留学概念の転換	杉本均編著	三六〇〇円
中国教育の文化的基盤	顧明遠監修/大塚豊監訳	二九〇〇円
中国大学入試研究	大塚豊	三六〇〇円
東アジアの大学・大学院入学者選抜制度の比較——中国・台湾・韓国・日本——変貌する国家の人材選抜	南部広孝	三二〇〇円
中国高等教育独学試験制度の展開	南部広孝	三二〇〇円
中国の職業教育拡大政策——背景・実現過程・帰結	劉文君	五〇四八円
中国高等教育の拡大と教育機会の変容	王傑	三九〇〇円
現代中国初中等教育の多様化と教育改革	楠山研	三六〇〇円
文革後中国基礎教育における「主体性」の育成	李霞	二八〇〇円
「郷土」としての台湾——郷土教育の展開にみるアイデンティティの変容	林初梅	四六〇〇円
戦後台湾教育とナショナル・アイデンティティ	山﨑直也	六〇〇〇円
ドイツ統一・EU統合とグローバリズム——教育の視点からみたその軌跡と課題	木戸裕	四八〇〇円
教育における国家原理と市場原理——チリ現代教育史に関する研究	斉藤泰雄	三八〇〇円
中央アジアの教育とグローバリズム	嶺井明子編著	三二〇〇円
インドの無認可学校研究——公教育を支える「影の制度」	小原優貴	三六〇〇円
バングラデシュ農村の初等教育制度受容	日下部達哉	三六〇〇円
オーストラリアのグローバル教育の理論と実践——開発教育研究の継承と新たな展開	木村裕	三六〇〇円
[新版]オーストラリア・ニュージーランドの教育——グローバル社会を生き抜く力の育成に向けて	青木麻衣子・佐藤博志編著	二〇〇〇円
マレーシア青年期女性の進路形成	鴨川明子	四七〇〇円

〒113-0023 東京都文京区向丘1-20-6　TEL 03-3818-5521　FAX 03-3818-5514　振替 00110-6-37828
Email tk203444@fsinet.or.jp　URL:http://www.toshindo-pub.com/

※定価：表示価格（本体）＋税